# La femme d'un homme

Frank Norris

**Writat**

Cette édition parue en 2023

ISBN : 9789359254258

Publié par
Writat
email : info@writat.com

# Contenu

# JE.

A quatre heures du matin, tout le monde dans la tente dormait encore, épuisé par la terrible marche de la veille. Les glaces bosselées et les crêtes de pression que Bennett avait prévues avaient enfin été rencontrées et, bien que le camp ait été levé à six heures et que les hommes et les chiens aient tiré, tiré et lutté avec les lourds traîneaux jusqu'à cinq heures. dans l'après-midi, seulement un mile et demi avait été parcouru. Mais même si les progrès étaient lents, ils n'en étaient pas moins des progrès. Ce n'était pas l'immobilité déchirante et déchirante de ces longs mois à bord du Freja. Chaque mètre vers le sud, bien que gagné au prix d'une bataille contre les glaces, les rapprochait de l'île Wrangel et de leur sécurité ultime.

Et puis, à l'heure du dîner, l'inattendu s'était produit. Bennett, ému sans doute par leur état de faiblesse, avait distribué des rations supplémentaires à chaque homme : une once et deux tiers de beurre et six onces et deux tiers de pain à l'aleuronate - un véritable luxe après le régime invariable de pemmican et de jus de citron vert. , et pommes de terre séchées de la dernière quinzaine. Les hommes s'étaient enfilés de bonne heure dans leurs sacs de couchage et, jusqu'à quatre heures du matin, ils avaient dormi profondément, inertes, stupéfaits, presque immobiles. Mais quelques minutes après quatre heures, Bennett se réveilla. Il se levait généralement une demi-heure avant les autres. La veille, il avait pu déterminer l'altitude méridienne du soleil et avait hâte de terminer ses calculs sur la position de l'expédition sur la carte qu'il avait commencée le soir.

Il repoussa le rabat du sac de couchage et se releva de toute sa hauteur, passant ses mains sur son visage, essuyant le sommeil de ses yeux. C'était un homme énorme, mesurant six pieds deux pouces dans ses pattes de renne et ayant plus l'air d'un combattant que d'un scientifique. Même en tenant compte de sa couche de saleté et de son chaume noir et dur qui avait poussé pendant une demi-semaine, le visage n'était pas agréable. Bennett était un homme laid. Sa mâchoire inférieure était énorme, presque difforme, comme celle du bouledogue, le menton saillant, la bouche serrée, avec de grandes lèvres, indomptable, brutale. Le front était contracté et petit, le front des hommes aux idées simples, et les yeux aussi étaient petits et scintillants, l'un d'eux étant marqué par un plâtre bien défini.

Mais alors que Bennett fouillait dans la boîte en fer blanc qui était attachée au traîneau numéro quatre, à la recherche de son carnet dans lequel il avait commencé ses calculs de latitude, il fut surpris de trouver une copie du rapport qu'il avait laissé dans la boîte à instruments sous le traîneau numéro quatre. cairn au cap Kammeni au début de cette marche vers le sud. Il avait supposé que cette copie avait été égarée, et n'était pas du tout soulagé de la retrouver maintenant. Il le lut à la hâte, revoyant dans son esprit les incidents des derniers mois. Certains extraits de ce dossier étaient les suivants :

Bateau à vapeur arctique Freja, sur la glace au large du cap Kammeni, îles de Nouvelle-Sibérie, 76 degrés. 10 minutes. latitude nord, 150 degrés. 40 minutes. longitude est, 12 juillet 1891.... Nous avons donc gelé le navire le dernier jour de septembre 1890, et pendant l'hiver suivant, nous avons dérivé avec la meute en direction nord-ouest.... Le vendredi 10 juillet 1891 , étant à 76 degrés de latitude. 10 minutes. nord; longitude 150 degrés. 10 minutes. à l'est, le Freja a été pris dans un pincement sévère entre deux floes et a été écrasé, coulant en deux heures environ. Nous l'avons abandonnée, économisant 200 jours de provisions et tous les vêtements, instruments, etc... nécessaires.

Je vais maintenant tenter une marche vers le sud sur les glaces jusqu'à la baie de Kolyuchin en passant par l'île Wrangel, où des provisions ont été cachées, dans l'espoir de tomber sur les navires de secours ou les baleiniers à vapeur en route. Notre groupe se compose des douze personnes suivantes : ... Tout va bien à l'exception de M. Ferriss, l'ingénieur en chef, dont la main gauche a été gravement gelée. Pas encore de scorbut dans le parti. Nous avons avec nous dix-huit chiens Ostiak en excellente condition et nous comptons tirer le bateau de notre navire sur des traîneaux.

WARD BENNETT, commandant l'expédition d'exploration arctique de Freja.

Bennett remit cette copie du dossier à sa place dans la boîte et resta un moment au centre de la tente, la tête penchée pour éviter le faîte, regardant pensivement le sol.

Eh bien, jusqu'à présent, tout s'était bien passé : pas de scorbut, des provisions en abondance. Les chiens étaient en bon état, ses hommes joyeux, confiants en lui comme en un dieu, et aucun chef ne pouvait sûrement souhaiter un meilleur lieutenant et camarade que Richard Ferriss - mais cette glace bosselée, ces crêtes de pression que l'expédition avait rencontrées le jour précédent. Au lieu de se tourner immédiatement vers son chiffre, Bennett passa la capuche de son manteau en peau de loup sur sa tête, boutonna un masque de flanelle rouge sur son visage et, soulevant le rabat de la tente, sortit.

Sous le vent de la tente, les chiens dormaient, des paquets de poils immobiles, noirs et blancs, fumant sensiblement. Les trois grands traîneaux McClintock, alourdis par les bateaux du Freja et par les impedimenta de l'expédition, gisaient là où ils avaient été arrêtés la veille.

Dans le ciel juste devant Bennett alors qu'il sortait de la tente, trois lunes, encerclées dans un vaste cercle de lumière nébuleuse, brillaient à travers une fine brume, tandis qu'à l'ouest des banderoles de lumière verte, orange et vermillon, d'une étendue incommensurable. , tiraient sans bruit de l'horizon au zénith.

Mais Bennett avait autre chose en tête ce matin-là que des fausses lunes et des aurores boréales. Au sud et à l'est, à environ 400 mètres de la tente, la pression des floes avait soulevé une énorme crête de gâteaux de glace brisés , un monticule, une longue colline de dalles et de blocs bleu-vert se serrant les uns contre les autres à chaque instant. angle envisageable. Il mesurait près de vingt pieds de hauteur, soit le point le plus élevé que Bennett ait pu découvrir. Escaladant et escaladant d'innombrables autres crêtes qui intervenaient, il s'y dirigea, la gravit presque à quatre pattes et, debout sur son point le plus élevé, regarda longuement et attentivement vers le sud.

Un désert au-delà de toute pensée, de tout mot ou de toute imagination, désolé, s'étendait là pour toujours et à jamais - glace, glace, glace, champs et floes de glace, s'étalant sous ce ciel sombre, ligue après ligue, sans fin, sombre, infiniment vaste. , infiniment redoutable. Mais désormais, il ne s'agissait plus de la glace lisse sur laquelle l'expédition voyageait depuis si longtemps. Dans toutes les directions, se croisant en dix mille points, se croisant et se recroisant, tissant un gigantesque et ahurissant réseau de blocs de glace entaillés, déchiquetés et éclatés, couraient des crêtes de pression et des buttes. Par endroits, une vingtaine ou plus de ces crêtes avaient été coincées les unes contre les autres pour former un immense champ de plaques de glace brisées de plusieurs kilomètres de largeur et de plusieurs kilomètres de longueur. D'un horizon à l'autre, il n'y avait aucun endroit plat, aucune eau libre, aucun sentier. La vue vers le sud ressemblait à un océan secoué par une tempête et soudainement gelé.

Bennett venait de gravir l'une de ces crêtes et il se tenait maintenant dessus. Même pour lui, sans encombrement et sans poids, l'ascension avait été difficile ; plus d'une fois il avait glissé et était tombé. Parfois, il avait été obligé d'avancer presque à quatre pattes. Et pourtant c'est à travers cette jungle de glace, cet indicible enchevêtrement de plaques, de galettes et de blocs bleu-vert, que l'expédition doit maintenant avancer, traînant ses bateaux, ses traîneaux, ses provisions, ses instruments et ses bagages.

Bennett regardait. Sa tâche était devant lui. Là, sous ses yeux, se trouvait l'Ennemi. Face à lui se trouvait la force primale titanesque d'un monde chaotique, la force prodigieuse et immobile d'une nature impitoyable, attendant calmement, attendant silencieusement de se rapprocher de lui et de l'écraser. Il resta longtemps à regarder. Puis la grande mâchoire brutale devint plus saillante que jamais, les dents serrées et serrées derrière les lèvres serrées, le regard des petits yeux scintillants devint soudain plus prononcé. Un énorme poing se leva et le bras s'étendit lentement vers l'avant comme le mouvement irrésistible d'un piston. Puis, lorsque son bras fut à pleine portée, Bennett parla comme pour répondre au terrible et muet défi de la Glace. À travers ses dents serrées, ses paroles étaient lentes et mesurées.

"Mais je vais te briser, par Dieu ! crois-moi, je le ferai."

Au bout d'un moment, il revint à la tente, réveilla le cuisinier et, pendant que le petit-déjeuner était préparé, compléta ses calculs de latitude, rédigea son journal des glaces et nota la température, la direction et la vitesse du vent. Alors qu'il finissait, Richard Ferriss, qui était l'ingénieur en chef et commandant en second, se réveilla et demanda immédiatement la latitude.

"Soixante quatorze heures quinze", répondit Bennett sans lever les yeux.

« Soixante quatorze heures quinze », répéta Ferriss en hochant la tête ; "Nous n'avons pas parcouru beaucoup de distance hier."

"J'espère que nous pourrons en faire autant aujourd'hui", répondit Bennett d'un air sombre en rangeant son journal d'observation et ses cahiers.

"Comment est la glace au sud ?"

"Mauvais ; réveille les hommes."

Après le petit-déjeuner et pendant le chargement des McClintock, Bennett envoya Ferriss en avant pour choisir une route à travers et au-dessus des crêtes. C'était un travail épouvantable. Pendant deux heures, Ferriss erra au milieu de la glace brisée, désespérément déconcerté. Mais enfin, à sa grande satisfaction, il aperçut une étendue assez ouverte d'environ un quart de mille de longueur s'étendant au sud-ouest et pas trop loin de la ligne de marche de l'expédition. Il faudrait franchir quelques dizaines de crêtes avant d'atteindre ce niveau ; mais il n'y avait aucune aide pour cela, alors Ferriss planta ses drapeaux là où les tas de blocs de glace semblaient les moins impraticables et retourna vers le camp. Elle était déjà brisée et, sur son chemin, il rencontra toute l'expédition impliquée dans les subtilités de la première glace rugueuse.

Les dix-huit chiens avaient tous été attelés au traîneau numéro deux, qui transportait la baleinière et la majeure partie des provisions, et tous les hommes du groupe, y compris Bennett, s'efforçaient de tirer les cordes de halage avec les chiens. Pas à pas, le traîneau franchissait la crête, grinçant et titubant parmi les blocs de glace ; puis, en partie en le guidant, en partie en le soulevant, il a été piloté le long de la pente, pour finalement échapper à tout contrôle et venir s'écraser parmi les chiens, secouant l'une des pharmacies de ses attaches et cognant lourdement son nez contre le sol. pied du prochain monticule immédiatement au-delà. Mais les hommes se sont précipités à nouveau à leur place, la pharmacie de bord a été remplacée et Muck Tu, le maître des chiens d'Esquimau, a fait avancer ses chiens. Ferriss s'y est également mis. Le monticule suivant fut surmonté, les chiens haletant et les hommes, même dans cet air glacial, puant la transpiration. Puis, tout à coup et sans le moindre avertissement, Bennett et McPherson, qui étaient en tête, ont percé de la jeune glace et se sont retrouvés dans l'eau jusqu'à la poitrine, Muck Tu et l'un des chiens ont percé immédiatement après. Les hommes furent retirés ou, par leurs propres efforts, remontèrent sur la glace. Mais en un instant, leurs vêtements furent transformés en armures gelées.

"Partez vers l'est, ici !" » ordonna Bennett en secouant l'eau glacée et piquante de ses manches. "Tout le monde dans les cordes maintenant !"

Une autre crête de pression fut surmontée, puis une troisième, et une heure après le départ, ils étaient arrivés au premier des drapeaux de Ferriss. Ici, le traîneau numéro deux fut laissé, et toute l'expédition, chiens et hommes, retourna au camp pour faire monter le premier McClintock chargé du cutter du Freja et des sacs de couchage, des instruments et de la tente. Ce traîneau a été traîné avec succès sur les deux premiers monticules, mais alors qu'il était remonté sur le troisième, son patin de gauche s'est soudainement plié et s'est retourné sous lui avec un claquement sonore. Il n'y avait plus qu'à enlever tout le chargement et à charger Hawes, le charpentier, de travailler à sa réparation.

« Montez sur votre autre traîneau ! » ordonna Bennett.

Une fois de plus, l'expédition retourna au campement du matin et, s'attachant au troisième McClintock, elle avança avec lui pendant une heure et demie jusqu'à ce qu'elle soit en place avec le premier traîneau et le drapeau de Ferriss. Heureusement, les deux traîneaux à chiens, quatre et cinq, étaient légers, et Bennett, divisant ses forces, les fit monter en un seul trait. Mais Hawes a déclaré que le traîneau cassé était désormais réparé. Les hommes se tournèrent aussitôt, le rechargeèrent et le remorquèrent en avant, de sorte qu'à midi, chaque traîneau avait avancé d'un bon quart de mille.

Mais maintenant, pour le moment, les hommes, après avoir parcouru sept fois le même terrain, étaient épuisés, et Muck Tu ne pouvait plus fouetter les chiens à leur travail. Bennett a fait halte. Du thé chaud était préparé et du pemmican et du hardtack étaient servis.

« Nous aurons un transport plus facile cet après-midi, mes amis », a déclaré Bennett ; « la crête suivante est la pire du lot ; au-delà, M. Ferriss dit que nous avons près d'un quart de mille de floes plats. »

Reprise à une heure ; mais le monticule dont avait parlé Bennett se révéla absolument infranchissable pour les traîneaux chargés. C'était tout à fait normal que les hommes s'allongent sur les cordes comme des chevaux de trait et que Muck Tu fouette les chiens jusqu'à ce que l'aiguillon se brise dans ses mains. Les hommes perdirent pied sur la glace glissante et tombèrent à genoux ; les chiens couchés dans les traces gémissaient et gémissaient. Le traîneau ne bougeait pas.

"Décharger!" ordonna Bennett.

Les saisines furent enlevées et les charges, y compris la grande et encombrante baleinière elle-même, furent transportées à la main sur la butte. Ensuite, le traîneau lui-même était hissé et rechargé de l'autre côté. Ainsi les cinq traîneaux au complet.

Le travail était dur et amer ; les nœuds des saisines étaient gelés et recouverts de glace ; les caisses de provisions, les pharmacies, le paquet de toiles de voiles, les tauds de bateaux et les tentes encombrantes et d'un poids énorme ; le pied sur la glace glissante et inégale était précaire, et plus d'une fois un homme, chancelant sous son fardeau, brisa la croûte et tomba dans une eau si froide que la sensation était comme celle d'une brûlure.

Mais enfin tout fut fini, les traîneaux se rechargeèrent et la marche en avant reprit. Un seul monticule bas s'interposait désormais entre eux et la banquise plane tant désirée.

Cependant, alors qu'ils étaient sur le point de repartir en avant, un lamentable son gigantesque commença à vibrer dans leurs oreilles, une note grondante et gémissante s'élevant rapidement jusqu'à un cri strident. D'autres sons, creux et aigus, des aigus mêlés de diapason, se joignirent au premier. Le bruit venait juste au-delà du monticule au pied duquel la troupe s'était arrêtée.

"Avant!" cria Bennett ; "Dépêchez-vous, les hommes !"

Désespérément impatients, les hommes se penchaient, haletants, sur leur travail. Le traîneau portant la baleinière dominait le monticule.

"Maintenant, finissons-en avec elle !" s'écria Ferriss.

Mais c'était trop tard. Alors qu'ils restaient un instant à le contempler, la banquise plate, leur seul espoir pendant toute la journée, se fendit soudain d'un côté à l'autre avec le bruit des munitions. Puis les gémissements et les cris recommencèrent. La fissure se referma aussitôt, la pression sur les flancs de la banquise recommença, et sur la surface lisse de la glace, des dômes et des monticules se dressèrent brusquement. À mesure que la pression augmentait, ces dômes et monticules se fissuraient et éclataient en d'innombrables blocs et dalles. Crête après crête se formèrent en un clin d'œil. Tonnant comme une canonnade de canons de siège, la banquise entière éclata, déchiquetée, éclatée, bosselée. En moins de trois minutes, et sous les yeux des hommes du Freja, la zone plane vers laquelle ils luttaient depuis le matin avec un labeur incalculable fut réduite en un vaste amas de décombres confus et sans chemin.

"Oh, cela ne suffira jamais", marmonna Ferriss, découragé.

"Venez les gars!" s'exclama Bennett. "M. Ferriss, avancez et choisissez une route pour nous."

Le travail du matin recommença. Avec une patience infinie, des difficultés infinies, les traîneaux avancèrent un à un. Les trois plus gros McClintock étaient si lourds qu'un seul pouvait être manipulé à la fois, et celui-ci mettait à rude épreuve les efforts combinés des hommes et des chiens. Le même terrain a dû être parcouru sept fois. Pour chaque mètre gagné, sept devaient être parcourus. Ce n'était pas une marche, c'était une bataille ; une bataille sans repos, sans fin et sans pitié ; une bataille avec un Ennemi dont la puissance dépassait toute estimation et dont les mouvements n'étaient réductibles à aucune loi connue. Un certain parcours serait tracé, certains plans formés, un certain objectif déterminé, et avant que le parcours puisse être terminé, les plans exécutés ou le point objectif atteint, le mouvement pervers et inexplicable de la glace déroutait leur détermination et mettait à néant leur meilleur. ingéniosité.

A quatre heures, il commença à neiger. Depuis le milieu de la matinée, l'horizon était obscurci par les nuages et la brume, de sorte qu'aucune observation de position ne pouvait être effectuée. Les nuages avaient progressé progressivement et, à quatre heures, l'expédition se retrouvait enveloppée par le vent et la neige battante. Les drapeaux ne se distinguaient plus ; une glace mince et traîtresse était cachée sous les congères ; les chiens pataugeaient, impuissants ; les hommes pouvaient à peine ouvrir les yeux à cause du vent et de la neige fine et poudreuse, et parfois, lorsqu'ils venaient tirer le dernier traîneau, ils le trouvaient si presque enfoui dans la neige qu'il fallait le déterrer avant de pouvoir le déplacer. .

Vers cinq heures et demie, le compteur d'un des traîneaux à chiens indiquait une distance de trois quarts de mille parcourue depuis le matin. Bennett fit halte et le camp fut installé sous le vent de l'un des plus grands monticules. La cuisinière à alcool fut allumée et le dîner fut pris sous la tente, les hommes mangeant allongés dans leurs sacs de couchage. Mais même en mangeant, ils s'endormirent, tombant de plus en plus bas, pour finalement s'effondrer sur le sol en toile de la tente, la nourriture toujours dans la bouche.

Pourtant, la nuit fut pour autant misérable. Même après cette journée de lutte surhumaine, ils ne devaient pas bénéficier de quelques heures de repos ininterrompu. Vers minuit, le vent avait tourné à l'est et soufflait un coup de vent. Une heure plus tard, la tente est descendue. Épuisés comme ils l'étaient, ils durent sortir et lutter avec cette toile à lattes recouverte de glace, et ce n'est qu'une demi-heure plus tard que tout redevint rapide.

Une fois de plus, ils se glissèrent dans les sacs de couchage, mais bientôt la chaleur de leur corps fit fondre la glace sur leurs vêtements, et des flaques d'eau se formèrent sous chaque homme, le mouillant jusqu'à la peau. Le sommeil était impossible. Il faisait de plus en plus froid à mesure que la nuit avançait et le vent augmentait. A trois heures du matin, le thermomètre centigrade était à dix-huit degrés au-dessous. La cuisinière fut de nouveau allumée, et jusqu'à six heures, le groupe se blottit misérablement autour, somnolent et se réveillent, frissonnant continuellement.

Petit déjeuner à six heures et demie ; reparti une heure plus tard. Il n'y a eu aucun changement dans la nature de la glace. Crête succédait à crête, monticule succédait à monticule. Le vent tombait, mais la neige tombait toujours aussi fine et ahurissante. Le froid était intense. Dennison, le médecin et naturaliste de l'expédition, ayant glissé sa moufle, eut la main gelée avant de pouvoir la récupérer. Deux des chiens, Big Joe et Stryelka, étaient visiblement en train de lâcher prise.

Mais Bennett, ses énormes mâchoires serrées, ses petits yeux déformés scintillant vicieusement à travers les ouvertures du masque anti-vent, ses sourcils noirs et durs s'abaissant sous son front étroit et contracté, conduisit l'expédition à son travail sans relâche. Ce n'est pas Muck Tu, le maître des chiens, qui avait ses Ostiaks plus complètement sous son contrôle que lui ses hommes. Il a lui-même fait le travail de trois. Sur cette vaste charpente osseuse et musculaire, la fatigue semblait ne laisser aucune trace. Sur cette inexorable détermination bestiale, des difficultés inimaginables ne laissaient aucune trace. Pas un des douze hommes sous ses ordres luttant bec et ongles contre la glace tenace qui ne soit galvanisé par sa formidable énergie. C'était comme s'ils avaient un éperon dans les flancs, un fouet dans le dos. Leur esprit, leur volonté, leurs efforts, leur force physique jusqu'au dernier gramme et au dernier poids lui appartenaient indissolublement. Pour le moment, c'étaient ses esclaves, ses serfs, ses bêtes de somme, ses animaux de trait, pas mieux que les chiens qui traînaient à leurs côtés. Ils devaient avancer et iraient jusqu'à ce qu'ils lâchent le harnais ou qu'il leur donne l'ordre de faire une pause.

A quatre heures de l'après-midi, Bennett s'arrêta. Deux milles avaient été parcourus depuis le dernier camp, et désormais l'endurance humaine ne pouvait plus aller plus loin. Parfois, quand les hommes tombaient, ils étaient incapables de se relever. Il était évident qu'il n'y en avait plus ce jour-là.

Dans son journal de glace de cette date, Bennett a écrit :

... Deux milles parcourus à 16 heures. Notre cap continue d'être sud, 20 degrés ouest (magnétique). La glace est toujours bosselée. À ce rythme-là, nous aurons des demi-rations bien avant d'atteindre l'île Wrangel. Aucune observation possible depuis avant-hier à cause de la neige et des nuages.

Stryelka, un de nos meilleurs chiens, a abandonné aujourd'hui. Il lui a tiré dessus et l'a donné à manger aux autres. Notre avance vers le sud-ouest est lente mais sûre, et chaque jour nous rapproche de notre objectif. Température à 18 heures, 6,8 degrés Fahr. (moins 14 degrés C). Vent, est ; forcer, 2.

Le lendemain matin, le temps était clair pendant deux heures après le petit-déjeuner, et lorsque Ferriss revint de sa tâche de recherche de chemin, il rapporta à Bennett qu'il avait vu un grand nombre de points d'eau au sud-ouest.

« Le vent d'hier a brisé la glace », observa Bennett ; "nous aurons du travail dur aujourd'hui."

Un peu après midi, alors qu'ils avaient arraché quelques milliers de mètres vers le sud à l'emprise des glaces, l'expédition arriva à la première voie d'eau libre, large d'environ trois cents pieds. Bennett arrêta les traîneaux et entreprit aussitôt de construire un pont de gâteaux de glace flottants. Mais le travail consistant à maintenir ces blocs de glace en place assez longtemps pour permettre le transfert d'un seul traîneau semblait parfois dépasser leur effort le plus ardu. Le premier traîneau au cutter franchi en toute sécurité. Puis vint le tour du numéro deux, chargé des provisions et de la baleinière. Nous étions aux deux tiers de la traversée lorsque le côté opposé de la banquise changea brusquement de position, et trente pieds d'eau libre s'élargissaient soudainement juste devant la ligne de progression.

"Lâchez-vous !" ordonna immédiatement Bennett. Le bloc de glace sur lequel ils étaient rassemblés fut libéré par le courant. La situation était l'un des plus grands périls. Toute l'expédition, hommes et chiens ensemble, avec leur traîneau le plus important, était à la dérive. Mais les rames, le mât et le mât de la tente provenaient de la baleinière, et peu à peu ils traversèrent le bateau. L'écart fut à nouveau comblé et les traîneaux à chiens transférés.

Mais voici que se produisait le premier véritable désastre depuis la destruction du navire. A mi-chemin du fou ponton de glace, les chiens, attelés à l'un des petits traîneaux, furent soudain terrifiés. Avant que quiconque puisse intervenir, ils s'étaient échappés du contrôle de Muck Tu dans une échappée sauvage vers l'autre côté de la glace. Le traîneau s'est renversé ; Pêle-mêle, les chiens se jetèrent à l'eau ; le traîneau a coulé, les attaches se sont séparées et deux pharmacies, le sac de matériel de couture d'une valeur inestimable, une bobine de câbles métalliques et trois cent cinquante livres de pemmican ont été perdus en un clin d'œil.

Sans commentaire, Bennett s'est immédiatement mis en tête de tirer le meilleur parti de l'entreprise. Les chiens étaient traînés sur la glace ; les quelques charges qui restaient encore sur le traîneau furent transférées sur un autre ; ce traîneau fut abandonné, et une fois de plus l'expédition recommença sa bataille interminable vers le sud.

Les couloirs d'eau libre, comme le présageaient les clignements d'eau que Ferriss avait remarqués le matin, étaient fréquents ; alternant régulièrement avec des buttes et des crêtes de pression. Mais la perversité de la glace était presque déchirante. A chaque heure, les voies s'ouvraient et se fermaient. A une heure de l'après-midi, ils étaient arrivés au bord d'un chemin assez large pour justifier qu'ils puissent monter à bord de leurs bateaux. Les traîneaux furent déchargés et arrimés sur les bateaux eux-mêmes, et les rames et les voiles furent préparées. Puis, alors que Bennett était sur le point de lancer, la voie s'est soudainement fermée. Ce qui avait été de l'eau est devenu un floe plat, et encore une fois le processus de déchargement et de rechargement a dû être entrepris.

Ce soir-là, Big Joe et deux autres chiens, Gavriga et Patsy, furent abattus en raison de leur inutilité dans les traces. Leurs corps étaient découpés pour nourrir leurs compagnons.

"Je peux épargner les chiens", écrit Bennett dans son journal de ce jour-là - un dimanche - "mais McPherson, l'un des meilleurs hommes du commandement, me donne un certain malaise. Ses pieds gelés lui ont irrité la cheville. L'un des ceux-ci sont ulcérés, et le médecin me dit qu'il est dans un état grave. Sa douleur est si grande qu'il ne peut plus transporter avec les autres. Je le relèverai du travail pendant la marche du lendemain. Moins d'un mile parcouru aujourd'hui. Méridien observation de la latitude impossible à cause du brouillard. Services divins à 17h30."

Une semaine s'est écoulée, puis une autre. Il n'y a eu aucun changement, ni dans la nature des glaces, ni dans la routine quotidienne de l'expédition. Leur labeur était incroyable ; parfois une heure de lutte incessante ne gagnait que quelques mètres. Les chiens, au lieu de les aider, devenaient rapidement de simples encombrements. Quatre autres avaient été tués, un cinquième s'était noyé et deux, errant hors du camp, n'étaient jamais revenus. Le deuxième traîneau à chiens avait été abandonné. L'état du pied de McPherson était tel qu'aucun travail ne pouvait lui être demandé. Hawes, le charpentier, avait de la fièvre et tenait tout le monde éveillé toute la nuit en parlant dans son sommeil. Pire encore, la main droite de Ferriss fut de nouveau gelée et cette fois, Dennison, le médecin, fut obligé de l'amputer au-dessus du poignet.

"... Mais je ne suis pas du tout découragé", a écrit Bennett. "Je dois réussir et je le ferai."

Quelques jours après l'opération de la main de Ferriss, Bennett décida qu'il serait souhaitable d'accorder au groupe un repos complet de vingt-quatre heures. La marche de la veille avait été plus dure que toutes celles qu'ils avaient connues jusqu'à présent, et, outre McPherson et le charpentier, le médecin lui-même était sur la liste des malades.

Dans la soirée, Bennett et Ferriss firent une longue marche ou plutôt escaladèrent la glace au sud-ouest, choisissant un cap pour la marche du lendemain.

Une grande amitié, pour ne pas dire affection, s'était née entre ces deux hommes, conséquence de leur longue et étroite intimité à bord du Freja et des épreuves et périls qu'ils avaient partagés au cours des dernières semaines en dirigeant l'expédition en retraite. vers le sud. Lorsqu'ils eurent décidé de la direction de l'avancée du lendemain, ils s'assirent un moment sur la crête d'un monticule pour respirer, les coudes sur les genoux, regardant au sud la désolation des glaces brisées.

De sa seule main valide, Ferriss sortit de la poitrine de son parka en peau de cerf une pipe et une poignée de feuilles de thé enveloppées dans du papier huilé.

"Est-ce que ça te dérangerait de remplir cette pipe pour moi, Ward ?" » a-t-il demandé à Bennett.

Bennett jeta un coup d'œil aux feuilles de thé et les rendit à Ferriss, et en réponse à ses remontrances, il sortit sa propre pochette.

"Le tabac!" s'écria Ferriss étonné ; "Eh bien, je pensais que nous avions fumé notre dernière cigarette à bord du navire."

"Non, j'en ai gardé un peu."

"Oh, bien," répondit Ferriss, essayant d'interférer avec Bennett, qui remplissait sa pipe, "je ne veux pas de ton tabac ; ce thé fait très bien l'affaire."

"Je vous dis qu'il me reste huit dixièmes de kilo", mentit Bennett en allumant la pipe et en la lui rendant. "Quand tu veux fumer une cigarette, tu peux me rejoindre."

Bennett a allumé sa propre pipe et les deux ont commencé à fumer.

"'M, ah!" murmura Ferriss, tirant sur la pipe avec extase, "Je pensais que je n'allais plus jamais goûter de la bonne herbe avant que nous soyons rentrés à la maison."

Bennett n'a rien dit. Il y a eu un long silence. Maison! que ne signifiait pas ce mot pour eux ? Laisser derrière soi tout ce hideux et effroyable gaspillage de glace, en finir avec les combats, se reposer, oublier ses responsabilités, ne plus avoir d'anxiété, être à nouveau au chaud, au chaud, bien nourri et au sec, pour revoir un arbre, côtoyer ses semblables, connaître la signification des poignées de mains chaleureuses et les visages de ses amis.

"Dick", commença brusquement Bennett après un long moment, "si nous restons coincés ici dans cette foutue glace, je vais t'envoyer, ainsi que probablement Metz, en avant pour demander de l'aide. Nous ferons un kyack à deux pour que vous puissiez l'utiliser. quand vous atteindrez la limite du sac, mais à part le kyack, vous n'emporterez rien d'autre que vos provisions, vos sacs de couchage et votre fusil, et vous voyagerez aussi vite que vous le pourrez. Bennett s'arrêta un instant, puis continua d'une voix différente : « J'ai écrit hier soir une lettre que j'allais vous remettre au cas où je devrais vous envoyer faire un tel voyage, mais je pense que je ferais aussi bien de la donner à tu sais."

Il sortit de sa poche une enveloppe soigneusement enveloppée de ciré.

"Si quelque chose devait arriver à l'expédition, à moi, je veux que vous veilliez à ce que cette lettre soit remise."

Il fit une nouvelle pause.

" Vous voyez, Dick, c'est comme ça ; il y a une fille... " Son visage s'enflamma soudain, " non... non, une femme, une grande et noble femme d'homme, au pays de Dieu, qui représente beaucoup pour moi... tout ce qu'il y a dans le monde. Je ne lui en ai jamais parlé. Mais si quelque chose devait arriver, j'aimerais qu'elle sache comment ça s'est passé avec moi, à quel point elle devait moi. Alors je lui ai écrit. Vous verrez qu'elle comprendra, n'est-ce pas ?

Il remit le petit paquet à Ferriss et continua indifféremment et reprenant son air accoutumé :

"Si nous arrivons jusqu'à l'île Wrangel, vous pourrez me la rendre. Nous rencontrerons forcément des navires de secours ou des baleiniers à vapeur sous cette latitude. Oh, vous pouvez regarder l'adresse", ajouta Bennett alors que Ferriss tournait le dos. l'enveloppe, le bas vers le haut, la fourrait dans sa poche de poitrine ; "Tu la connais encore mieux que moi. C'est Lloyd Searight."

Les dents de Ferriss se refermèrent brusquement sur le tuyau de sa pipe.

Bennett se leva. "Dites à Muck Tu", dit-il, "au cas où je n'y repenserais plus, que les chiens doivent désormais être nourris avec ceux qui meurent. J'aurai besoin du biscuit pour chien et du poisson séché pour notre propre usage."

"Je suppose que nous en arriverons là", répondit Ferriss.

"Viens à ça !" » répondit Bennett d'un air sombre ; "J'espère que les chiens eux-mêmes vivront assez longtemps pour que nous puissions les manger. Et ne vous méprenez pas", a-t-il ajouté ; "Je parle du fait que nous sommes restés coincés dans la glace, que je n'ai pas réussi à m'en sortir ; c'est uniquement parce qu'il faut tout prévoir, être prêt à tout. Rappelez-vous : je vais m'en sortir."

Mais cette nuit-là, longtemps après que les autres fussent endormis, Ferriss, qui n'avait pas fermé les yeux, se remua et, aussi doucement que possible, sortit de son sac de couchage en rampant. Il crut qu'il y avait un léger changement dans l'atmosphère et voulut lire le baromètre fixé sur un piquet juste à l'extérieur de la tente. Pourtant, lorsqu'il eut remarqué qu'après tout, il était immobile, il resta un moment à regarder la glace avec des yeux aveugles. Puis il tira d'une poche de ses fourrures un petit dossier de maroquin. Il était pitoyablement usé, taché par l'eau de mer, rapiécé et rapiécé, ses bords effilochés recousus avec des effilochages de tissu et d'herbes marines. Desserrant avec ses dents la lanière de peau de morse avec laquelle il était attaché, Ferriss l'ouvrit et le présenta à la faible lumière d'une aurore qui pâlissait dans le ciel du nord.

"Alors," marmonna-t-il après un moment, "alors… Bennett aussi…"

Ferriss resta longtemps à regarder la photo de Lloyd jusqu'à ce que les banderoles violettes du nord se fondent dans le gris froid du ciel. Puis il jeta un coup d'œil au-dessus de lui.

"Dieu Tout-Puissant, bénis-la et garde-la !" il a prié.

Au loin, à des kilomètres de là, une banquise se fendit sous la réverbération prolongée du tonnerre. L'aurore avait disparu. Ferriss retourna à la tente.

La semaine suivante, l'expédition souffrit lamentablement. Les tempêtes de neige se succédaient, la température tombait à vingt-deux degrés au-dessous du point de congélation, et des rafales de vent venant de l'est fouettaient et flagellaient sans cesse les hommes en difficulté avec une myriade de cils à pointe d'acier. La nuit, l'agonie de leurs pieds était presque insupportable. Il était impossible d'avoir chaud, impossible d'être au sec. Dennison, dans une certaine mesure, recouvra la santé, mais l'ulcère du pied de McPherson avait tellement rongé la chair que les muscles étaient visibles. Les bavardages monotones et les gémissements fous de Hawes remplissaient la tente chaque nuit.

Les seuls plaisirs qui leur restaient, les seules ruptures dans la monotonie de cette vie, étaient de manger et, quand cela était possible, de dormir. La pensée, la raison et la réflexion diminuaient dans leur cerveau. Les instincts – les impulsions primitives et élémentaires de l'animal – les possédaient à la place. Manger, dormir, avoir chaud, ils ne demandaient rien de mieux. Le dîner du soir était une vision qui demeurait dans leur imagination heure après heure tout au long de la journée. Oh, s'asseoir devant la flamme bleue de l'alcool qui crépite sous la vieille cuisinière en tôle battue ! Sentir la délicieuse saveur de la soupe épaisse et bouillante ! Et puis le repas lui-même : goûter la nourriture chaude, grossière et charnue ; ressentir cette chaleur et cet éclat indescriptiblement reconnaissants, cette sensation presque divine de satiété se répandant dans leurs pauvres corps frissonnants, puis dormir ; dormir, quoique frémissant de froid ; dormir, même si l'humidité fouillait la chair jusqu'à la moelle ; dormir, même si les pieds brûlaient et craquaient sous la torture ; le sommeil, le sommeil, la stupéfaction sans rêve de l'épuisement, les quelques heures d'oubli, le court armistice de la journée avec la douleur !

Mais plus forte, plus insistante que ces instincts de l'animal était l'impulsion aveugle et irraisonnée qui tournait leurs visages vers le sud : « Avancer, avancer ». Répondant à l'influence irrésistible de leur chef, cet homme de fer indomptable qu'aucune fortune ne pouvait briser ni plier, et qui leur imposait sa volonté comme un joug d'acier, cette idée devint pour eux une sorte d'obsession. En avant, si ce n'était qu'un mètre ; si ce n'était qu'un pied. Avancez sur les décombres déchirants de glace ; avancez contre le vent mordant et hurlant ; en avant face à la neige aveuglante ; avancer à travers les croûtes cassantes et l'eau glacée ; en avant, même si chaque pas était une agonie, même si la corde de transport coupait comme un couteau émoussé, même si leurs vêtements étaient des plaques de glace. Aveuglée, haletante, meurtrie, saignante et épuisée, chiens et hommes, animaux tous, l'expédition avançait péniblement.

Un jour, un peu avant midi, alors que le déjeuner était en train d'être préparé, le soleil perça les nuages et, pendant plus d'une demi-heure, la banquise resta un éclat de diamant aveuglant. Bennett courut chercher son sextant et obtint une observation, la première possible depuis près d'un mois. Il calcula leur latitude le soir même.

Le lendemain matin, Ferriss fut réveillé par un contact sur son épaule. Bennett se tenait au-dessus de lui.

"Sortez ici un instant", dit Bennett à voix basse. "Ne réveillez pas les hommes."

« Avez-vous obtenu notre latitude ? » » demanda Ferriss alors que les deux sortaient de la tente.

"Oui, c'est ce que je veux te dire."

"Qu'est-ce que c'est?"

"Soixante-quatorze dix-neuf."

"Pourquoi, qu'est-ce que tu veux dire ?" » demanda rapidement Ferriss.

"Juste ceci : la banquise sur laquelle nous nous trouvons dérive plus vite vers le nord que nous ne marchons vers le sud. Nous sommes plus au nord maintenant qu'il y a un mois pendant toute notre marche."

# II.

Vers onze heures du soir, le vent avait tellement augmenté et la mer avait commencé à monter si haut qu'il était question de savoir si la baleinière résisterait ou non à la tempête. Bennett a finalement décidé qu'il serait impossible d'atteindre la terre – qui s'étendait en une longue et sombre zone floue vers le sud-ouest – cette nuit-là, et que le bateau devait naviguer devant le vent s'il voulait le maintenir à flot. Le coupeur numéro deux, dirigé par Ferriss, était un mauvais voilier et était tombé à l'arrière. Elle était déjà hors de portée de l'appel ; mais Bennett, qui était à la barre de la baleinière, dans l'instant où il osa lancer derrière lui, vit avec satisfaction que Ferriss avait suivi son exemple.

La baleinière et le cotre numéro deux étaient les seuls bateaux restant à l'expédition. Le troisième bateau avait été abandonné bien avant d'avoir atteint les eaux libres.

Une heure plus tard, Adler, le maître des voiles, qui avait écopé et qui était assis face à Bennett, se retourna pour regarder à travers la tempête ; puis, se tournant vers Bennett, il dit :

"Pardon, monsieur, je pense qu'ils nous font signe."

Bennett ne répondit pas, mais, la main agrippée à la barre, il gardait le visage tourné vers l'avant, son regard alternant entre la proue haletante du bateau et les énormes vagues grises sifflant d'écume se précipitant rapidement à côté. S'arrêter un instant, s'écarter un peu du cours de la tempête, pourrait signifier la noyade de tous. Après quelques instants, Adler reprit la parole en touchant sa casquette.

"Je suis sûr de voir un signal, monsieur."

"Non, ce n'est pas le cas", répondit Bennett.

"Je vous demande pardon, j'en suis sûr."

Bennett se pencha vers lui, les yeux étincelants d'une lumière méchante, le sillon entre les sourcils se creusant. "Je te le dis, tu ne vois aucun signal ; tu comprends ? Tu ne vois aucun signal jusqu'à ce que je choisisse de t'avoir."

La nuit fut âpre et dure pour les occupants de la baleinière. Dans leur état de faiblesse, ils n'étaient pas en état de combattre un ouragan polaire dans un bateau non ponté.

Depuis trois semaines, ils ne connaissaient pas la signification des rations complètes. Durant les premiers jours après que la ligne de marche sur la glace eut été brusquement modifiée vers l'ouest dans l'espoir d'atteindre l'eau libre, seulement trois quarts de rations avaient été distribuées, et maintenant, pendant les deux derniers jours, la moitié des rations leur était distribuée. La faim qui la rongeait avait commencé. Chaque homme était sensiblement plus faible. Les choses devenaient désespérées.

Mais le lendemain matin, à sept heures, la tempête s'était dissipée. Au grand soulagement de Bennett, le coupeur était en vue. Faisant à nouveau route vers la terre, les bateaux tinrent compagnie et, au milieu de l'après-midi, Bennett et l'équipage de la baleinière débarquèrent avec succès sur une côte sombre, désolée et ravagée par le vent. Mais d'une manière ou d'une autre, jamais suffisamment expliquée par la suite, le coupeur sous le commandement de Ferriss fut écrasé dans la glace flottante à moins de cent mètres du rivage. Les hommes et les provisions furent débarqués – l'eau étant suffisamment peu profonde pour patauger – mais le bateau était une épave désespérée.

"Je crois que c'est le cap Shelaski", dit Bennett à Ferriss une fois le campement établi et leurs cartes consultées. "Mais si c'est le cas, c'est qu'il est cartographié trente-cinq minutes trop loin à l'ouest."

Avant de lever le camp le lendemain matin, Bennett a laissé ce record sous un cairn de rochers sur le point culminant du cap, marquant en outre l'endroit par l'un des drapeaux du bateau :

L'expédition d'exploration arctique Freja a débarqué à cet endroit le 28 octobre 1891. Notre navire a été écrasé et coulé par 76 degrés. 10 minutes. latitude nord le 12 juillet dernier. J'ai ensuite tenté une marche vers le sud jusqu'à l'île Wrangel, mais j'ai trouvé une telle route impraticable à cause de la dérive des glaces vers le nord. Le 1er octobre, je partis donc vers l'ouest pour trouver de l'eau libre à la limite des glaces, étant obligé d'abandonner en chemin un bateau et deux traîneaux. Un deuxième bateau s'est écrasé de manière irréparable dans les glaces à la dérive alors qu'il tentait d'atterrir à cet endroit. Le dernier bateau restant étant trop petit pour accueillir les membres de l'expédition, les circonstances m'obligent à entamer une marche terrestre vers la baie de Kolyuchin, en suivant la ligne de la côte. Nous nous attendons soit à hiverner parmi les colonies de Chuckch mentionnées par Nordenskjold comme existant sur les rives orientales de la baie de Kolyuchin, soit à rencontrer les navires de secours ou les baleiniers à vapeur en route. En distribuant des demi-rations, j'ai suffisamment de provisions pour dix-huit jours et j'ai conservé tous les dossiers, observations, papiers, instruments, etc. Ci-joint le rôle de rassemblement de l'expédition. Pas encore de scorbut et pas de décès. Nos malades sont William Hawes, charpentier, atteint de fièvre arctique, grave ; David McPherson, marin, ulcération du pied gauche, grave. L'état général du reste des hommes est passable, bien que très affaibli par l'exposition et le manque de nourriture.

(Signé) WARD BENNETT, *Commandant.*

Mais pendant la nuit, leur première nuit à terre, Bennett résolut de recourir à un expédient désespéré. Non seulement le bateau devait être abandonné, mais aussi les traîneaux, et non seulement les traîneaux, mais tout objet de poids qui n'était pas absolument nécessaire à l'existence du groupe. Deux semaines auparavant, le soleil s'était couché et ne se levait plus depuis six mois. L'hiver était sur eux et l'obscurité était là. L'Ennemi approchait. La grande emprise impitoyable de la Glace se resserrait. L'heure n'était pas aux demi-mesures et aux hésitations ; maintenant c'était la vie ou la mort.

Le sentiment du péril et la proximité de l'ennemi tendaient les nerfs de Bennett comme les cordes d'une harpe. Sa volonté s'est durcie jusqu'à atteindre la dureté silex de la glace elle-même. Sa force d'esprit et de corps parut soudain quadrupler. Sa détermination était celle du bélier, aveugle, sourd, irrésistible. L'aspect laid de son visage devenait encore plus laid, ses yeux déformés brillaient, sa grande mâchoire presque simiesque. Il paraissait physiquement plus grand. Ce n'était plus un homme ; c'était un géant, un ogre, un jotun colossal lançant des blocs de glace, livrant une bataille indescriptible, à l'aube du monde, dans le chaos et dans l'obscurité.

Les impedimenta de l'expédition étaient divisés en paquets que chacun portait sur ses épaules. Désormais, tout ce qui gênait la rapidité de leurs mouvements doit être laissé de côté. Six chiens (tout ce qui restait de la meute de dix-huit) les accompagnaient toujours.

Bennett avait espéré et compté sur ses hommes pour une marche quotidienne moyenne de seize milles, mais les vents hivernaux venant du nord-est les repoussèrent ; la glace et la neige qui recouvraient la terre n'étaient pas moins inégales que les monticules de la meute. Tout le gibier avait migré loin vers le sud.

Chaque jour, les hommes devenaient de plus en plus faibles ; leurs provisions diminuèrent. Encore et encore, l'un ou l'autre d'entre eux, épuisés au-delà de l'endurance humaine, s'endormaient en marchant et tombaient à terre.

Le troisième jour de cette marche terrestre, l'un des chiens s'est soudainement effondré sur le sol, épuisé et mourant. Bennett avait ordonné que certains des chiens distribués soient coupés et que leur viande soit ajoutée au magasin de provisions du groupe. Ferriss et Muck Tu avaient commencé à ramasser le chien mort lorsque les autres chiens, affamés et sauvages, se jetèrent sur leur compagnon tombé au combat. Les deux hommes ont frappé et donné des coups de pied, en vain ; les chiens se tournèrent vers eux en grondant et en claquant. Eux aussi exigeaient de vivre ; eux aussi voulaient être nourris. C'était une affaire hideuse. Là, dans cette demi-nuit du cercle polaire, perdus et oubliés sur un rivage primordial, de retour à l'âge de pierre, hommes et animaux se battaient pour le privilège de manger un chien mort.

Mais leur vie n'était pas entièrement inhumaine ; Bennett pourrait au moins s'élever au-dessus de l'humanité, même si ses hommes devaient nécessairement être entraînés si loin en dessous. À la fin de la première semaine, Hawes, le charpentier, mourut. Lorsqu'ils se réveillèrent le matin, on le trouva immobile et raide dans son sac de couchage. Une sorte de tombe fut creusée, le pauvre corps déchiré y fut déposé, et avant qu'elle ne soit remplie de neige et de glace brisée, Bennett, debout tranquillement au milieu du groupe tête nue, ouvrit son livre de prières et commença par les paroles terribles : , "Je suis la résurrection et la vie-"

C'était le début de la fin. Une semaine plus tard, la véritable famine a commencé. L'expédition se déplaçait de plus en plus lentement dans sa marche quotidienne, chancelante, chancelante, aveuglée et secouée par les vents incessants du nord-est, cruels, impitoyables, tranchants comme des lames de couteau. L'espoir était mort depuis longtemps ; la détermination s'est affaiblie sous la friction du désastre ; comme un rat, la faim les rongeait heure après heure ; le froid était une agonie sans fin. Malgré tout, Bennett était ininterrompu, mais il les poussait toujours à avancer. Tant qu'ils pourraient bouger, il les ferait avancer.

Vers quatre heures de l'après-midi, au cours d'une journée particulièrement difficile, Bennett, en tête de ligne, fut informé que quelque chose n'allait pas à l'arrière.

"C'est Adler ; il est de nouveau à terre et ne peut pas se relever ; il vous demande de le quitter."

Bennett arrêta la ligne et recula un peu pour trouver Adler allongé sur le dos, les yeux mi-clos, la respiration courte et rapide. Il le secoua brutalement par l'épaule.

"Debout!"

Adler ouvrit les yeux et secoua la tête.

« Je… j'ai fini pour cette fois, monsieur ; laissez-moi simplement ici – s'il vous plaît.

"H'up!" cria Bennett ; "Tu n'es pas fini, je sais mieux."

"Vraiment, monsieur, je—je *ne peux pas* ."

"H'up!"

"Si seulement vous le vouliez, pour l'amour de Dieu, monsieur. C'est plus que ce pour quoi je suis fait."

Bennett lui a donné un coup de pied sur le côté.

"H'toi avec toi!"

Adler lutta à nouveau pour se relever, Bennett l'aidant.

"Maintenant, peux-tu faire cinq mètres ?"

« Je pense… je ne sais pas… peut-être… »

"Allez-y, alors."

L'autre s'avança.

« Pouvez-vous y aller cinq autres ; répondre, parler, n'est-ce pas ? »

Adler hocha la tête.

« Allez-y… et cinq autres… et un autre… là… ça ressemble à un homme, et finissons les bavardages de femme sur la mort.

"Mais-"

Bennett s'approcha de lui, lui brandissant un index devant le visage et avançant méchamment son menton.

"Mon ami, je te conduirai comme un chien, mais," son poing serra le visage de l'homme, "je vais te *faire* t'en sortir."

Deux heures plus tard, Adler terminait la marche de la journée en tête de file.

L'expédition commença à manger ses chiens. Chaque soir, Bennett envoyait Muck Tu et Adler sur le rivage pour ramasser des crevettes, même si quinze cents de ces crevettes remplissaient à peine une mesure de branchies. Le groupe mâchait de la mousse de renne qui poussait en petites parcelles dans les rochers enfouis dans la neige et préparait parfois une infusion fine et maladive à partir du saule arctique. À maintes reprises, Bennett envoya les Esquimau et les Clarke, les meilleurs tireurs du groupe, partir en expédition de chasse vers le sud. Invariablement, ils revenaient les mains vides. De temps en temps, ils signalaient d'anciennes traces de rennes et de renards, mais les froids hivernaux avaient tout repoussé loin à l'intérieur des terres. Une fois seulement, Clarke a abattu un bruant des neiges, un petit oiseau à peine plus gros qu'un moineau. Bennett a quand même poussé en avant.

Un matin du début de la troisième semaine, après un petit-déjeuner composé de deux onces de viande de chien et d'une demi-tasse de thé de saule, Ferriss et Bennett se retrouvèrent un peu à l'écart des autres. Les hommes étaient en train de descendre la tente. Ferriss jeta un coup d'œil derrière lui pour s'assurer qu'il n'entendait pas, puis :

"Et McPherson ?" dit-il à voix basse.

Le pied de McPherson était désormais presque rongé jusqu'aux os. C'était un miracle de voir comment l'homme avait tenu jusqu'ici. Mais à la longue, il avait commencé à prendre du retard ; chaque jour il traînait de plus en plus, et la veille au soir il était arrivé au camp près d'une heure après que la tente avait été dressée. Mais c'était un garçon courageux, d'une constitution plus sévère que le maître de voile Adler, et il ne songeait pas à abandonner.

Bennett ne répondit pas à Ferriss et l'ingénieur en chef ne répéta pas la question. La journée de marche commença ; presque aussitôt, des congères à hauteur d'homme furent rencontrées, et lorsqu'elles furent laissées derrière elles, l'expédition s'engagea sur les pentes précipitées d'un énorme éboulis de glace et de plaques de basalte nues et noires. Il fallut bien deux heures pour franchir cet obstacle, et au sommet Bennett s'arrêta pour respirer les hommes. Mais quand ils recommencèrent à avancer, il s'avéra que McPherson ne pouvait pas garder ses pieds. Lorsqu'il était tombé, Adler et Dennison avaient tenté de le relever, mais eux-mêmes étaient si faibles qu'eux aussi tombèrent. Dennison n'a pas pu se relever par ses propres efforts et, au lieu d'aider McPherson, il a dû être aidé lui-même. Bennett s'avança , passa un bras autour de McPherson et le remit en position verticale. L'homme fit un pas en avant, mais son pied gauche se replia immédiatement sous lui et il revint au sol. Trois fois cette manœuvre fut répétée ; loin de marcher, McPherson ne pouvait même pas se tenir debout.

"Si je pouvais avoir une journée de repos..." commença McPherson, hésitant. Bennett jeta un coup d'œil à Dennison, le médecin. Dennison secoua la tête. Le pied, toute la jambe sous le genou, aurait dû être amputé il y a quelques jours. Un mois de repos, même dans un hôpital à domicile, n'aurait rien apporté à McPherson.

Pendant une fraction de minute, Bennett débattit de la question, puis il se tourna vers le commandement.

"En avant, les hommes !"

"Quoi... quoi..." commença McPherson, assis par terre, regardant tour à tour un visage sur l'autre, déconcerté, terrifié. Certains hommes commencèrent à s'éloigner.

« Attendez, attendez, s'écria l'infirme, je… je peux m'en sortir… je… » Il se mit à genoux, fit un grand effort pour reprendre pied, et s'écrasa de nouveau sur la glace.

"Avant!"

"Mais... mais... mais... *Oh, vous n'allez pas me quitter, monsieur ?*"

"Avant!"

« Il a été mon copain, monsieur, tout au long du voyage », dit l'un des hommes en tendant sa casquette à Bennett ; "J'aurais préféré qu'on me laisse avec lui. J'ai presque fini moi-même."

Un autre s'est joint à nous :

"Je vais rester aussi... je ne peux pas partir... c'est... c'est trop terrible."

Il y eut un instant d'hésitation. Ceux qui avaient commencé à avancer s'arrêtèrent. Toute l'expédition vacilla.

Bennett attrapa le fouet des mains de Muck Tu. Sa voix sonnait comme l'alarme d'une trompette.

"Avant!"

Une fois de plus, la discipline de Bennett prévalut. Sa main de fer s'abattit sur ses hommes, plus que jamais résistants. Ils se tournèrent docilement vers le sud. La marche a repris.

Un autre jour passa, puis deux. Pourtant, l'expédition peinait. D'heure en heure, leurs souffrances augmentaient. Il ne semblait pas qu'un être humain puisse supporter un tel stress tout en survivant. Vers trois heures du matin de la troisième nuit, Adler réveilla Bennett.

"C'est Clarke, monsieur ; lui et moi dormons dans le même sac. Je pense qu'il s'en va, monsieur."

Un à un, les hommes dans la tente furent réveillés et la lampe à huile du train allumée.

Clarke gisait dans son sac de couchage, inconscient, et respirait à de longs intervalles une respiration faible et rapide. Le médecin se pencha sur lui, tâtant son pouls, mais secoua la tête, désespéré.

"Il meurt – tranquillement – d'épuisement de faim."

Quelques instants plus tard, Clarke commença à trembler légèrement, la bouche grande ouverte ; un léger râle sortit de la gorge.

Quatre milles, c'était tout ce qu'on pouvait parcourir le lendemain, et ce, bien que le terrain fût relativement lisse. Ferriss tombait continuellement. Dennison et Metz étaient un peu étourdis, et Bennett se demanda à un moment donné si Ferriss lui-même avait le contrôle absolu de son esprit. Depuis le matin, le vent soufflait fort sur leurs visages. À midi, le chiffre avait augmenté. A quatre heures, un violent vent hurlait sur les étendues de glace et les côtes rocheuses. Il était impossible d'avancer tant que cela durait. Les rafales les plus fortes emportaient assez bien leurs pieds. A quatre heures et demie, la fête s'arrêta. Le vent était maintenant un ouragan. L'expédition s'arrêta, se ressaisit, avança ; il s'arrêta de nouveau, essaya de nouveau de bouger, et finit par s'arrêter définitivement dans des nuages de neige tourbillonnants et des explosions aveuglantes et stupéfiantes.

« Montez la tente ! » dit doucement Bennett. "Nous devons maintenant attendre que ça s'arrête."

A l'abri d'un monticule de rocher couvert de glace, à quelques centaines de mètres de la côte, la tente fut dressée et le souper, tel qu'il était, fut pris en silence. Tous savaient ce que cet arrêt forcé signifiait pour eux. Ce souper — chacun pouvait tenir sa portion dans le creux d'une main — était la dernière de leurs provisions régulières. En mars, ils ne le pouvaient pas. Et maintenant? Avant de se glisser dans leurs sacs de couchage, et à la demande de Bennett, tous se sont joints à la répétition du Credo et du Notre Père.

Le lendemain passa, et le suivant, et le suivant. Le vent continuait régulièrement. La marche vers le sud a été interrompue. Toute la journée et toute la nuit, les hommes restaient sous la tente, blottis dans les sacs de couchage, dormant parfois dix-huit et vingt heures sur vingt-quatre. Ils perdirent toute conscience du temps écoulé ; la sensation même de souffrance les quitta ; la faim elle-même avait cessé de ronger. Seuls Bennett et Ferriss semblaient garder la tête froide. Puis, petit à petit, la fin commença.

Pour la semaine dernière, les entrées de Bennett dans son journal de glace étaient les suivantes :

29 novembre — Lundi — Campement à 16 h 30 à environ 100 mètres de la côte. Eau libre vers l'est à perte de vue. Si je n'avais pas été obligé d'abandonner mes bateaux... mais il est inutile de me plaindre. Je dois regarder notre situation en face. A midi, on nous servit le dernier extrait de bœuf que nous buvâmes avec du thé de saule. Nos provisions restantes consistent en quatre quinzièmes de livre de pemmican par homme et le reste de la viande de chien. Où sont les navires de secours ? Nous aurions au moins dû rencontrer les baleiniers à vapeur bien avant cela.

30 novembre — mardi — Le médecin a amputé aujourd'hui l'autre main de M. Ferriss. Coup de vent vivant du nord-est. Impossible de marcher contre elle dans notre état affaibli ; Je dois camper ici jusqu'à ce que ça s'apaise. J'ai fait une soupe avec les restes de viande de chien cet après-midi. Notre dernier pemmican est parti.

1er décembre — Mercredi — Tout le monde s'affaiblit. Metz en panne. Adler a été envoyé sur le rivage pour ramasser des crevettes. Nous en avons mangé environ une bouchée chacun pour le déjeuner. Souper, une cuillerée de glycérine et d'eau chaude.

2 décembre — jeudi — Metz mourut dans la nuit. Hansen mourant. Il y a toujours un coup de vent du nord-est. Une dure nuit.

3 décembre – vendredi – Hansen est décédé tôt le matin. Muck Tu a abattu un lagopède. J'ai fait de la soupe. Dennison en panne.

4 décembre — Samedi — Hansen enterré sous des plaques de glace. Cuillerée de glycérine et d'eau chaude à midi.

5 décembre – dimanche – Dennison a été retrouvé mort ce matin entre Adler et moi. Trop faible pour l'enterrer, ou même le sortir de la tente. Il doit rester là où il est. Services divins à 17h30 DERNIÈRE cuillerée de glycérine et d'eau chaude.

---

Le lendemain, c'était lundi, et à une heure indéterminée de vingt-quatre heures, bien qu'il ne puisse dire si c'était la nuit ou midi, Ferriss se réveilla dans son sac de couchage et se souleva sur un coude, et resta un moment assis bêtement à regarder. Bennett écrit dans son journal. Remarquant qu'il était réveillé, Bennett leva les yeux de la page et parla d'une voix épaisse et étouffée à cause du gonflement de sa langue.

"Depuis combien de temps ce vent souffle-t-il, Ferriss ?"

"Depuis une semaine aujourd'hui", répondit l'autre.

Bennett a continué à écrire.

... Des coups de vent incessants depuis plus d'une semaine. Impossible d'agir contre eux dans notre état de faiblesse. Mais rester ici, c'est périr. Que Dieu nous aide. C'est la fin de tout.

Bennett traça une ligne sur la page sous la dernière entrée et, tenant toujours le livre à la main, regarda lentement autour de la tente.

Il en restait six – cinq entassés les uns contre les autres dans cette misérable tente – le sixième, Adler, étant sur le rivage en train de ramasser des crevettes. Dans la pénombre étrange et sombre qui remplissait la tente, ces survivants du Freja ressemblaient moins à des hommes qu'à des bêtes. Leurs cheveux et leur barbe étaient longs et semblaient ne faire qu'un avec la fourrure de leur corps. Leurs visages étaient absolument noirs de crasse, et leurs membres étaient monstrueusement distendus et gras – gros comme les choses gonflées et gonflées sont grosses. C'était l'embonpoint anormal de la famine, l'ironie de la misère, l'immense plaisanterie que la famine arctique joue à ceux qu'elle détruit ensuite. Les hommes se déplaçaient parfois à quatre pattes ; leurs langues étaient distendues, rondes et couleur d'ardoise, comme celles des perroquets, et quand ils parlaient, ils les mordaient impuissants.

Près du rabat de la tente gisait le cadavre gonflé de Dennison. Deux des participants somnolaient, inertes et stupéfaits, dans leurs sacs de couchage. Muck Tu était dans un coin de la tente, en train de faire cuire ses pieds de phoque sur la cuisinière en tôle. Ferriss et Bennett étaient assis de part et d'autre de la tente, Bennett utilisant son genou comme bureau, Ferriss essayant de se libérer du sac de couchage avec les moignons de ses bras. Sur l'une de ces souches, la droite, une cuillère en fer blanc avait été fouettée.

La tente était pleine d'odeurs nauséabondes. L'odeur de la drogue et de la poudre moisie, l'odeur des chiffons sales, des corps non lavés, l'odeur de la fumée fade, de la peau de phoque brûlante, de la toile trempée et pourrie qui s'exhalait de la toile de la tente, toutes les odeurs sauf celle de la nourriture.

Au dehors, le vent déchaîné hurlait sans cesse, comme un sabbat de sorcières, et tournait autour du pitoyable abri et passait en trombe, sautant et culbutant de rocher en rocher, jetant dans l'air des poignées de neige sèche et poussiéreuse ; fou, insensé, un monstre énorme et fou qui gambadait là dans quelque hideuse danse de mort, capricieux, entêté, impitoyable comme un loup affamé.

Devant la tente et au-dessus d'une crête de rochers arides se trouvait un bras de mer parsemé de blocs de glace avançant silencieusement et rapidement ; tandis qu'en arrière de la côte, et en arrière de la tente, vers le sud, vers l'ouest et vers l'est, s'étendait l'infini désert de terre, accidenté, gris, rude ; la neige et la glace et la roche, la roche et la glace et la neige, s'étendant là sous le ciel sombre pour toujours et à jamais ; une région sombre, indomptée, terrible, vide – le champ de bataille marqué de forces chaotiques, la désolation sauvage d'un monde préhistorique.

"Où est Adler ?" demanda Ferriss.

"Il est parti chercher les crevettes", a répondu Bennett.

Les yeux de Bennett retournèrent à son journal et se posèrent pensivement sur la page ouverte.

"Sais-tu ce que je viens d'écrire ici, Ferriss ?" » a-t-il demandé, ajoutant sans attendre de réponse : « J'ai écrit 'C'est la fin de tout.' »

"Je suppose que oui", a admis Ferriss en regardant autour de la tente.

"Oui, la fin de tout. C'est venu, enfin... Eh bien." Il y a eu un long silence. L'un des hommes dans les sacs de couchage gémit et se retourna. Dehors, le vent se transforma soudain en un soupir prolongé de tristesse infinie, réclamant à nouveau l'instant présent.

"Dick", dit Bennett en remettant son journal dans la boîte à disques, "c'est *la* fin de tout, et juste parce que c'est le cas, je veux te parler, te demander quelque chose."

Ferriss s'approcha. Les cris horribles du vent étouffaient le son de leurs voix ; les autres ne pouvaient pas entendre, et à présent, cela n'aurait plus d'importance pour aucun d'entre eux s'ils l'avaient fait.

"Dick", commença Bennett, "rien ne fait beaucoup de différence maintenant. Dans quelques heures, nous serons tous comme Dennison ici ;" il a tapoté le corps du médecin, décédé dans la nuit. Il était déjà tellement gelé que son contact résonnait comme s'il s'agissait d'une bûche de bois. "Nous serons comme ça très bientôt. Mais avant... eh bien, pendant que je le peux, je veux vous poser une question à propos de Lloyd Searight. Vous l'avez connue toute votre vie et vous l'avez vue plus tard que moi, avant notre départ. Vous souviens-toi que j'ai dû venir au navire deux jours avant toi, à propos des pompes de cale.

Pendant que Bennett parlait, Ferriss était assis très droit sur son sac de couchage, dessinant des figures et de vagues motifs sur la fourrure de son manteau en peau de cerf avec le bout de sa cuillère en fer blanc. Oui, Bennett avait raison ; lui, Ferriss, l'avait connue toute sa vie, et c'était sans doute pour cela même qu'elle lui était devenue si chère. Mais il ne l'avait pas toujours su, n'avait découvert son amour pour elle que lorsque le moment était venu de lui dire adieu, de la quitter pour cette course folle vers le pôle. Il était alors trop tard pour parler, et Ferriss ne le lui avait jamais dit. Elle ne devait jamais savoir que lui aussi, comme Bennett, s'en souciait.

" Cela semble plutôt stupide ", continua Bennett maladroitement, " mais si je pensais qu'elle avait jamais pris soin de moi - de cette façon - eh bien, cela donnerait l'impression que ce qui nous arrive - je ne sais pas - est plus facile à supporter. peut-être. Je le dis très mal, mais ce ne serait pas si dur de mourir si je pensais qu'elle m'avait jamais aimé, un peu.

Ferriss réfléchissait très vite. Pourquoi n'avait-il jamais deviné quelque chose comme ça ? Mais dans l'esprit de Ferriss, l'idée de l'amour d'une femme ne s'était jamais associée à Bennett, ce grand et dur homme à la carrure colossale, si absorbé par ses immenses projets, si soudé à son seul objectif, poursuivant ses desseins à l'exclusion de tout autre. autre pensée, désir ou émotion. Bennett était un homme. Mais ici, Ferriss s'est arrêté. Bennett lui-même l'avait qualifiée de femme d'homme, de femme d'homme grandiose et splendide. Il avait raison; il avait raison. Elle n'était rien de moins que cela ; Il n'était pas étonnant, après tout, que Bennett ait été attiré par elle. Quel couple ils formaient, forts, magistraux tous deux, insolents dans la conscience de leur puissance !

" Vous la connaissez si bien et depuis si longtemps ", continua Bennett, " que je suis sûr qu'elle a dû vous dire quelque chose à mon sujet. Dites-moi, a-t-elle jamais dit quelque chose - ou pas cela - mais sous-entendu dans ses manières : te faire comprendre qu'elle m'aurait épousé si je le lui avais demandé ?

Ferriss trouva le temps, même à une telle heure, de s'étonner de la rupture soudaine et inattendue de la dureté uniforme du caractère de Bennett. Ferriss le connaissait bien désormais. Bennett n'était pas homme à demander des concessions, à obtenir de petites faveurs. Ce qu'il voulait, il le prenait d'une main de fer, sans impitoyable et sans scrupule. Mais dans l'indicible dissolution dans laquelle ils étaient désormais impliqués, quelque chose a-t-il fait une différence ? Le terrible moulin dans lequel ils avaient été broyés avait écrasé d'eux toutes les petites distinctions de personnalité, d'individualité. L'humanité, les éléments de caractère communs à tous les hommes, ne subsistaient que.

Mais Ferriss ne savait pas comment répondre à Bennett. D'un côté se trouvait la femme qu'il aimait, et de l'autre Bennett, son meilleur ami, son chef, son héros. Eux aussi avaient vécu si longtemps ensemble, avaient combattu côte à côte avec l'Ennemi, avaient lutté contre les mêmes dangers, avaient osé les mêmes souffrances, avaient subi les mêmes défaites et les mêmes déceptions.

Ferriss se sentait dans une situation très difficile. Doit-il dire la vérité à Bennett ? Cette dernière désillusion doit-elle s'ajouter à cette longue suite d'autres, de désastres, d'échecs, de déceptions et d'espoirs différés de tous ces mois passés ? Bennett doit-il mourir en serrant aussi contre son cœur cette amertume ?

"Je pensais parfois", observa Bennett avec un faible sourire, "qu'elle s'en souciait un peu. J'ai sûrement vu quelque chose comme ça dans ses yeux à certains moments. J'aurais aimé parler. Vous a-t-elle déjà dit quelque chose ? Pensez-vous qu'elle m'aurait épousé si je lui avais demandé ? » Il fit une pause, attendant une réponse.

"Oh… oui", hasarda Ferriss, poussé à faire une sorte de réponse, dans l'espoir de mettre fin à la conversation ; "oui, je pense qu'elle le ferait."

"Tu fais?" » dit rapidement Bennett. "Tu penses qu'elle le ferait ? Qu'a-t-elle dit ? Est-ce qu'elle t'a déjà dit quelque chose ?"

La chose était trop cruelle ; Ferriss recula. Mais soudain, une idée lui vint. Est-ce que quelque chose a fait une différence maintenant ? Pourquoi ne pas dire à son ami ce qu'il voulait entendre, même si ce n'était pas la vérité ? Après tout ce que Bennett avait souffert, pourquoi ne pouvait-il pas mourir content au moins de cela ? Qu'importe s'il parlait ? Est-ce que quelque chose avait de l'importance à un moment pareil où ils allaient tous mourir dans les prochaines vingt-quatre heures ? Bennett le regardait droit dans les yeux ; nous n'avions pas le temps de penser aux conséquences. Conséquences? Mais il ne devait y avoir *aucune* conséquence. C'était la fin. Pourtant, Ferriss pourrait-il faire en sorte que Bennett reçoive un tel mensonge ? Ferriss ne croyait pas que Lloyd se souciait de Bennett ; savait qu'elle ne le savait pas, en fait, et si elle s'en était souciée, Bennett aurait-il pensé un instant qu'elle —

de toutes les femmes – aurait avoué le fait, l'aurait avoué à lui, l'ami le plus intime de Bennett ? Ferriss connaissait bien Lloyd depuis longtemps et en était enfin venu à l'aimer. Mais pouvait-il lui-même dire si Lloyd tenait à lui ou non ? Non, il ne le pouvait pas, certainement pas.

Pendant ce temps, Bennett attendait sa réponse. L'esprit de Ferriss était tout confus. Il ne pouvait plus distinguer le bien du mal. Si le mensonge pouvait rendre Bennett plus heureux dans cette dernière heure de sa vie, pourquoi ne pas le mentir ?

"Oui", répondit Ferriss, "elle a dit quelque chose une fois."

"Elle l'a fait ?"

"Oui," continua lentement Ferriss, essayant d'inventer le mensonge le plus plausible. " Nous avions parlé de l'expédition et de vous. Je ne sais pas comment le sujet a été abordé, mais il est venu très naturellement et à la fin. Elle a dit... oui, je m'en souviens. Elle a dit : " Vous devez l'amener revenez à moi. Rappelez-vous qu'il est tout pour moi, tout dans le monde.

« Elle… » Bennett s'éclaircit la gorge, puis tira sur sa moustache ; "elle a dit ça?"

Ferriss hocha la tête.

"Ah!" » dit Bennett avec un souffle rapide, puis il ajouta : « J'en suis heureux ; vous n'imaginez pas à quel point je suis heureux, Dick, malgré tout.

"Oh, oui, je suppose que oui", murmura Ferriss.

"Non, non, en effet, vous ne l'avez pas fait", répondit l'autre. "Il faut aimer une femme comme ça, Dick, et l'avoir - et découvrir - et que les choses se passent bien, pour l'apprécier. Elle aurait été ma femme après tout. Je ne sais pas comment te remercier, Dick. . Félicitez-moi."

Il se leva en lui tendant la main ; Ferriss se leva faiblement à son tour et tendit instinctivement son bras, mais le retira brusquement. Bennett s'arrêta brusquement, laissant sa main retomber sur son côté, et les deux hommes restèrent là un instant, regardant les moignons des bras de Ferriss, la cuillère en fer blanc toujours attachée au poignet droit.

Quelques heures plus tard, Bennett remarqua que le vent avait commencé à s'atténuer sensiblement. Dans l'après-midi, il était sûr que la tempête serait terminée. Alors qu'il se retournait pour rentrer dans la tente après avoir lu l'anémomètre, il remarqua que Kamiska, leur seul chien restant, était revenu et était assis sur une projection de glace à peu de distance, incertain quant à son accueil après son absence. . Bennett était persuadé que Kamiska ne s'était pas enfui. De tous les Ostiaks, elle avait été la plus fidèle. Bennett a choisi de croire qu'elle s'était éloignée de la tente et s'était perdue dans la neige aveuglante. Mais voici de la nourriture. Kamiska pourrait être tué ; la vie pourrait être prolongée d'un jour ou deux, peut-être trois, tandis que l'homme le plus fort du groupe, portant la plus grande partie de la viande de chien sur ses épaules, pourrait avancer et, peut-être, après tout, atteindre la baie de Kolyuchin et les colonies de Chuckch et revenir avec de l'aide. Mais qui pourrait y aller ? Assurément pas Ferriss, si faible qu'il pouvait à peine tenir debout ; pas Adler, qui délirait parfois et qui avait besoin de la discipline d'un chef puissant pour le maintenir dans son travail ; On ne pouvait pas confier la vie de tous à Muck Tu, l'Esquimau, et les deux hommes restants étaient pratiquement mourants. Un seul d'entre eux était à la hauteur de la tâche, un seul d'entre eux qui conservait encore ses forces de corps et d'esprit ; lui-même, Bennett. Oui, mais abandonner ses hommes ?

Il rampa de nouveau dans la tente pour récupérer le fusil avec lequel tirer sur le chien, mais, soudain saisi d'une idée, il s'arrêta un instant, assis sur le sac de couchage, la tête dans les mains.

Battu? A-t-il finalement été battu ? L'Ennemi avait-il vaincu ? La Glace l'avait-elle enfermé dans son emprise vaste et impitoyable ? Puis, une fois de plus, sa détermination grandit en lui, et pour la dernière fois sa volonté de fer se souleva en une puissante protestation contre la défaite. Non non Non; il n'a pas été battu ; il vivrait ; lui, le plus fort, le plus apte, survivrait. N'était-il pas juste que les plus puissants vivent ? N'était-ce pas la grande loi de la nature ? Il se savait assez fort pour bouger ; marcher, peut-être, pendant deux jours entiers ; et maintenant la nourriture leur était parvenue, à lui. Oui, mais abandonner ses hommes ?

Il avait quitté McPherson, c'est vrai ; mais alors la vie de chacun d'eux était en jeu – une vie contre onze. Désormais, il ne pensait qu'à lui. Mais Ferriss… non, il ne pouvait pas quitter Ferriss. Ferriss viendrait avec lui. Ils partageraient la viande de chien entre eux – la totalité. Lui et Ferriss continueraient. Il atteindrait la baie de Kolyuchin et les colonies. Il serait sauvé ; il rentrerait chez lui ; il reviendrait… il reviendrait vers Lloyd, qui l'aimait. Oui, mais abandonner ses hommes ?

Puis le gros poing de Bennett se referma, se referma et frappa lourdement son genou.

"Non," dit-il d'un ton décisif.

Il avait exprimé ses pensées à voix haute et Ferriss, qui s'était de nouveau glissé dans son sac de couchage, le regardait avec curiosité. Même Muck Tu détourna la tête devant le désordre nauséabond qui empestait la cuisinière. Il y eut un bruit de pas au rabat de la tente.

"C'est Adler", marmonna Ferriss.

Adler a déchiré le rabat.

Puis il cria à Bennett : « Trois baleiniers à vapeur au pied de la banquise, monsieur ; bateau différé ! Quels ordres, monsieur ?

Bennett le regardait stupidement, sans encore y réfléchir clairement.

"Qu'est-ce que vous avez dit?"

Les hommes en sacs de couchage, réveillés par le cri d'Adler, se redressèrent et écoutèrent sans bouger.

« Des baleiniers à vapeur ? » dit lentement Bennett. "Où ? Je suppose que non", a-t-il ajouté en secouant la tête.

Adler se balançait à sa place avec enthousiasme.

« Trois baleiniers, répéta-t-il, se rapprochent. Ils ont repoussé... oh, mon Dieu ! Écoutez ça.

Le son caractéristique du sifflet d'un bateau à vapeur, rauque et prolongé, leur parvenait de la direction de la côte. L'un des hommes se mit à applaudir faiblement. Toute la tente se réveillait. Le cri rauque et insistant du sifflet résonnait encore et encore.

"Quels ordres, monsieur ?" répéta Adler.

Une clameur de voix remplit la tente.

Ferriss s'approcha rapidement de Bennett, essayant de se faire entendre.

"Écouter!" s'écria-t-il avec une intense intensité, "ce que je vous ai dit tout à l'heure à propos de Lloyd, je pensais que c'était une erreur, vous ne comprenez pas..."

Bennett n'écoutait pas.

"Quels ordres, monsieur ?" s'exclama Adler pour la troisième fois.

Bennett se redressa.

" Mes compliments à l'officier qui commande. Dites-lui que nous sommes six, dites-lui... oh, dites-lui tout ce que vous voudrez. Hommes, " cria-t-il, son visage dur soudain radieux, " préparez-vous à sortir de là. ! Nous rentrons chez nous, chez ceux qui nous aiment, les hommes."

---

# III.

Alors que Lloyd Searight tournait vers Calumet Square en sortant du libraire, ses achats sous le bras, elle fut surprise de remarquer une goutte de pluie sur le dos d'un de ses gants blancs. Elle leva rapidement les yeux ; le soleil était parti. Du côté est de la place, sous les arbres, les maisons qui, à cette heure de l'après-midi, auraient dû être recouvertes d'une lumière dorée étaient dans l'ombre. La chaleur qui palpitait depuis le petit matin dans toutes les rues de la Ville faisait rapidement place à une certaine humidité fraîche et odorante. Il y avait même une brise qui commençait à souffler au sommet des ormes les plus élevés. Alors que les gouttes commençaient à s'épaissir sur l'asphalte chaud et cuit par le soleil sous ses pieds, Lloyd accéléra brusquement le pas. Mais la tempête estivale arrivait rapidement. Au moment où elle atteignit la grande agence construite en granit de l'autre côté de la place, elle était sur le point de courir, et alors qu'elle mettait sa clé dans la porte, la pluie tomba avec un rugissement prolongé et étouffé.

Elle entra dans le couloir spacieux et aéré de l'agence, ferma la porte en s'appuyant dessus, et resta là un instant pour reprendre son souffle. Rownie, la jeune mulâtresse, une des domestiques de la maison, qui montait à l'étage avec une brassée de serviettes propres, se retourna à la fermeture de la porte et appela :

"Juste à temps, Miss Lloyd; juste à temps. Je pense que Miss Wakeley et Miss Esther Thielman vont certainement se mouiller. Elles n'ont pas pris de parapluie, ni l'une ni l'autre."

"Est-ce que Miss Wakeley et Miss Thielman sont sorties toutes les deux ?" » demanda rapidement Lloyd. « Est-ce qu'ils ont tous les deux téléphoné ?

"Oui, Miss Lloyd", répondit Rownie. "Je ne sais pas pourquoi Miss Wakeley est partie, mais Miss Esther Thielman a reçu un appel pour la typhoïde, un autre. Il est trois heures de cette maison, dimanche prochain. Je pense que Miss Wakeley va vous appeler la prochaine fois, Miss Lloyd. ".

Pendant que Rownie parlait, Lloyd avait traversé le couloir jusqu'à l'endroit où la liste des noms des infirmières, sur de petites diapositives mobiles, était accrochée au mur. Chaque fois qu'une infirmière était appelée, elle retirait son nom du haut de cette liste et le glissait en bas, de sorte que quiconque trouvait son nom en haut de la liste savait qu'elle était « la prochaine de garde » et se préparait. elle-même en conséquence.

Le nom de Lloyd figurait désormais en tête de liste. Elle n'avait pas quitté l'agence depuis cinq minutes et il était rare que deux infirmières soient appelées en si peu de temps.

"Est-ce que c'est ton affaire ?" » demanda Rownie tandis que Lloyd se tournait rapidement vers lui.

"Oui, oui", répondit Lloyd en montant les escaliers en courant, ajoutant en passant devant le mulâtre : "Il n'y a eu aucun appel depuis le départ de Miss Thielman, n'est-ce pas, Rownie ?" Rownie secoua la tête.

Lloyd se rendit directement dans sa chambre, jeta ses livres sans retirer les emballages et se mit à préparer son cartable. Lorsque cela fut fait, elle changea sa robe de ville sur mesure et sa jupe impeccable pour des vêtements qui ne bruisseraient pas lorsqu'elle bougeait, et se remit proprement en ordre, enlevant ses bagues et en retirant les violettes de chien de sa taille. Puis elle se dirigea vers le miroir rond et démodé qui était accroché entre les fenêtres de sa chambre, et coiffa ses cheveux en arrière en formant un grand rouleau sur son front et ses tempes, et resta là un moment environ après avoir fini, la regardant. réflexion.

Elle était grande et d'une carrure très vigoureuse, avec une gorge pleine, une poitrine profonde, avec de grandes mains fortes et des poignets solides et ronds. Son visage était plutôt sérieux ; on ne s'attendait pas à ce qu'elle sourie facilement ; les yeux d'un bleu terne, sans trace d'éclat et profondément enfoncés sous des sourcils épais et unis. Sa bouche était celle des obstinés, des volontaires, et son menton n'était pas petit. Mais ses cheveux étaient une véritable gloire, une flamme d'un rouge terne, qui remontait de son visage en un grand rouleau solide, d'un rouge terne, comme le cuivre ou le vieux bronze, épais, lourd, presque magnifique dans son éclat sombre. Des cheveux roux ternes, des yeux bleu terne et une lueur faible et terne pour toujours sur ses joues, Lloyd était une belle femme ; beaucoup de choses en elle étaient royales, car elle était très droite et très grande, et pouvait mépriser la plupart des femmes et bon nombre d'hommes.

Lloyd se détourna du miroir et posa le peigne. Il lui restait encore à préparer sa mallette d'infirmière ou, comme celle-ci était toujours prête, à s'assurer qu'aucun de ses équipements ne manquait. Elle était très fière de ce sac, car elle l'avait fait fabriquer selon ses propres idées et conceptions. Elle était en cuir de Russie noir et avait la forme d'une valise ordinaire, mais rehaussée d'un fin fermoir en argent portant son nom et l'adresse de l'agence. Elle le sortit du placard et parcourut son contenu en se murmurant :

« Thermomètre clinique – brandy – seringue hypodermique – flacon de cristaux d'acide oxalique – verre mini – tableaux de température ; oui, oui, tout va bien.

Pendant qu'elle parlait encore, Miss Douglass, l'infirmière de la fièvre frappa à sa porte et, la trouvant entrouverte, entra sans autre cérémonie.

« Êtes-vous là, Miss Searight ? » appela Miss Douglass, en regardant autour de la pièce, car Lloyd était retourné au placard et était occupé à laver le mini-verre.

"Oui, oui", s'écria Lloyd, "je le suis. Asseyez-vous."

"Rownie m'a dit que tu étais le prochain de garde", dit l'autre en se laissant tomber sur le canapé de Lloyd.

" C'est bien ce que je suis ; j'ai failli être attrapé aussi. J'ai traversé la place en courant pendant cinq minutes, et pendant mon absence, Miss Wakeley et Esther Thielman ont été appelées. Mon nom est en haut maintenant. "

"Esther a reçu un cas de typhoïde du Dr Pitts. Vous savez, Lloyd, ça fait... laissez-moi voir, ça fait quatre... sept... neuf... ça fait dix cas de typhoïde dans la ville auxquels je peux penser en ce moment."

"Il y en a partout; oui, je sais", répondit Lloyd en sortant de la pièce et en essuyant soigneusement le mini-verre.

« Nous allons avoir des ennuis avec ça, » continua l'infirmière des fièvres ; "en abondance avant l'arrivée du temps frais. C'est presque épidémique."

Lloyd tenait le mini-verre à contre-jour, l'examinant avec ses paupières rétrécies.

"Qu'a dit Esther lorsqu'elle a su qu'il s'agissait d'un cas contagieux ?" elle a demandé. « A-t-elle hésité ? »

"Pas elle !" » déclara Miss Douglass. "Ce n'est pas Harriet Freeze."

Lloyd ne répondit pas. Ce cas d'Harriet Freeze était un cas que les infirmières de la maison n'avaient jamais oublié et ne pardonneraient jamais. Miss Freeze, une jeune Anglaise fraîchement diplômée, appelée subitement à soigner un malade atteint de la variole, avait bronché et avait été trouvée déficiente au moment crucial, avait trouvé un prétexte pour quitter son poste, l'ayant une fois acceptée. C'était de la lâcheté en présence de l'Ennemi. Tout aurait pu être pardonné sauf ça. Au retour de la jeune fille à l'agence, rien ne fut dit, aucune mesure prise, mais elle n'en fut pas moins expulsée de manière déshonorante au milieu de ses compagnons. Rien n'aurait pu être plus fort que l' *esprit de corps* de ce groupe de jeunes femmes, dont la vie était consacrée à un combat sans fin contre la maladie.

Lloyd continua la révision de son équipement et commença à établir des formulaires pour les tableaux de nutrition, tandis que Miss Douglass la pressait de souscrire à une bourse que les infirmières préparaient pour un vieil infirme mourant d'un cancer. Lloyd a refusé.

"Vous savez très bien, Miss Douglass, que je ne donne qu'à des œuvres caritatives par l'intermédiaire de l'association."

"Je sais," insista l'autre, "et je sais que vous donnez deux fois plus que nous tous réunis, mais avec ce pauvre vieux, c'est différent. Nous savons tout de lui, et chacun de nous dans la maison a donné quelque chose. Tu es le seul à ne pas le faire, Lloyd, et j'avais tellement espéré pouvoir le faire basculer à cinquante dollars.

"Non."

"Nous n'avons besoin que de trois dollars maintenant. Nous pouvons lui acheter ce petit porte-cigares pour cinquante dollars."

"Non."

"Et tu ne nous donneras pas seulement trois dollars ?"

"Non."

"Eh bien, vous donnez la moitié et je donnerai la moitié", a déclaré Miss Douglass.

"Tu penses que c'est une question d'argent avec moi ?" Lloyd sourit.

En fait, c'était un mauvais argument pour déplacer Lloyd-Lloyd dont le matériel ferroviaire lui rapportait à lui seul quelque quinze mille dollars par an.

"Eh bien, non, je ne veux pas dire cela, bien sûr, mais, Lloyd, laisse-nous trois dollars, et je pourrai envoyer un mot au vieux cet après-midi même. Cela le rendra heureux pour le reste de sa vie. ".

"Non-non-non, pas trois dollars, ni trois cents."

Miss Douglass fit un geste de désespoir. Elle aurait pu s'attendre à ne pas pouvoir déplacer Lloyd. Une fois sa décision prise, on pouvait discuter avec elle jusqu'à en perdre le souffle. Elle secoua la tête en direction de Lloyd et s'exclama, mais sans méchanceté :

"Obstiné ! Obstiné ! Obstiné !"

Lloyd rangea la seringue hypodermique et le mini-verre à leur place dans le sac, ajouta un petit pic à glace à son contenu et ferma le sac en un clin d'œil.

"Maintenant," annonça-t-elle, "je suis prête."

Lorsque Miss Douglass fut partie, Lloyd s'installa à la place qu'elle avait quittée et, déballant les livres et les magazines qu'elle avait achetés, commença à tourner les pages en regardant les images. Mais son intérêt a faibli. Elle essaya de lire, mais jeta bientôt le livre et s'appuya en arrière sur le grand canapé, les mains jointes derrière les grands anneaux rouge bronze à l'arrière de sa tête, ses yeux bleu terne fixes et vides.

La nuit précédente, pendant des heures, elle était restée éveillée dans son lit, regardant les images d'ombres changeantes que les lumières électriques, brillant à travers les arbres de la place, projetaient sur les murs et le plafond de sa chambre. Elle avait peu mangé depuis le matin ; un esprit d'agitation grandissant l'avait possédée depuis deux jours. Maintenant, cela avait atteint un point critique. Elle ne pouvait plus éloigner d'elle ses pensées.

Tout cela était revenu pour la cinquantième fois, pour la centième fois, le vieux et intolérable fardeau de l'anxiété s'alourdissant de mois en mois, d'année en année. Il lui semblait qu'une forme de terreur, informe, intangible et invisible, était toujours à côté d'elle, tantôt se retirant, tantôt avançant, mais toujours là ; là, tout près, dans quelque coin sombre où elle ne pouvait pas voir, prête à chaque instant à prendre une forme terrible et trop connue, à lui sauter dessus par derrière, du fond de l'obscurité, et à lui serrer la gorge avec froid. des doigts. La chose jouait avec elle, la tourmentait ; parfois, tout cela disparaissait ; Parfois, elle croyait l'avoir combattu pour de bon, et alors elle se réveillait une nuit, dans le calme et l'obscurité, et savait qu'il était là une fois de plus – à son chevet – dans son dos – près de sa gorge. - jusqu'à ce que son cœur se déchaîne de peur, et que l'attente d'un ennemi qui ne frapperait pas, mais qui se cachait et lorgnait dans les coins sombres, lui arracha un cri d'angoisse et d'exaspération réprimé, et la chassa de son sommeil avec un ruissellement. les yeux, les mains fermées et les prières muettes.

Lloyd s'allongea quelques instants sur le canapé, puis se remit sur pied avec un mouvement brusque et harcelé de la tête et des épaules.

"Ah, non," s'exclama-t-elle dans sa barbe, "c'est trop affreux."

Elle essayait de se divertir dans sa chambre, réarrangeant les quelques ornements, remontant l'horloge qui sonnait les cloches des navires au lieu des heures, et faisant tourner les mèches des vieilles lampes empire qui pendaient dans des consoles de cuivre de chaque côté de la cheminée. Lloyd, après avoir construit l'agence, n'avait éprouvé aucun scrupule à choisir la meilleure pièce de la maison et à la meubler selon ses goûts. Sa chambre était belle, mais très simple dans ses aménagements. Il y avait de grands espaces muraux plats, préservés du bric-à-brac, de la marqueterie du sol, avec peu de tapis. La cheminée et ses accessoires étaient en laiton. Son bureau, une immense affaire, en acajou de Saint-Domingue ancien et presque noir.

Mais bientôt elle se lassa du petit travail de bricolage de son horloge et de ses lampes, et, se tournant vers la fenêtre, l'ouvrit et, s'appuyant sur ses coudes, regarda la place.

À présent, l'orage avait disparu, comme le retrait d'un rideau sombre ; le soleil était de nouveau au dessus de la ville. La place, déserte depuis une demi-heure, était à nouveau envahie par son petit monde de bonnes d'enfants, de policiers en blouse grise et de transats lisant leurs journaux sur les bancs près de la fontaine. Les ormes dégoulinaient encore, leurs feuilles mouillées luisant à nouveau au soleil. Il y avait une odeur délicieuse dans l'air – une odeur d'herbe chaude et mouillée, de feuilles et d'écorces trempées des arbres. De l'autre côté de la place, aperçu de temps en temps dans les espaces entre les feuillages, un camion qui passait peint en vermillon apportait une note de couleur vive au décor. Un vendeur de journaux apparut scandant les éditions du soir. Soudain, venant de quelque part à portée de main, un piano à main invisible s'est mis à faire un pas rapide et joyeux, marquant la mesure avec une précision délicieuse.

Une calèche, dont les beaux flancs laqués brillaient au soleil, traversait la place, se dirigeant sans doute vers le quartier très chic de la Ville, juste au-delà. Lloyd aperçut la jeune fille appuyée dans ses coussins, une fille de son âge, avec laquelle elle avait une légère connaissance. L'espace d'un instant, Lloyd, envahie par ses terreurs, se demanda si cette fille, incapable de ressentir un grand bonheur ou un grand chagrin, n'était peut-être pas, après tout, plus heureuse qu'elle. Mais elle recula aussitôt, se murmurant avec une certaine énergie farouche :

"Non, non, après tout, j'ai vécu."

Et comment avait-elle vécu ? Pour le moment, Lloyd était prête à se comparer à la fille du landau. Rapidement, elle a refait sa propre vie depuis le moment où elle est restée orpheline ; l'année de sa majorité, elle était devenue sa propre maîtresse et la maîtresse du domaine Searight. Mais même à cette époque, elle avait rompu depuis longtemps avec le monde conventionnel qu'elle avait connu. Lloyd était déjà infirmière au grand hôpital St Luke, où elle était stagiaire au moment de la mort de sa mère, six mois auparavant. Elle avait toujours été ambitieuse, mais vaguement, n'ayant aucun objectif déterminé en vue. Elle se souvient qu'à cette époque, elle savait seulement qu'elle était amoureuse de son travail, de la profession qu'elle avait choisie et qu'elle était considérée comme la meilleure infirmière opératoire du service.

Elle se souvenait aussi des différentes étapes de son avancement, des postes qu'elle avait occupés ; d'abord stagiaire, puis membre à part entière du corps actif, ensuite infirmière opératrice, puis directrice de service et, après avoir obtenu son diplôme, infirmière en chef du service quatre, où les cas de maternité étaient traités. Puis vint le moment où elle quitta l'hôpital et exerça seule des soins infirmiers privés, et enfin, il n'y a pas si longtemps, le jour où son idée lui était si brusquement venue à l'esprit ; quand son ambition, plus vague, plus personnelle, s'était cristallisée et avait pris forme ; lorsqu'elle avait découvert un usage de son argent et qu'elle avait construit et fondé la maison de la place Calumet. Pendant un certain temps, elle avait été surintendante des infirmières ici, jusqu'à ce que ses propres théories et idées aient prévalu et prévalu dans la gestion. Puis, son travail ayant commencé, elle avait cédé son poste à une femme plus âgée et avait pris sa place dans la base des infirmières elles-mêmes. Elle voulait être l'une d'entre elles, vivant la même vie, soumise à la même discipline rigoureuse, et pour cela elle n'avait jamais laissé savoir qu'elle était la fondatrice de la maison. Les autres infirmières savaient qu'elle était très riche, très indépendante et autonome, mais c'était tout. Lloyd ne savait pas et se souciait très peu de la façon dont ils expliquaient l'origine et le soutien de l'agence.

Lloyd n'était animée par aucune grande philanthropie, ni par un grand amour de l'humanité dans son travail ; seulement elle voulait, de toute son âme, compter dans l'économie générale des choses ; choisir une œuvre et la réaliser ; aider, *donner un coup d'épaule* ; et cela, soutenue par sa propre énergie obstinée et son immense richesse, elle sentait qu'elle le faisait. Faire les choses était devenu son credo ; faire les choses, non les penser ; faire les choses, pas en parler ; faire les choses, pas les lire. Peu importe la hauteur des pensées, la brillance des discours, la beauté de la littérature, pour elle, le premier, le dernier et toujours étaient des actes, des actes, des actes, des actes concrets, substantiels, matériels. Le jour le plus grand et le plus heureux de sa vie avait été celui où elle posait enfin sa main nue sur la pierre brute et dure de la maison de la place et levait les yeux vers la façade, ses yeux bleu terne brillant de la lumière qui venait si rarement. leur dit, tandis qu'elle murmurait entre ses dents :

"J'ai fait ça."

Alors qu'elle se rappelait ce moment maintenant, appuyée sur ses coudes, regardant les arbres, l'herbe et l'asphalte de la place, et un landau qui s'éloignait, une vague d'une certaine fierté naturelle de sa force, la satisfaction d'avoir réussi, lui vint. . Ah ! elle était meilleure que les autres femmes ; ah ! elle était plus forte que les autres femmes ; elle accomplissait un travail splendide. Elle se redressa brusquement de toute sa hauteur, tendant vaguement ses mains écartées vers le soleil, vers la Ville, vers le monde, vers le grand moteur de la vie dont elle pouvait saisir et contrôler le levier, souriant fièrement, presque insolemment, dans la conscience. de sa force, de la belle fermeté de son dessein. Puis, tout à coup, le sourire sortit de ses lèvres, la raideur de son équilibre se détendit soudainement. Là, c'était de nouveau là, la terreur, la peur épouvantable qu'elle n'osait nommer, de nouveau à sa place — à ses côtés, à son épaule, à sa gorge, prête à s'agripper à elle depuis l'obscurité.

Elle se détourna de la fenêtre, à cause du soleil, les mains jointes devant ses lèvres tremblantes, les larmes débordant de ses yeux bleu terne. Pendant quarante-huit heures, elle s'était battue contre elle. Mais désormais, il n'était plus possible d'y résister.

"Non, non," cria-t-elle à mi-voix. "Je ne suis ni meilleure, ni plus forte que les autres. Qu'est-ce que cela signifie quand je sais qu'après tout, je ne suis qu'une femme, juste une femme dont le cœur se brise lentement ?"

Mais il y a eu une interruption. Rownie avait frappé deux fois à sa porte avant que Lloyd ne l'entende. Lorsque Lloyd eut ouvert la porte, la jeune fille lui tendit une carte sur laquelle était écrite une adresse de la main du surintendant.

« Ceci vient juste d'arriver du Dr Street, Miss Lloyd, » dit Rownie ; « Miss Bergyn » (c'était l'infirmière surintendante) « c'est à moi de vous le donner.

C'était un appel à une adresse qui semblait au premier abord familière à Lloyd ; mais elle ne s'arrêta pas à ce moment pour réfléchir. Son téléphone stable était accroché au mur du placard. Elle sonna Lewis et, en attendant qu'il se déplace, s'habilla pour la rue.

Pour le moment, à la perspective d'une action, même sa peur obsédante s'éloigna et s'éloigna d'elle. Elle était immédiatement absorbée par son travail : alerte, vigilante, autonome. Quel était le problème, elle ne pouvait que le supposer. Elle n'avait aucun moyen de savoir combien de temps elle serait absente : une semaine, un mois, un an, elle ne pouvait le dire. Mais elle était prête à toute éventualité. Habituellement, les médecins informaient les infirmières de la nature du cas au moment de les appeler, mais le Dr Street ne l'avait pas fait maintenant.

Cependant, Rownie l'a appelée pour lui dire que son coupé était à la porte. Lloyd attrapa ses cartables et descendit les escaliers en courant, disant au revoir à Miss Douglass, qu'elle aperçut au fond du couloir. Dans le couloir près du vestibule, elle changea la diapositive portant son nom du haut vers le bas de la liste.

"Et ton courrier ?" s'écria Miss Douglass après elle.

"Gardez-le ici pour moi jusqu'à ce que je sache combien de temps je dois être absent", répondit Lloyd, la main sur la poignée. "Je vous le ferai savoir."

Lewis avait mis Rox dans les puits, et pendant que le coupé tournait sur l'asphalte à toute allure, Lloyd essayait de se rappeler où elle avait entendu parler de l'adresse auparavant. Soudain, elle claqua des doigts ; elle connaissait l'affaire, elle y avait même été affectée huit mois auparavant.

"Oui, oui, c'est ça... Campbell... femme morte... Lafayette Avenue... petite fille, Hattie... maladie de la hanche... désespérée... pauvre petit bébé."

En arrivant à la maison, Lloyd trouva le chirurgien, le Dr Street et M. Campbell, qui était veuf, qui l'attendaient dans un petit salon à côté de la bibliothèque. Le chirurgien était véritablement surpris et ravi de la voir. La plupart des médecins de la ville connaissaient Lloyd comme l'infirmière la mieux formée des hôpitaux.

"Oh, c'est vous, Miss Searight, ça suffit !" Le chirurgien l'a présentée au père de la petite patiente, ajoutant : « Si quelqu'un peut nous aider, Campbell, ce sera Miss Searight. »

Le chirurgien et l'infirmière ont commencé à discuter du cas.

"Je pense que vous le savez déjà, n'est-ce pas, Miss Searight ?" dit le chirurgien. " Vous en avez pris soin un moment l'hiver dernier. Eh bien, il y a eu une petite amélioration au printemps, pas tellement de douleur, mais c'est en soi un mauvais signe. Nous avons fait ce que nous pouvions, Farnham et moi. Mais cela n'a pas été le cas. " " Je ne cède pas au traitement ; vous savez à quel point ces choses sont tenaces. Nous avons fait un examen préliminaire hier. Des sinus sont apparus et la sonde ne mène qu'à des os morts. Farnham et moi avons eu une consultation ce matin. Nous devons jouer notre dernière carte. J'attendrai le joint demain.

M. Campbell inspira et retint son souffle pendant un moment, regardant par la fenêtre.

Très attentive, Lloyd se contenta de hocher la tête en murmurant :

"Je comprends."

Lorsque le Dr Street fut parti, Lloyd se mit immédiatement au travail. L'opération devait avoir lieu le lendemain à midi et elle prévoyait qu'elle ne dormirait pas cette nuit-là. Street lui avait tout laissé, même la stérilisation de ses instruments. Jusqu'à l'aube du lendemain matin, Lloyd allait et venait dans la maison avec une énergie infatigable, mais dans le silence d'une ombre se déplaçant rapidement, rassemblant le matériel nécessaire à l'opération : comprimés de strychnia, coton absorbant, tube en caoutchouc pour le garrot, bandages. , sel, etc. - et préparer la petite chambre attenante à la chambre du malade comme salle d'opération.

La petite patiente elle-même, Hattie, à peine adolescente, se souvint immédiatement de Lloyd. Avant de s'endormir, Lloyd s'arrangea pour passer une heure avec elle dans la chambre du malade, lui dit tout ce qui était nécessaire de ce qui était envisagé et, par ses paroles joyeuses, sa douceur et sa sympathie, inspira à la petite fille une certaine sentiment de confiance et de confiance en elle.

"Mais... mais... mais à quel point cela va-t-il faire mal, Miss Searight ?" »
demanda Hattie en la regardant, les yeux écarquillés et sérieux.

"Chéri, ça ne te fera pas de mal du tout ; juste deux ou trois respirations
d'éther et tu dormiras profondément. Quand tu te réveilleras, tout sera fini
et tu iras bien."

Lloyd fabriqua le cône d'éther à partir d'une serviette rigide et le posa sur la
coiffeuse de Hattie. Enfin et juste avant l'opération, les éponges de gaze
retinrent son attention. La journée ne lui apportait aucun repos. Hattie ne
devait pas prendre de petit-déjeuner, mais vers le milieu de la matinée, Lloyd
lui fit un lavement stimulant à base de whisky et d'eau, suivi environ une
heure plus tard d'un centième grain d'atropie. Elle tressait les cheveux de la
petite fille en deux longues tresses pour que sa tête repose bien à plat sur
l'oreiller. Hattie elle-même était maintenant prête à recevoir le chirurgien.

Il n'y avait désormais plus rien à faire. Lloyd ne pouvait qu'attendre. Elle prit
place au chevet du lit et essaya de parler le plus légèrement possible à son
patient. Mais maintenant, il y avait une pause dans le cycle d'action. Son
esprit, ne se concentrant plus sur les nécessités immédiates du moment,
commença à évoquer à nouveau la grande peur obsédante qui l'avait éclipsé
pendant si longtemps. Même pendant qu'elle s'efforçait d'être joyeuse et
guettait les sourires sur le visage de Hattie, ses mains se tordirent de plus en
plus sous les plis de son chemisier, et une seconde moi en elle semblait dire :

« Supposons, supposons qu'arrive cette chose que je redoute mais que je
n'ose pas nommer, et alors, et alors ? Ne devrais-je pas m'y attendre ? N'est-
ce pas presque une certitude ? Ne me suis-je pas simplement trompé avec les
espoirs les plus désespérés ? n'est-ce pas la voie la plus raisonnable pour
s'attendre au pire ? Tous les indices ne vont-ils pas dans ce sens ? Toute ma
vie n'a-t-elle pas été façonnée dans ce but ? Cette calamité, ce grand chagrin
n'a-t-il pas été préparé pour moi avant même ma naissance ? Et on peut ne
faites rien, absolument rien, rien, mais attendez, espérez et craignez, et rongez
votre cœur de nostalgie. »

Il y avait un coup à la porte. Au lieu d'appeler pour entrer, Lloyd s'approcha
doucement et l'ouvrit de quelques centimètres. M. Campbell était là.

"Ils sont venus : Street et l'assistant."

Lloyd entendit un murmure de voix dans le couloir en contrebas et la
fermeture de la porte d'entrée.

Farnham et Street se rendirent aussitôt à la salle d'opération pour aseptiser
leurs mains et leurs poignets. Campbell était descendu dans son fumoir. Il
avait été décidé, quoique contrairement à l'usage, que Lloyd lui administrerait
le chloroforme.

Enfin, Street frappa avec le manche d'un scalpel sur la porte pour dire qu'il était prêt.

"Maintenant, chérie", dit Lloyd en se tournant vers Hattie et en ramassant le cône d'éther.

Mais le courage de la petite fille lui fit soudain défaut. Elle commença à plaider à voix basse, étouffée par les larmes. Ses supplications étaient pitoyables ; mais Lloyd, une fois de plus occupée à son travail, toutes ses facultés et pensées concentrées sur ce qui devait être fait, ne temporisa pas un instant. Tranquillement, elle rassembla les poignets fragiles de Hattie dans la poigne d'une paume solide et tint le cône contre son visage jusqu'à ce qu'elle s'éteigne avec un long soupir. Elle la souleva avec légèreté, la porta dans la pièce voisine et la déposa sur la table d'opération. Au dernier moment, Lloyd s'était occupée de préparer sa propre personne. Par-dessus sa robe, elle a passé sa blouse d'hôpital, qui avait été soumise à une chaleur sèche pendant des heures. Elle retroussa les manches de ses forts avant-bras blancs aux poignets épais et aux fines veines bleues, et les frotta pendant plus de dix minutes avec une brosse à ongles neuve dans de l'eau aussi chaude qu'elle pouvait la supporter. Après cela, elle laissa ses mains et ses avant-bras reposer dans la solution de permanganate de potasse jusqu'à ce qu'ils soient bruns jusqu'au coude, puis lava la tache dans la solution d'acide oxalique et dans l'eau chaude stérilisée. Street et Farnham, portant leurs blouses et leurs gants stérilisés, prirent place. Il n'y a eu aucune conversation. Les seuls sons étaient un soupir occasionnel du patient, une direction donnée à voix basse et, par intervalles, le cliquetis des couteaux et du scalpel. De l'extérieur de la fenêtre parvenait le gazouillis persistant d'une bande de moineaux.

Aussitôt l'opération fut commencée ; il n'y a eu aucun retard, aucune hésitation ; ce qu'il y avait à faire avait été soigneusement planifié à l'avance, même dans les moindres détails. Street, maître de son métier, parfaitement au courant de toutes les difficultés qui pourraient se présenter au cours du travail en cours, prévoyant toutes les éventualités, préparé à chaque urgence, calme, vigilant, autonome, se mit à exécuter le joint. sans trace de scrupule, sans embarras, sans appréhension. Ses assistants, ainsi que lui-même, savaient que la vie ou la mort dépendait de l'issue des dix prochaines minutes. C'est seulement sur Street que la vie de la petite fille a été confiée. Une seconde d'hésitation au mauvais moment de l'opération, un coup de bistouri ou de scalpel, un tremblement du poignet, un instant de maladresse des doigts, et l'Ennemi, guettant chaque occasion, attentif à chaque fente ou recoin momentanément ouvert dans lequel il pouvait pousser ses doigts maigres - il entra dans le frêle immeuble d'un bond, d'un ressort précipité et précipité qui ébranla la maison de la vie jusqu'à ses fondations. S'abaissant au-dessus de sa tête, Lloyd sentit l'ombre de son approche. Il était arrivé là dans cette petite pièce banale, avec ses accessoires banals, ses ornements, qui semblaient tout à coup si triviaux, si impertinents : l'horloge française arrêtée, avec ses amours minaudeurs et dorés, sur la cheminée ; la photographie d'un certain nombre de pique-niqueurs « groupés » sur la place d'un hôtel regardant avec une gaieté monolithique cette sinistre affaire, cette lutte des deux forces mondiales, cette crise d'une vie.

Puis, brusquement, l'opération fut terminée.

L'infirmière et les chirurgiens ont immédiatement relâché leurs positions, respirant longuement. Ils commencèrent à parler, commentant l'opération, et Lloyd, extrêmement intéressé, demanda à Street pourquoi il avait, contrairement à ses attentes, retiré l'os au-dessus du petit trochanter. Il sourit, ravi de son intelligence.

"C'est mieux que de trancher le cou, Miss Searight", lui dit-il. "Si j'étais passé par le cou, tu ne vois pas, le trochanter majeur passerait par le trou et empêcherait les écoulements."

"Oui, oui, je vois, bien sûr", acquiesça Lloyd.

L'incision a été recousue et, une fois tout terminé, Lloyd a ramené Hattie au lit dans la pièce voisine. Lentement, la petite fille reprit conscience et Lloyd commença à la considérer à nouveau comme un être humain. Durant l'opération, elle avait oublié l'existence même de Hattie Campbell, une petite fille qu'elle connaissait. Elle n'avait vu qu'un bout de mécanisme hors d'usage et entre les mains d'un réparateur. Il en a toujours été ainsi avec Lloyd. Il n'était pas rare que ses protégés soient des personnes qu'elle connaissait, souvent intimement, mais pendant qu'elles étaient malades, leur personnalité disparaissait pour l'infirmière qualifiée ; elle ne voyait que le « boîtier », que le mécanisme, que le mécanisme d'horlogerie dérangé et en danger imminent de tomber en panne.

Mais le danger n'était pour autant pas écarté. L'opération s'était déroulée près du coffre. Il y avait eu une perte de sang considérable et la capacité de résistance de l'enfant avait été affaiblie par de longues périodes de souffrance. Lloyd craignait que le choc ne soit trop violent. Farnham est parti, mais pendant un petit moment, le chirurgien est resté avec Lloyd pour observer les symptômes. Finalement, cependant, lui aussi, pressé par le temps et attendu dans l'un des plus grands hôpitaux de la ville, s'en alla, laissant à Lloyd des instructions pour qu'il lui téléphone au cas où il y aurait le moindre changement. A cette heure-là, en fin d'après-midi, rien n'indiquait que la petite fille ne se remettrait pas du choc. Street croyait qu'elle se ressaisirait et qu'elle retrouverait finalement la santé.

"Mais," dit-il à Lloyd en lui disant au revoir, "je n'ai pas besoin de vous faire comprendre la nécessité de soins et de la plus grande vigilance ; le repos absolu est la seule chose ; elle ne doit voir personne, pas même son père. ...

Le système tout entier est encore engourdi et endormi, mais il y aura un changement, soit pour le meilleur, soit pour le pire, ce soir.

Depuis trente-six heures, Lloyd n'avait pas fermé l'œil, mais elle n'y pensait pas. Son souper lui fut envoyé et elle se prépara pour sa garde de nuit. Elle donnait à l'enfant la nourriture qu'elle croyait pouvoir supporter et prenait de temps en temps son pouls, le notant sur son dossier pour que le chirurgien puisse l'examiner plus tard. À intervalles réguliers, elle prenait la température de Hattie et plaçait le thermomètre clinique sous l'aisselle. Vers neuf heures du soir, alors qu'elle faisait cela pour la troisième fois en une heure, un des domestiques vint dans la chambre pour l'informer qu'elle était recherchée au téléphone. Lloyd hésita, peu disposé à quitter Hattie un instant. Cependant, le téléphone était à portée de main et il était fort possible que le Dr Street l'ait appelée pour lui demander des nouvelles.

Mais c'était l'agence qui avait appelé, et Miss Douglass l'informa qu'un télégramme lui était arrivé quelques instants auparavant. Doit-elle le garder ou le lui envoyer par Rownie ? Lloyd réfléchit un moment.

"Oh, ouvre-le et lis-le-moi", dit-elle. " C'est un appel, n'est-ce pas ? — ou... non ; envoyez-le ici par Rownie, et envoyez-lui mes pantoufles d'hôpital, celles sans talons. Mais n'appelez pas encore ce soir ; nous attendons un appel. " crise presque à tout moment. »

Lloyd retourna à la chambre du malade, renvoya la servante et s'installa de nouveau pour la nuit. Hattie s'était réveillée un instant.

"Est-ce que je vais guérir, est-ce que je vais guérir, Miss Searight ?"

Lloyd posa son doigt sur ses lèvres, hochant la tête, et Hattie ferma à nouveau les yeux avec une longue inspiration. Une certaine grande tendresse et compassion pour la petite fille grandit dans le cœur de Lloyd. Pour elle-même, elle se dit :

"Que Dieu m'aide, vous guérirez. Ils croient en moi, ces gens-là : 'Si quelqu'un pouvait nous tirer d'affaire, ce serait Miss Searight.' Nous allons nous en sortir, oui, car je le ferai. »

La nuit se termina, sombre et calme et très chaude. Lloyd, réglant la ventilation de la chambre du malade, ouvrit une des fenêtres par le haut. Les bruits de la ville, diminuant progressivement au fil des heures, parvenaient à ses oreilles dans un murmure sourd et bourdonnant. Sur son lit, qui avait été pendant si longtemps son lit de douleur, Hattie gisait, les yeux fermés, inerte, immobile, semblant à peine respirer, sa vie en jeu ; malheureuse petite malade, dévastée par la souffrance, le visage tiré et pincé, les lèvres exsangues, et à ses côtés Lloyd, ses yeux bleu terne ne quittant jamais le visage de sa patiente, alerte et vigilante, malgré sa longue veille, sa grande flamme rouge bronze de les cheveux roulaient sur son front et ses tempes, l'éclat sombre de ses joues n'était en rien diminué par sa journée de fatigue, de responsabilité et d'activité infatigable.

Pour le moment, elle pouvait repousser sa peur, l'Ennemi implacable qui était accroché à ses talons depuis si longtemps, en arrière et loin d'elle. Il y avait maintenant un autre Ennemi à combattre – ou en était-ce un autre – n'était-ce pas le même Ennemi, le même, dont l'ombre se profilait sur ce lit de malade, sur le corps frêle et petit et sur le visage pâle et tiré ?

De sa pitié et de sa compassion pour l'enfant malade naquit chez Lloyd une certaine obstination irraisonnée et intuitive, un regroupement de tous ses pouvoirs et facultés dans un grand effort de résistance, une fermeté sous une grande tension, un entêtement qui se fermait les oreilles et yeux. C'était sa seule caractéristique dominante qui surgissait, forte et insistante à l'instant où elle se savait contrariée dans ses désirs ou freinée dans une voie qu'elle croyait juste et bonne. Et maintenant qu'elle sentait l'avancée de l'Ennemi et voyait l'ombre s'assombrir sur le lit, son obstination se durcissait comme de l'acier trempé.

"Non," murmura-t-elle, les sourcils froncés, les lèvres serrées, "elle ne mourra pas. Je ne la laisserai pas partir."

Un peu plus tard, peut-être une heure après minuit, à l'heure où elle croyait Hattie endormie, Lloyd, toujours vigilant, remarqua que ses joues commençaient alternativement à se gonfler et à se contracter au rythme de sa respiration. En un instant, l'infirmière fut debout. Elle connaissait la signification de ce signe. Hattie s'était évanouie pendant son sommeil. Lloyd a pris la température. Il tombait rapidement. Le pouls était faible, rapide et irrégulier. Il semblait impossible pour Hattie de prendre une profonde inspiration.

Puis, rapidement, la crise attendue a commencé à se développer. Lloyd a ordonné que Street soit appelé, mais seulement pour la forme. Bien avant son arrivée, la question serait tranchée. Elle savait que désormais la vie de Hattie ne dépendait que d'elle-même.

"Maintenant," murmura-t-elle, comme si l'Ennemi qu'elle combattait pouvait l'entendre, "voyons maintenant qui est le plus fort. Toi ou moi."

Rapidement et doucement, elle éloigna le lit du mur et souleva son pied, le soutenant avec une demi-douzaine de livres. Puis, en attendant les domestiques qu'elle avait envoyés chercher des couvertures chaudes, elle lui fit une injection hypodermique d'eau-de-vie.

"Nous allons vous en sortir", se répétait-elle, "nous vous en sortirons. Je ne vous laisserai pas partir."

L'Ennemi était désormais proche et le combat se déroulait au corps à corps. Lloyd pouvait presque ressentir, physiquement, en fait, l'attraction lente, maussade et irrésistible qui, peu à peu, arrachait la vie de Hattie de son emprise. Elle serra les dents, se retenant de toutes ses forces, se préparant à résister à la tension, refusant avec tout son entêtement inné de céder sa position.

« Non, non, se répétait-elle, vous ne l'aurez pas. Je ne l'abandonnerai pas, vous ne triompherez pas de moi.

Campbell était dans la pièce, averti par le va-et-vient inquiétant de pas feutrés.

" A quoi ça sert, nourrice ? C'est fini. Laisse-la mourir en paix. C'est trop cruel ; laisse-la mourir en paix. "

La demi-heure passa, puis l'heure. Une fois de plus, Lloyd administra par voie hypodermique la deuxième dose de cognac. Campbell, incapable de supporter cette vue, s'était retiré dans la pièce voisine, où l'on pouvait l'entendre faire les cent pas. De temps en temps, il revenait un instant en murmurant :

« Survivra-t-elle, infirmière ? Survivra-t-elle ? Allons-nous l'aider à s'en sortir ?

"Je ne sais pas", lui dit Lloyd. "Je ne sais pas. Attends. Retourne. Je te le ferai savoir."

Quinze minutes s'écoulèrent encore. Lloyd crut que l'action du cœur devenait un peu plus forte. Un grand calme s'était installé dans la maison. Les deux domestiques qui attendaient les ordres de Lloyd dans le couloir devant la porte se retenaient même de chuchoter. De la pièce voisine parvenait le bruit sourd de pas rapides, irréguliers, tandis qu'avec cette étrange perversité qui s'empare des sens aux moments où ils sont plus aigus que d'habitude, Lloyd commençait à percevoir un mouvement vague et inhabituel dans la ville elle-même. , là-dehors, derrière les rideaux tirés et la fenêtre entrouverte - une agitation légère et incertaine, un trouble, une ondulation passagère sur l'étang encore noir de la nuit, allant et venant, et revenant, chaque fois un peu plus insistant, chaque fois le temps de réclamer un peu plus d'attention et d'attention. Il était environ trois heures et demie. Mais la température du petit patient montait, cela ne faisait aucun doute. Les poumons se sont élargis et plus profonds. La respiration de Hattie était incontestablement plus facile ; et tandis que Lloyd posait ses doigts sur le poignet, elle pouvait à peine retenir un petit cri d'exultation alors qu'elle sentait le pouls battre plus fort, un peu plus lentement, un peu plus régulièrement. Maintenant, elle redoublait d'attention. Son emprise sur la petite vie s'est resserrée ; sa puissance de résistance, sa force de détermination semblaient soudain quadruplées. Elle imaginait l'Ennemi s'éloigner ; elle pouvait penser que l'emprise des doigts froids se relâchait.

Peu à peu la crise s'est dissipée, peu à peu la réaction a commencé. Hattie était toujours inconsciente, mais il y avait un nouveau regard sur son visage – un regard que Lloyd avait appris à connaître grâce à une longue expérience, une expression intangible et des plus illusoires, rien, quelque chose, le signe que seuls ceux qui sont entraînés à le rechercher. peut voir et apprécier le premier léger scintillement après le passage de l'ombre.

"Est-ce qu'elle vivra, vivra-t-elle, nourrice ?" » murmura M. Campbell à son épaule.

« Je pense – j'en suis presque sûr – mais nous ne devons pas encore en être trop sûrs. Il y a quand même une chance ; oui, il y a une chance.

Campbell, soudain devenu blanc, tendit la main et s'appuya un instant contre la cheminée. Il ne quitta pas maintenant la pièce. La sonnette sonna.

"Dr Street", murmura Lloyd.

Mais que s'était-il passé dans la Ville ? Là, dans les heures encore sombres de cette chaude nuit d'été, un événement d'importance nationale, peut-être même internationale, s'était sûrement produit. C'était dans l'air – le sentiment d'une Grande Chose atteignant soudainement son paroxysme quelque part dans le monde. Des pas résonnaient rapidement sur les trottoirs résonnant. Ici et là, une porte de rue s'ouvrait. D'un coin à l'autre, se rapprochant rapidement, retentissaient les cris des vendeurs de journaux scandant des figurants. Une excitation sourde régnait, s'exprimant dans un vague murmure, le mélange de nombreux sons en une seule note énorme – une note qui s'enflait et devenait progressivement plus forte et semblait s'élever de tous les coins de la ville à la fois.

Il y avait une marche à la porte de la chambre du malade. Dr Street ? Non, Rownie… Rownie avec deux télégrammes pour Lloyd.

Lloyd les lui prit, puis, d'un mouvement brusque et brusque de la tête, et soudain frappé par une idée, il se détourna d'eux pour écouter le murmure sourd et gonflé de la Ville. Ces dépêches, non, ce n'étaient pas pour elle un « appel ». Elle devina ce qu'ils pouvaient être. Pourquoi étaient-ils venus vers elle maintenant ? Pourquoi y avait-il ce sentiment de grande nouvelle dans le vent ? Les mêmes nouvelles qui étaient parvenues au monde pourraient lui parvenir – dans ces dépêches. Ne pourrait-il pas en être ainsi ? Elle reprit rapidement son souffle. La terreur, l'angoisse effrayante qui l'avaient hantée et opprimée pendant si longtemps, allaient-elles enfin disparaître ? L' Ennemi qui se cachait dans les coins sombres, toujours prêt à l'attraper, allait-il être repoussé et loin d'elle pour toujours ? Elle n'osait pas l'espérer. Mais quelque chose lui arrivait ; elle le savait, elle le sentait ; quelque chose se préparait pour elle, lui arrivant de plus en plus vite à chaque seconde – venant, venant, venant du nord. Elle a vu le Dr Street dans la pièce, mais elle n'a pas pu se rappeler comment et quand il était arrivé par la suite. Son esprit était tout alerte, concentré sur autre chose, écoutant, attendant. Le chirurgien était penché au-dessus du lit. Soudain, il se redressa et dit à haute voix à Campbell :

"Bien, bien, nous sommes en sécurité. Nous nous en sommes sortis."

Lloyd a déchiré ses télégrammes. L'un était signé « Bennett », l'autre « Ferriss ».

"Dieu merci!" s'exclama M. Campbell.

"Oh", s'écria Lloyd, un grand sanglot la secouant de la tête aux talons, un sourire de bonheur infini illuminant son visage. "Oh... oui, Dieu merci, nous... nous *avons* réussi."

"Est-ce que je vais guérir, est-ce que je vais guérir, Miss Searight ?" Hattie, une fois de plus consciente, éleva sa voix faible et faible.

Lloyd était à genoux à côté d'elle, la tête penchée sur elle.

"Chut, oui, chérie, tu es en sécurité." Puis les cheveux royaux rouge bronze se courbèrent encore plus bas. Les yeux d'un bleu terne ruisselaient maintenant, la voix n'était plus qu'un faible frémissement de sanglots. Tendrement et doucement, Lloyd passa un bras autour de l'enfant, sa tête se penchant de plus en plus bas. Sa joue touchait celle de Hattie. Un instant, la petite fille, frêle, épuisée, pitoyablement décharnée, et la femme forte et vigoureuse, avec sa volonté impérieuse et son dessein indomptable, posèrent leur tête sur le même oreiller, toutes deux brisées par la souffrance, l'une du corps, l'autre du corps. de l'esprit.

"En sécurité; oui, chérie, en sécurité", murmura Lloyd, le visage presque caché. "En sécurité, en sécurité et sauvé pour moi. Oh, la plus chère du monde !"

Et puis, à ses oreilles, le murmure de la Cité sembla soudain bondir pour articuler des mots, le tonnerre retentissant de la nation entière – le monde entier frémissant de cette grande nouvelle qui lui était parvenue du nord aux petites heures de cette heure. chaude nuit d'été. Et les cris scandés de la rue roulaient vers elle comme le formidable diapason d'un orgue gigantesque :

"Sauvé, sauvé, sauvé !"

# IV.

Le jour où Lloyd revint à la maison de Calumet Square (le rétablissement de Hattie étant assuré depuis longtemps), et tandis qu'elle déballait sa valise et se réinstallait dans sa chambre, un messager lui apporta un mot.

Je viens d'arriver dans la ville. Quand puis-je te voir ?

BENNETT.

Les nouvelles de Ward Bennett et de Richard Ferriss n'avaient pas manqué depuis une quinzaine de jours. Leurs noms et celui du navire lui-même, même les noms d'Adler, Hansen, Clarke et Dennison, même Muck Tu, même celui de Kamiska, le seul chien survivant, remplissaient la bouche et l'esprit des hommes à l'exclusion de tout le reste.

Le retour de l'expédition après un long emprisonnement dans les glaces et à une époque où tout espoir de sa sécurité était abandonné fut l'un des grands événements de cette année-là. Le fait que l'expédition n'ait pas réussi à atteindre le pôle, ni à atteindre une latitude inhabituellement élevée, a été oublié ou ignoré. On ne se souvenait que de la retraite magistrale vers la baie de Kolyuchin, de la merveilleuse marche sur les glaces, du courage indomptable, inébranlable devant les épreuves, les périls, les obstacles et les privations presque au-delà de l'imagination. Tout cela, accompagné d'une multitude de détails, dont certains manifestement fictifs, sont publiés et republiés et publiés encore et encore par la presse de la ville où Bennett et Ferriss avaient tous deux leur domicile. Les nouvelles de ces hommes, de leur localisation et de leurs intentions, envahissaient la chambre du malade – où Lloyd veillait à la convalescence de sa petite patiente – par les fentes mêmes des fenêtres.

Lloyd apprit comment le navire avait été « étouffé » ; comment, après un labeur inconcevable, les membres de l'expédition avaient gagné la terre ; comment ils avaient marché vers le sud en direction des colonies de Chuckch ; comment, à la onzième heure, les survivants, épuisés et affamés, avaient été secourus par les baleiniers à vapeur ; comment ces baleiniers eux-mêmes avaient été pris dans les glaces, et comment les survivants du Freja avaient été obligés de passer un autre hiver dans l'Arctique. Elle apprit les détails de leur retour définitif. Dans la pièce calme et sombre où se trouvait Hattie, elle entendit de l'extérieur l'écho du tonnerre des nations ; elle vit à quel point la figure de Bennett dominait soudainement le monde de façon magnifique ; comment le peuple fut brusquement informé de l'existence d'un nouveau héros. Elle apprit que les honneurs affluaient autour de lui sans qu'on les recherche ; que le roi des Belges lui avait conféré une décoration ; que les sociétés géographiques de l'Europe continentale l'avaient élu membre honoraire ; que le président et le secrétaire à la Guerre avaient envoyé des télégrammes de félicitations.

« Et que fait-il, murmura-t-elle, d'abord à son retour ? Il demande à me voir, moi !

Elle envoya une réponse à sa note par le même garçon qui l'avait apportée, le nommant le lendemain après-midi, expliquant que deux jours plus tard elle comptait se rendre à la campagne dans une petite ville appelée Bannister pour prendre sa quinzaine annuelle de vacances.

"Mais qu'en est-il de… de l'autre ?" » murmura-t-elle alors qu'elle se tenait à la fenêtre de sa chambre et regardait le messager traverser la place à vélo. « Pourquoi ne… lui aussi… ?

Elle leva le menton en l'air et se retourna, regardant distraitement les tapis sur le parquet.

Les vacances de Lloyd avaient réellement commencé deux jours auparavant. Son nom ne figurait pas sur la liste de la maison et, jusqu'à la fin du mois, son temps lui appartenait. L'après-midi était chaud et très calme. Même dans l'agence fraîche, construite en pierre, avec ses fenêtres larges et largement ombragées par des auvents, la chaleur était accablante. Pendant longtemps, Lloyd avait été privée de l'air frais et du soleil, et maintenant elle a soudainement décidé de sortir en voiture dans le parc de la ville. Elle appela son écurie et ordonna à Lewis de mettre ses poneys sur son phaéton.

Elle passa deux heures délicieuses dans le grand parc, se perdant dans ses coins les plus éloignés, les plus ombragés et les moins fréquentés. Elle conduisait elle-même et intelligemment. Les chevaux étaient sa passion, et Lewis lui-même ne comprenait pas mieux leurs soins et leur gestion. Vers la fraîcheur du jour et juste au moment où elle entraînait les poneys pour une promenade dans une longue avenue déserte couverte d'ormes et de grands peupliers, elle aperçut tout à coup une voiture découverte qui s'était transformée à l'extrémité de la même rue. l'avenue s'approchant au trot tranquille. Il s'approcha, et elle vit que son seul occupant était un homme assez mollement appuyé sur les coussins. Comme le regard de l'infirmière tombait sur lui, elle le classait aussitôt dans la catégorie des convalescents ou des invalides chroniques, et elle spéculait vaguement sur la nature de son mal, lorsque la voiture s'arrêta en face de son phaéton, et elle reconnut Richard Ferriss.

Ferriss, mais pas la même Ferriss à qui elle avait dit au revoir en cet après-midi de mars inoubliable, avec ses rafales et sa pluie, quatre longues années auparavant. Le Ferriss qu'elle avait connu alors était un homme alerte et vif, aux yeux vifs et brillants, sensible à chaque impression, sensible à chaque sensation, vivant pleinement sa vie. Elle regardait maintenant un homme anormalement vieux, aux nerfs à vif, apathique. Lorsqu'il l'a aperçue et l'a reconnue, il s'est soudainement réveillé avec un sourire rapide et heureux et avec un regard dans les yeux qui, pour Lloyd, était indubitable. Mais il n'y a pas eu ce début joyeux et exubérant qu'elle avait prévu et, d'ailleurs, souhaité. Lloyd n'accordait pas non plus une grande importance aux petites commodités de la vie, mais le fait que Ferriss reste couvert la blessait un peu. Elle se demandait comment elle pouvait remarquer un détail aussi insignifiant à un moment pareil. Mais c'était Ferriss.

Son cœur battait vite et fort alors qu'elle arrêtait ses poneys. Le conducteur de la voiture sauta à terre et tint la porte devant Ferriss, tandis que le chef mécanicien s'avançait rapidement vers elle.

C'est ainsi qu'ils se sont rencontrés après quatre ans — et tant d'années — de manière inattendue, sans avertissement ni préparation, et pas du tout comme elle l'avait prévu. Ce qu'ils se dirent au cours de ces premiers instants, Lloyd ne put jamais s'en souvenir clairement par la suite. Un seul incident se détachait nettement du flou.

"Je reviens tout juste de la place", avait expliqué Ferriss, "et on m'a dit que tu étais parti faire un tour ici juste avant, donc il n'y avait rien d'autre à faire que de te poursuivre."

"Ne devrions-nous pas marcher un peu ?" elle se souvint qu'elle avait demandé au bout d'un moment. « Nous pouvons faire attendre les voitures ; ou vous sentez-vous assez fort ? J'ai oublié… »

Mais il l'interrompit, protestant contre son aptitude.

"Le médecin m'a simplement envoyé prendre l'air, et c'est humiliant de se faire rouler comme une vieille femme."

Lloyd passa les rênes à Lewis et, rassemblant ses jupes autour d'elle, commença à descendre du phaéton. La marche était plutôt haute par rapport au sol. Ferriss se tenait à proximité. Pourquoi ne l'a-t-il pas aidée ? Pourquoi restait-il là, les mains dans les poches, si apathique et inconscient de sa difficulté. Une petite lueur d'irritation approfondit le pourpre terne de ses joues. Même les explorateurs de l'Arctique de retour ne pouvaient pas se permettre d'ignorer entièrement les petites courtoisies de la vie — et lui plus que tous les hommes.

"Eh bien," dit-elle, hésitant avant de tenter de descendre.

Puis elle aperçut le regard de Ferriss fixé sur elle. Il souriait un peu, mais l'expression terne et stupéfaite de son visage parut un bref instant faire place à une expression de grande tristesse. Il leva une épaule avec résignation, et Lloyd, avec la soudaineté d'un coup, se rappela que Ferriss n'avait pas de mains.

Elle se laissa tomber sur le siège du phaéton, se couvrant les yeux, secouée et déconcertée pour le moment avec un grand frisson de pitié infinie – de honte de sa propre maladresse et d'horreur comme pendant un bref instant le parc d'été souriant, l'après-midi. la chaleur, l'allée d'arbres verts et dominants, les véhicules laqués et les chevaux brun brillant furent effacés de son esprit, et elle eut une vision rapide de la glace, de l'obscurité de la nuit d'hiver, du froid déchirant et impitoyable. , la neige aveuglante, tourbillonnante et semblable à de la poussière.

Pendant une demi-heure, ils se promenèrent lentement dans le parc, les voitures les suivant de loin. Ils ne parlaient pas beaucoup. Il semblait à Lloyd qu'elle ne se lasserait jamais de scruter son visage, que son intérêt pour son point de vue, ses opinions, ne faiblirait jamais. Il avait vécu une expérience qui n'était réservée qu'à peu d'hommes. Depuis quatre ans, il était hors du monde, avait subi des privations au-delà de toute conception. Quelle devait être maintenant son attitude ? Comment avait-il changé ? Qu'il ne s'était pas transformé en elle, Lloyd le comprit en un instant. Il l'aimait toujours; cela ne faisait aucun doute. Mais cette terrible apathie qui semblait désormais faire partie de lui ! Elle avait entendu parler de la stupeur engourdissante qui envahit ceux qui restent au-delà de leur séjour dans la Glace, mais jamais auparavant elle ne l'avait vu dans sa réalité. Ce n'était pas un manque d'intelligence ; il s'agissait plutôt d'un mécanisme de renseignement rouillé et obstrué par une longue inutilisation. Il a délibéré longtemps avant de parler. Il lui a fallu du temps pour comprendre les choses. La parole ne lui venait pas facilement et il devenait facilement confus en matière de mots. Une fois, tout à coup, il l'avait interrompue en disant :

"Oh, l'odeur des arbres, de l'herbe ! N'est-ce pas merveilleux ; n'est-ce pas merveilleux ?" Et quelques secondes plus tard, sans aucune importance : "Et après tout, nous avons échoué."

Lloyd fut aussitôt tout excité, se défendant contre lui-même.

"Échec ! Et vous dites cela ? Si vous n'avez pas atteint le pôle, que se passera-t-il ? Le monde vous jugera peut-être sur les résultats, et le jugement du monde sera erroné. N'est-ce rien que vous ayez donné au monde un exemple d'héroïsme... "

"Oh, n'appelle pas ça comme ça."

"D'héroïsme, de courage, d'endurance ? N'est-ce rien que vous ayez surmonté des obstacles devant lesquels d'autres hommes seraient morts ? N'est-ce rien que vous nous ayez montré à tous comment être patients, comment être forts ? Il y a certaines choses meilleures " Même que d'atteindre le pôle. Souffrir et être calme en est une ; ne pas abandonner - ne jamais être battu - en est une autre. Oh, si j'étais un homme ! Dix mille, cent mille personnes lisent ce soir ce que vous avez fait, de ce que vous avez fait, vous comprenez, non de ce que vous n'avez pas réussi à faire. Ils ont vu, vous leur avez montré ce que peut faire l'homme qui dit que je le *ferai* , et vous avez fait un peu plus, ayez "Je suis allé un peu plus loin, j'ai été un peu plus courageux, un peu plus robuste, un peu plus noble, un peu plus déterminé que quiconque ne l'a jamais été. Celui qui échoue maintenant ne peut pas s'excuser en disant qu'il a fait tout ce qu'un homme peut faire. ... Il devra se souvenir des hommes de la Freja. Il devra se souvenir de vous. Ne pensez-vous pas que je suis fier de vous, ne pensez-vous pas que je suis plus fort et meilleur grâce à ce que vous avez fait ? Pensez-vous que ce n'est rien pour moi d'être assis ici à côté de vous, ici dans ce parc – d'être – oui, d'être avec vous ? Tu ne comprends pas ? N'est-ce pas quelque chose pour moi que tu sois l'homme que tu es ? non pas l'homme dont le peuple crie tout à l'heure le nom, non pas l'homme à qui un roi a donné un morceau de ruban et d'émail, mais l'homme qui a vécu comme un homme, qui ne mourrait pas simplement parce qu'il était plus facile de mourir que de vivre. , qui s'est battu comme un homme, non seulement pour lui-même mais pour la vie de ceux qu'il dirigeait, qui nous a montré à tous comment être fort, et à quel point on peut être fort si seulement on essaie ? A quoi correspond le pôle ? Le monde veut des hommes, des hommes grands, forts, durs et brutaux, des hommes avec des objectifs, qui ne laissent rien, rien, rien se mettre en travers de leur chemin. »

"Vous voulez dire Bennett", dit Ferriss en levant rapidement les yeux. "Vous avez commencé par parler de moi, mais c'est de Bennett dont vous parlez maintenant."

Mais il croisa son regard et vit qu'elle le regardait fixement. Il y avait sur son visage une expression, une lumière dans ses yeux bleu terne, qu'il n'y avait jamais vu auparavant.

"Lloyd," dit-il doucement, "de lequel d'entre nous, Bennett ou moi, parliez-vous à ce moment-là ? Vous voyez ce que je veux dire ; de lequel d'entre nous ?"

"Je parlais de l'homme qui était assez fort pour faire de grandes choses", a-t-elle déclaré.

Ferriss sortit les moignons de ses bras de ses poches et leur sourit sombrement.

"Hmm, peut-on faire grand-chose... de cette façon ?" il murmura.

D'un mouvement qu'elle n'essaya pas de retenir, Lloyd posa ses deux mains sur ses pauvres poignets informes. Jamais de sa vie elle n'avait été aussi fortement émue. Une pitié, telle qu'elle n'en avait jamais connue, une tendresse et une compassion telles qu'elle n'en avait jamais éprouvées, lui frappèrent la poitrine. Elle n'avait pas de mots sous la main pour exprimer de si grandes émotions. Elle avait envie de lui dire ce qu'elle avait sur le cœur, mais aucun discours ne lui réussit.

"Ne le faites pas!" s'exclama-t-elle. "Ne fais pas ça ! Je ne t'aurai pas."

Un peu plus tard, comme ils retournaient vers les voitures, Lloyd, après un moment de réflexion sur la question, dit :

"Je ne peux pas vous déposer quelque part près de votre chambre ? Lâchez votre voiture."

Il secoua la tête : « Je viens d'abandonner mes chambres du centre-ville. Bennett et moi avons pris d'autres chambres beaucoup plus loin dans le centre-ville. En fait, je crois que je suis censé y aller maintenant. Emmenez-moi là-bas. Nous sommes beaucoup plus calmes là-bas, et les gens ne peuvent pas nous atteindre si facilement. Le médecin dit que nous avons tous les deux besoin de repos après nos tremblements. Bennett lui-même, aussi ferreux qu'il soit, n'est pas très fort, et avec quoi ? le courrier, les télégrammes, les journalistes, les députés, les rédacteurs et les visiteurs, etc., nous sont tenus à rude épreuve. En outre, nous avons encore beaucoup de travail à faire pour mettre nos notes en forme.

Lewis amena les poneys au bord de l'allée, et Lloyd et Ferriss se séparèrent, elle tourna la tête des poneys vers la maison, partit au trot rapide et le laissa dans sa voiture, qu'il avait ordonné de le porter à ses nouveaux quartiers. .

Mais au détour de l'avenue, Lloyd se pencha du phaéton et regarda en arrière. La voiture était en train de disparaître au milieu des ormes et des peupliers. Elle agita gaiement la main, et Ferriss répondit avec le moignon d'un avant-bras.

L'avant-veille, un vendredi, Lloyd devait se rendre à la campagne. Chaque année, dans la chaleur de l'été, Lloyd passait ses courtes vacances dans le petit village endormi et démodé de Bannister. La campagne autour du village faisait partie du domaine Searight. C'était calme, à l'écart de la voie ferrée, l'endroit idéal pour oublier les devoirs, les responsabilités et les angoisses épuisantes des chambres de malade. Mais jeudi après-midi, elle attendait Bennett.

Jeudi matin, elle était dans sa chambre. Sa malle était déjà pleine. Il n'y avait plus rien à faire. Elle n'était pas en service. Elle n'avait ni souci ni responsabilité à l'esprit. Mais elle était trop joyeuse, trop joyeusement exaltée, trop exubérante de gaieté pour passer son temps à lire. Elle avait besoin d'action, de mouvement, de vie, et instinctivement elle ouvrait une fenêtre de sa chambre et, selon son habitude, s'appuyait sur ses coudes et regardait la place de haut en bas. La matinée était charmante. Plus tard dans la journée, il ferait probablement très chaud, mais la brise des premières heures soufflait encore avec agilité. La fraîcheur de celle-ci mettait une note plus vive dans l'éclat sombre de ses joues et remuait juste une mèche qui, s'échappant de ses magnifiques boucles de cheveux roux foncé, pendait en boucle sur son oreille et son cou. Dans ses yeux d'un bleu terne – comme le bleu de la vieille porcelaine – le soleil du matin envoyait de temps en temps un éclat inhabituel. Sur l'asphalte et sur les pelouses vertes de la place, les ombres des vénérables ormes tissaient un labyrinthe changeant d'entrelacs. La circulation a évité l'endroit. La place était invariablement calme et, comme aujourd'hui, on pouvait toujours entendre le murmure et l'ondulation sourde de la fontaine au centre.

Mais le couronnement de cette matinée fut l'apparition soudaine d'un rouge-gorge dans un arbre près de la fenêtre de Lloyd. Il cherchait son petit-déjeuner. A chaque instant, il allait et venait entre les cimes des arbres et les pelouses, très important, très préoccupé, gazouillant et appelant tout en appelant, comme s'il ne se lasserait jamais. Lloyd lui siffla et il répondit instantanément en penchant la tête de côté. Elle siffla de nouveau, et il lui répondit avec impudence, et pendant cinq minutes, les deux hommes eurent une altercation complexe entre la cime de l'arbre et le rebord de la fenêtre. Lloyd se surprit à rire franchement et à haute voix sans aucune raison identifiable. "Ah, le monde était plutôt bien après tout !"

Un peu plus tard, et alors qu'elle était encore à la fenêtre, Rownie lui apporta un mot de Bennett, envoyé par messager spécial.

Ferriss s'est réveillé malade ce matin. Personne ici à part nous deux ; je ne peux pas le laisser seul. BENNETT.

"Oh!" s'exclama Lloyd Searight d'un ton un peu vide.

Le rouge-gorge et son effronterie cessèrent aussitôt d'être amusants. Elle ferma brusquement la fenêtre, chassant la gaieté et le charme de ce matin d'été, tournant le dos au soleil.

Maintenant, elle avait davantage envie de lire. Sur le grand divan adossé au mur étaient posés les magazines du mois et deux hebdomadaires illustrés. Lloyd les avait achetés pour les lire dans le train. Mais maintenant elle s'installa sur le divan et, prenant un des hebdomadaires, elle en tourna les feuilles avec nonchalance. Tout à coup, elle tomba sur deux images admirablement reproduites d'après photographies et servant d'illustrations à l'article principal de l'hebdomadaire : « Les deux chefs de l'expédition Freja ». L'une était une photo de Bennett, l'autre de Ferriss.

La soudaineté avec laquelle elle était tombée sur son image lui coupa presque le souffle. C'était la dernière chose à laquelle elle s'attendait. S'il était lui-même entré brusquement dans la pièce en personne, elle n'aurait guère pu être plus surprise. Son cœur fit un grand bond, le pourpre terne de ses joues lui monta au front. Puis, d'un mouvement charmant, à la fois impulsif et honteux, tout en souriant, les yeux mi-clos, elle posa sa joue sur le tableau, se murmurant des paroles qu'elle seule devait entendre. Le lendemain, elle partit pour le pays.

Le même jour, lorsque le Dr Pitts arriva dans les chambres que Ferriss et Bennett avaient occupées, il trouva l'antichambre déjà bondée de visiteurs : un groupe d'intervieweurs, le directeur d'un bureau de conférences, ainsi que l'agent d'une céréale brevetée (qui cherchait l'homme du moment pour son soutien à son article), et deux femmes journalistes.

Décidément, Richard Ferriss était malade ; il ne pouvait y avoir aucun doute là-dessus. Bennett n'avait pas dormi la nuit précédente, mais il allait et venait dans les pièces pour répondre à ses besoins avec une sollicitude et une douceur qui, chez un homme si dur et si dur, semblaient étrangement déplacées. Bennett était lui-même loin d'être en bonne santé. Les terribles blessures qu'il avait subies avaient eu des répercussions même sur cet énorme corps, mais ses propres maux étaient rapidement ignorés maintenant que Ferriss, l'homme de tous les hommes pour lui, était « à terre ».

"Je n'ai pas réussi à m'en sortir, mon vieux," répondit-il à toutes les protestations de Ferriss, "pour que tu me fasses mal aux mains à cette heure de la journée. Finies tes foutues bêtises maintenant. Voici la quinine. Vers le bas avec ça!"

Bennett rencontra Pitts à la porte de la chambre de Ferriss et, avant d'entrer, l'entraîna dans un coin.

"C'est un garçon malade, Pitts, et ça va être pire, même s'il est juste assez idiot pour ne pas l'admettre. Je les ai déjà vus commencer cette démarche auparavant. Rappelez-vous aussi, quand vous l'examinez, que c'est Ce n'était pas comme s'il avait été en bonne santé auparavant. Notre travail dans la glace l'a écrasé autant qu'il pouvait le faire et pourtant vivre, et le porc dur et salé des baleiniers à vapeur n'était pas un bon régime pour un convalescent. Et vois, Pitts," dit Bennett en s'éclaircissant la gorge, "Je... eh bien, j'aime plutôt ce garçon idiot là-dedans. Nous ne prenons aucun risque, vous comprenez."

Après que le médecin eut vu l'ingénieur en chef et lui ait prescrit du calomel et un régime lacté, Bennett le suivit dans le couloir et l'accompagna jusqu'à la porte.

"Verdict?" » demanda-t-il en fixant intensément le médecin de ses petits yeux déformés. Mais Pitts ne s'est pas engagé.

"Oui, c'est un garçon malade, mais la chose, quelle qu'elle soit, s'accumule lentement. Il se plaint de maux de tête, d'une grande faiblesse et de nausées, et vous parlez de saignements de nez fréquents pendant la nuit. L'abdomen est sensible. sous la pression, ce qui est un symptôme que j'aurais préféré ne pas trouver. Mais je ne peux pas encore établir de diagnostic positif. Une grosse maladie arrive, c'est certain, j'en ai peur. Je viendrai ici demain. " Mais, M. Bennett, faites attention à vous. Même l'acier peut s'affaiblir, vous savez. Vous voyez cette canaille (il désigna la tête vers l'antichambre, où attendaient les autres visiteurs) " qui vous poursuit ? Tout le monde le sait. où tu es. Mec, tu dois te reposer. Je n'ai pas besoin de te regarder plus d'une fois pour le savoir. Éloigne-toi ! Éloigne-toi même de tes mails ! Cache-toi de tout le monde pendant un moment ! Ne pense pas que tu peux allaitez votre ami pendant les prochaines semaines, parce que vous ne pouvez pas. »

"Eh bien," répondit Bennett, "attendez quelques jours. Nous verrons d'ici la fin de la semaine."

La semaine passa. Ferriss alla progressivement de mal en pis, même si, jusqu'à présent, la maladie refusait obstinément de se déclarer. Il était complètement impuissant, et Bennett veillait sur lui nuit et jour, le contournant d'heure en heure, lui donnant ses médicaments, préparant sa nourriture, et même lorsque Ferriss se plaignait de la chaleur des draps, changeant même le linge pour qu'il puisse mentir. sur des draps frais. Mais à la fin de la semaine, le Dr Pitts déclara que Bennett lui-même courait un grand danger de s'effondrer et qu'il ne rendait pas grand service au malade.

« Demain, dit le docteur, j'aurai ici un jeune homme qui se trouve être un de mes cousins. C'est un excellent infirmier, un garçon sur lequel nous pouvons compter. Il prendra votre place. Je l'aurai ici demain et vous devrez vous enfuir. Cachez-vous quelque part. Ne permettez même pas que votre courrier vous soit transmis. L'infirmière et moi prendrons soin de M. Ferriss. Vous pouvez me laisser votre adresse et je le ferai. " Je vous enverrai un télégramme si cela est nécessaire. Maintenant, soyez persuadé comme un homme raisonnable. Je mettrai en jeu ma réputation professionnelle que vous tomberez si vous restez ici avec un malade sur les bras et des journalistes prenant d'assaut la maison à toute heure du jour. " " Venez maintenant, voulez-vous partir ? M. Ferriss ne court aucun danger, et vous lui ferez plus de mal en restant qu'en partant. Tant que vous resterez ici, vous aurez cette foule de gens dans les chambres à toute heure. Refusez-vous ! Gardez-les à l'écart ! Gardez à l'écart le journaliste américain lorsqu'il part à la recherche d'un explorateur de retour ! Pensez-vous que ceci, » et il désigna de nouveau la foule dans l'antichambre, « soit la bonne condition pour le logement d'un malade ? Vous mettez sa sécurité en péril, sans parler de votre part, en restant à ses côtés – vous tirez le feu, M. Bennett. »

"Eh bien, il y a quelque chose là-dedans", marmonna Bennett en tirant sur sa moustache. "Mais..." Bennett hésita alors : "Pitts, je veux que tu prennes ma place ici si je pars. Ayez une infirmière si vous le souhaitez, mais je ne devrais pas me sentir justifié de laisser le garçon dans son état à moins de vous connaître. " J'étais continuellement avec lui. Je ne sais pas ce que vaut pour vous votre pratique, disons pendant un mois, ou jusqu'à ce que le garçon soit hors de danger, mais faites-moi une proposition. Je pense que nous pouvons parvenir à un accord. "

"Mais il ne sera pas nécessaire d'avoir constamment un médecin avec M. Ferriss. Je devrais le voir tous les jours et l'infirmière..."

Bennett a rapidement surmonté ses objections. D'une voix dure et abrupte, il s'écria : "Je ne prends aucun risque. Il en sera comme je dis. Je veux que le garçon se porte bien, et je veux que vous et l'infirmière veilliez à ce qu'il se *rétablisse*. Je prendrai en charge les dépenses." ".

Bennett n'a pas entendu la réponse du médecin ni sa suggestion quant à l'opportunité d'emmener Ferriss dans sa propre maison à la campagne pendant qu'il pouvait être déplacé. Pour le moment, il n'écoutait pas. Une idée s'était brusquement présentée à lui. Il devait aller à la campagne. Mais où? Un sourire sinistre commença à détendre les lèvres serrées et la mâchoire dure et saillante. Il tira de nouveau sur sa moustache, lançant un regard renfrogné au médecin, essayant de cacher son humour.

"Eh bien, c'est réglé alors", dit-il ; "Je m'en irai demain, quelque part."

"Où?" demanda le docteur. "Je voudrais vous faire savoir comment nous progressons."

Bennett a choisi de ressentir une certaine irritation. Qu'importe Pitts qu'il allait voir, ou plutôt où il avait l'intention d'aller ?

"Tu m'as dit de me cacher de tout le monde, de ne même pas permettre à mon courrier d'être transféré. Mais je te ferai savoir où me joindre, bien sûr, dès que j'y serai. Ce ne sera pas loin de la ville. ".

" Et je prendrai votre place ici avec M. Ferriss ; quelqu'un sera avec lui à tout moment, et je ne vous télégraphierai, " continua le docteur, " qu'en cas de nécessité urgente. Je veux que vous ayez tout le reste. Je peux, et restez à l'écart le plus longtemps possible. Je ne vous ennuierai pas avec des télégrammes à moins que je ne le doive. Vous comprendrez qu'aucune nouvelle n'est une bonne nouvelle.

---

Ce matin-là, Lloyd était assise dans sa chambre dans la vieille ferme qu'elle avait toujours choisi d'appeler sa maison aussi souvent qu'elle rendait visite à

Bannister. C'était à environ un quart de mille du petit village et, sur la route qui le reliait au chemin de fer de Fourth Lake, à environ six milles au-dessus des collines à l'est. Il était encore tôt le matin et Lloyd écrivait des lettres qu'elle posterait à Fourth Lake plus tard dans la matinée. Elle avait l'intention de se rendre au lac. Deux jours auparavant, Lewis était arrivé avec Rox, les poneys et le phaéton. La charrette à chiens de Lloyd, une très belle affaire à hautes roues, était toujours gardée à Bannister.

La pièce dans laquelle elle était désormais assise était charmante. Tout était blanc, depuis les rideaux du lit jusqu'aux tentures en chintz des murs. Un tapis de fourrure blanche gisait sur le sol. Les boiseries et volets en bois des fenêtres étaient peints en blanc. La cheminée était recouverte de carrelage blanc brillant et son ouverture recouverte d'un écran de plumes blanches. Les fenêtres étaient grandes ouvertes et un grand flot de lumière blanche pénétrait dans la pièce. Lloyd elle-même était vêtue de blanc, depuis l'écharpe propre et impeccable nouée autour de son cou jusqu'au bout de ses chaussures de tennis en toile. Et dans toute cette palette de blanc, seule la flamme rouge terne de ses cheveux ébouriffés – au soleil brillant comme du cuivre bruni – mettait une note de couleur vive, les petites mèches et mèches autour de son cou et de ses oreilles brillaient comme la brise du ciel. les fenêtres ouvertes les remuaient.

La matinée était véritablement royale : calme, fraîche et odorante de bois, de bétail et d'herbe en croissance. Il y avait dans l'air un grand sentiment de gaieté, d'exaltation. Lloyd était tout à fait en phase avec cela. Pendant qu'elle écrivait, son coude gauche reposait sur la table, et dans sa main gauche elle tenait une énorme pomme verte, non mûre, aigre, délicieuse au-delà des mots, et dans laquelle elle mordait de temps en temps avec une jouissance silencieuse d'écolière. .

Sa lettre était adressée au père de Hattie, M. Campbell, et elle lui demandait si la petite fille ne pourrait pas passer une semaine avec elle à Bannister. Lorsque la lettre fut terminée et adressée, elle la passa dans sa ceinture et, mettant son chapeau, courut en bas. Lewis avait amené la charrette à chiens jusqu'à la porte et attendait sur la route près de la tête de Rox. Mais alors que Lloyd descendait l'allée pavée de briques de la cour de devant, Mme Applegate, propriétaire de la ferme et qui était à la fois la locataire, la propriétaire, la gouvernante et la cuisinière de Lloyd, apparut sur le porche de la maison, la chef d'un groupe. un poisson à la main, et Charley-Joe, le chat jaune, sur ses talons, la regardant avec une intensité douloureuse.

« Dis, Miss Searight, » appela-t-elle, son avant-bras sur son front pour protéger ses yeux, la main tenant toujours la tête du poisson, « dites, pendant que vous êtes dehors ce matin, garderez-vous un œil sur notre chien ? n... tu sais, Dan... celui avec le foie et les taches blanches ? Il s'est encore enfui... il ne l'a pas vu depuis hier midi. Il s'enfuit et part combattre d'autres chiens dans tout le sacré comté. un chien gros ou petit à moins de dix milles que Dan n'a pas léché. Il préférerait se battre plutôt que de manger, ce chien.

"Je le ferai, je le ferai", répondit Lloyd en grimpant sur le siège élevé, "et si je le trouve, je le traînerai en arrière par la peau du cou. Bonjour, Lewis. Pourquoi avez-vous mis le contrôle aérien sur Rox ?"

Lewis toucha sa casquette.

"Il sent un peu son avoine ce matin, et s'il se met la mâchoire inférieure contre la poitrine, il n'y aura plus aucune prise sur lui, Mademoiselle, aucune prise sur lui au monde."

Lloyd ramassa les rênes et parla au cheval, tandis que Lewis se tenait à l'écart.

Rox s'élança rapidement dans les airs sur ses pattes arrière, secouant la tête avec un grand reniflement.

"Tiens bon, vieux cochon", dit Lloyd calmement. « Soh, soh, qui essaie de te tuer ? »

"Ne ferais-je pas mieux de venir avec vous, Mademoiselle ?" » demanda anxieusement Lewis.

Lloyd secoua la tête. "Non, en effet," dit-elle d'un ton décisif.

Rox, après avoir justifié sa propre indépendance par la quantité appropriée de frimeur, s'est mis en route sur la route avec une action aussi élevée qu'il pouvait commander, jouant à la galerie, regardant en arrière et du coin de l'œil pour voir si Lewis avait observé quel type terrible il était ce matin-là.

"Eh bien, de toutes les créatures !" commenta Mme Applegate depuis le porche. Mais Charley-Joe, avec une fixité presque hypnotique dans ses yeux jaunes, et qui au cours des dernières minutes avait plusieurs fois ouvert grand la bouche dans une tentative inefficace de miauler, retrouva soudain dans sa voix une note prolongée et plaintive.

"Eh bien, ciel et terre, prends ton poisson, alors !" s'exclama soudain Mme Applegate, se souvenant du chat. "Et descends de mon porche avec ça." Elle le repoussa du côté du pied, et Charley-Joe, la tête de poisson entre les dents, se retirait au coin de la maison près du baril de pluie, où, par intervalles, on l'entendait grogner dans sa voix haute. clé lancée, feignant l'approche d'un terrible ennemi.

Pendant ce temps, Lloyd, déjà en bonne voie, avait une bataille passionnante avec Rox. Le cheval avait commencé par se montrer aux yeux de tous, mais à la fin il avait tellement travaillé sur ses propres nerfs qu'au lieu d'effrayer les autres, il n'avait réussi qu'à se terrifier lui-même. Il était né en ville et le passage soudain des maisons en briques aux champs l'avait démoralisé. Il commença à avoir une vague conscience de sa force. Il n'y avait rien de vicieux chez lui. Il ne se serait pas abaissé pour donner un coup de pied, mais il voulait, de tout son cœur grand et fort, courir.

Mais derrière lui – il sentait le frisson le long des rênes tendues – il y avait une poigne calme et puissante, égale, ferme, magistrale. Il ne pouvait pas tourner la tête, mais il savait très bien que Lloyd avait fait un double tour sur les rênes et que ses mains, même si elles étaient gantées de blanc, étaient fortes, assez fortes pour le retenir dans son travail. Et en plus de cela – il le sentait au toucher du mors – il savait qu'elle ne le prenait pas très au sérieux, qu'il ne pouvait pas lui faire peur. Il savait qu'elle pouvait dire immédiatement s'il hésitait parce qu'il avait vraiment peur ou parce qu'il voulait briser le manche, et que dans ce dernier cas il se donnerait le fouet - et sans pitié aussi - sur sa hanche, une dégradation, au-dessus. toutes choses, à éviter. Et ce matin-là, elle l'avait déjà traité de vieux cochon.

Lloyd continua sa route. Elle aimait beaucoup cette lutte entre la force du cheval et sa propre détermination, sa propre obstination. Non, elle ne laisserait pas Rox faire ce qu'il voulait ; elle ne lui permettrait pas un seul instant de triompher d'elle. Elle ne serait ni forcée ni trompée pour céder un seul point, aussi minime soit-il. Elle serait maîtresse de la situation.

Au bout d'une demi-heure, elle le tenait bien en main et roulait en douceur sur un tronçon de route plat au pied d'une colline abrupte couverte de chênes broussailleux et brisée d'affleurements de granit d'une curieuse formation. Juste au-delà, la route traversait le canal par un pont de planches étroit, beaucoup trop étroit, sans garde-corps. Le dog-cart à large essieu avait juste assez de place de chaque côté, et Lloyd, trop bon fouet pour prendre des risques avec un cheval aussi nerveux que Rox, l'entraîna au pas alors qu'elle s'en approchait. Mais tout à coup, ses yeux furent arrêtés par un spectacle curieux. Elle arrêta le chariot.

Au bord de la route, à une cinquantaine de mètres du pont de planches, se trouvaient deux chiens. De toute évidence, il venait d'y avoir un terrible combat. Çà et là, une pierre était striée de sang. L'herbe et les petits buissons étaient aplatis et des touffes de cheveux étaient éparpillées sur le sol. Des deux chiens, Lloyd en reconnut un immédiatement. C'était Dan, le renard « blanc au foie » de la ferme – le combattant et la terreur du pays. Mais il était maintenant couché sur le côté, la patte antérieure cassée, ou plutôt écrasée, comme dans un étau ; la gorge déchirée, le sang vivant dans une grande mare autour de sa tête. Il était mort, ou sur le point de mourir. Le pauvre Dan, il avait mené son dernier combat, avait enfin trouvé plus que son adversaire.

Lloyd regarda l'autre chien, le vainqueur ; puis le regarda une seconde fois, puis une troisième.

"Eh bien," murmura-t-elle, "c'est un chien à l'air étrange."

En fait, c'était un animal curieux. Son corps large et fort était couvert d'une fourrure brune aussi dense, aussi épaisse et douce que celle d'un loup ; les oreilles étaient dressées et pointues, le museau pointu, les yeux bridés et perçants. La poitrine était disproportionnellement large, les pattes antérieures courtes et apparemment très puissantes. Autour de son cou se trouvait un large collier nickelé.

Mais alors que Lloyd était assis dans le chariot et le regardait, il démontra rapidement le fait que sa nature était aussi extraordinaire que son apparence. Il se retourna de nouveau après avoir inspecté momentanément les intrus, renifla une ou deux fois son ennemi mort, puis se mit soudain à le manger.

Les gorges de Lloyd se soulevèrent de colère et de dégoût. Même si Dan avait été tué, cela avait été un combat loyal, et il ne faisait aucun doute que Dan lui-même avait été l'agresseur. Elle pouvait même ressentir un peu de respect pour le vainqueur du champion, mais se retourner contre l'ennemi mort, maintenant que le feu de la bataille était passé, et (sans esprit de haine ou de rage) délibérément le manger. Quelle horreur ! Elle a sorti son fouet.

"Honte à toi!" s'exclama-t-elle. " Ugh ! quel sauvage ; je ne te le permettrai pas ! "

Un ouvrier agricole traversait le pont de planches et, alors qu'il s'approchait de la charrette, Lloyd lui demanda de tenir Rox dans ses bras pendant un moment. Rox faisait partie de ces chevaux qui, à l'arrêt, sont dociles comme un chaton, et elle n'a pas hésité à le laisser avec un homme à sa tête. Elle sauta, le fouet à la main. Dan était au-delà de toute aide, mais elle voulait au moins rapporter son collier à Mme Applegate. L'étrange chien se laissa chasser un peu. Une partie de son étrangeté semblait tenir au fait qu'il conservait malgré tout une certaine placidité d'humeur. Il n'y avait aucune férocité dans son désir de manger Dan.

"C'est justement ce qui rend cela si dégoûtant", dit Lloyd en lui brandissant son fouet. Il s'assit sur ses hanches, la regardant calmement, la langue pendante. Après avoir débouclé le collier de Dan et l'avoir jeté dans le chariot sous le siège, elle a demandé au fermier d'où venait le nouveau chien.

"Cela me bat, Miss Searight", répondit-il ; "Je n'ai jamais vu un tel oiseau dans ces régions auparavant ; l'autre appartient à Applegate."

« Venez, jetons un coup d'œil à vous », dit Lloyd en remettant le fouet ; "laisse-moi voir ton collier."

Sans tenir compte de l'avertissement de l'homme, elle s'est approchée de l'étranger en sifflant et en lui tendant la main, et il s'est approché d'elle, un peu méfiant au début, mais à la fin en remuant la queue, disposé à se montrer amical. Lloyd écarta l'épaisse fourrure autour de son cou et tourna la plaque du col vers la lumière. Sur la plaque était gravé : « Kamiska, Arctic SS 'Freja.' Retournez voir le quartier Bennett. »

"Quelque chose sur le col ?" demanda l'homme.

Lloyd installa une épingle à cheveux dans une mèche de cheveux sur sa nuque.

"Rien, rien que je puisse comprendre."

Elle remonta dans la charrette et congédia le valet de ferme avec une pièce de 25 cents. Il a disparu au tournant de la route. Mais alors qu'elle s'apprêtait à poursuivre sa route, Lloyd entendit un grand fracas de pierres sur la colline au-dessus d'elle, un fracas dans les buissons et un sifflement aigu répété trois fois. Kamiska se leva aussitôt, tendant les oreilles alternativement, puis se retourna et gravit la colline en courant à la rencontre de Ward Bennett, qui descendit en courant, sautant d'un affleurement de granit à l'autre, s'accrochant aux branches inférieures des chênes broussailleux. .

Il était habillé comme pour une promenade, avec des culottes et d'énormes chaussures cloutées. Il portait un vieux manteau de chasse et un bonnet de laine ; un petit sac de cuir était suspendu à son épaule et il tenait à la main un marteau de géologue à manche court.

Et puis, après si longtemps, Lloyd revit son visage – le visage rude et peu beau ; la mâchoire massive, immense, presque déformée ; les grandes lèvres brutales et indomptables ; le menton carré avec sa poussée vers l'avant et agressive ; le front étroit, cousu et contracté, et les yeux pétillants et perçants, si gâchés par le plâtre, si lourdement ombragés par les sourcils hirsutes. Quand il parlait, la voix lourde et vibrante sortait de la grande poitrine, une basse dure et profonde, une voix pour commander aux hommes, pas une voix pour parler aux femmes.

Lloyd, longtemps habituée à l'autorépression et au contrôle de ses émotions lorsqu'une telle répression et ce contrôle étaient nécessaires, était assise absolument immobile sur son siège haut, ses mains se resserrant de plus en plus sur les rênes. Elle s'était souvent demandé comment elle se sentirait, quelle serait son impulsion dominante, dans des moments comme ceux-là, et maintenant elle réalisait que ce n'était pas tant de joie, pas tant d'excitation, mais une détermination résolue à ne pas perdre un seul instant. son équilibre.

Elle réfléchissait rapidement. Depuis quatre ans, ils ne s'étaient pas rencontrés. À un moment donné, elle le croyait mort. Mais il avait fini par être sauvé, était revenu et, ignorant les applaudissements de toute la chrétienté, s'était adressé directement à elle. Pour l'un d'eux au moins, cette rencontre était une crise. Que se diraient-ils en premier ? comment être à la hauteur de la situation ? comment atteindre ses possibilités dramatiques ? Mais le moment était venu soudainement pour eux, ils n'étaient tous pas préparés. Nous n'avions pas le temps de réfléchir à des mots adéquats. Par la suite, en repensant à cette rencontre, elle s'est dit qu'ils avaient tous deux échoué, et que si la rencontre avait été fidèlement reproduite sur la scène ou dans les pages d'un roman, elle aurait semblé anodine et banale. Ces deux-là, vivant la scène réelle, avec toutes leurs émotions profondes, fortes et réelles remontant à la surface, leur vitalité, toutes excitées et vibrantes, se confrontant soudainement à la réalité elle-même, n'étaient même pas naturels ; n'étaient même pas « fidèles à la réalité ». C'était comme s'ils s'étaient séparés il y a à peine quinze jours.

Bennett attrapa sa casquette et s'approcha d'elle en s'écriant :

"Mlle Searight, je crois."

Et elle, passant sa main droite au-dessus de la gauche, qui tenait toujours les rênes, se pencha de son siège élevé, lui serra la main et répondit :

"Eh bien, M. Bennett, je suis très heureux de vous revoir. D'où venez-vous ?"

« De la Ville… et de soixante-seize degrés de latitude nord. »

"Je vous félicite. Nous avions presque perdu espoir en vous."

"Merci", répondit-il. "Nous n'étions pas nous-mêmes aussi roses d'espoir - tout le temps. Mais je n'ai pas eu l'impression d'être vraiment revenu jusqu'à ce - enfin, jusqu'à ce que j'atteigne - la route entre Bannister et Fourth Lake, par exemple," et son visage détendu devant son sourire sinistre caractéristique.

"Alors tu y es arrivé trop tard," répondit-elle. "Votre chien a tué notre Dan et, ce qui est bien pire, il a commencé à le manger. C'est un parfait sauvage."

"Kamiska ? Eh bien," ajouta-t-il pensivement, "c'est ma faute si je lui ai donné le mauvais exemple. J'ai mangé sa compagne, et j'étais plutôt sur le point de manger Kamiska elle-même à un moment donné. Mais je ne suis pas venu ici pour parle de ça."

"Vous avez l'air plutôt usé, M. Bennett."

"Je suppose. Le médecin m'a envoyé à la campagne pour rappeler les roses sur ma joue pâle. Alors je suis descendu ici pour géologuer. Je présume que cette excuse fera aussi bien qu'une autre." Puis soudain il s'écria : « Bonjour, restez là ; *vite* , Miss Searight !

Tout s'est produit si brusquement qu'aucun d'eux n'a pu reconstituer la scène avec le moindre degré de précision. Probablement, en descendant la pente abrupte de la berge, Bennett avait ameubli la terre ou les petites pierres qui jusqu'alors constituaient à peine un support suffisant à la masse de terre, de gravier, de roches et de buissons qui, d'un seul coup, et avec un bruit aigu et crépitant, glissé vers la route depuis la berge en surplomb. Le glissement était petit, à peine plus de trois mètres carrés de terre bougeant de son emplacement, mais il arrivait avec une précipitation rapide et intelligente, jetant un nuage de poussière et dispersant des cailloux et des mottes de terre dures bien avant son avance.

Alors que Rox sautait, Lloyd jeta son poids trop brusquement sur les rênes, le cheval cambra l'encolure et le frein aérien se brisa comme une corde de harpe. De nouveau, il se redressa loin de l'objet de sa terreur, secouant la tête d'un côté à l'autre, essayant de rattraper son mors. Puis sa mâchoire inférieure se posa contre sa poitrine, et tout d'un coup il réalisa qu'aucune main humaine ne pouvait désormais le tenir. Il ne se cabra plus ; ses hanches s'abaissaient soudainement et, avec les sabots de ses pattes arrière, il commençait à tâter le sol pour son saut. Mais maintenant, Bennett était à sa tête, s'accrochant à son frein, s'efforçant de le repousser. Lloyd, à moitié levée de son siège, chaque rêne enroulée deux fois autour de ses mains, ses bras longs et forts à leur plus grande portée, retenus contre le cheval de toutes ses forces, son corps se balançant et secoué par ses plongeons. Mais le contrôle aérien, une fois brisé, Lloyd aurait tout aussi bien pu tirer contre une locomotive. Bennett était un homme puissant par nature, mais sa grande force n'avait pas été quelque peu affaiblie par ses récentes expériences. Entre le moment où sa main s'accrocha au mors et celui où Rox avait fait sa première tentative inefficace de bondir, il reconnut l'inégalité de la lutte. Il pourrait retenir Rox pendant une seconde ou deux, peut-être trois, puis le cheval s'éloignerait de lui. Il jeta un coup d'œil autour de lui. À moins de vingt mètres se trouvaient le canal et le pont dangereusement étroit – le pont sans garde-corps.

"Vite, Miss Searight !" il cria. "Saute ! On ne peut pas le retenir. Vite, fais ce que je te dis, saute !"

Mais alors même qu'il parlait, Rox le retirait de ses pieds, ses sabots piétinant la route creuse jusqu'à ce qu'elle résonne comme un roulement de tambour. S'appuyant sur toutes les inégalités du sol, les dents serrées, le visage écarlate, les veines de son cou gonflées, soudain bleu-noir, Bennett tira sur le mors jusqu'à ce que la bouche du cheval devienne ensanglantée. Mais tout cela en vain ; De plus en plus vite, Rox échappait à son contrôle.

"Saute, je te le dis !" cria-t-il encore en regardant par-dessus son épaule ; "encore une seconde et il est parti."

Lloyd lâcha les rênes et se tourna pour sauter. Mais la robe de chambre avait glissé jusqu'au fond du chariot lorsqu'elle s'était levée et était emmêlée autour de ses pieds. La charrette tanguait comme un bateau en pleine tempête. À deux reprises, elle tenta de se libérer, en se tenant d'une main au tableau de bord. Puis le chariot fit une embardée soudaine et elle tomba à genoux. Rox était parti ; tout était fini.

Pas assez. En une brève seconde – une vision hideuse allait et venait entre deux respirations – Lloyd vit la chose effrayante qui se faisait là sur la route, presque à portée de sa main. Elle vit l'homme et le cheval aux prises, le tronçon jaune de la route qui la séparait du canal, le canal lui-même et le pont étroit. Puis elle vit le marteau du géologue à manche court, saisi dans le poing de Bennett, s'élever haut dans les airs. Il tomba, rapide, irrésistible, terrible – d'un seul coup. Le chariot bascula vers l'avant tandis que Rox, les genoux fléchis sous lui, s'effondrait lentement. Puis il roula sur le manche qui se brisa sous lui, et la charrette vibra d'un bout à l'autre tandis qu'un long frémissement le parcourut lors de sa dernière respiration profonde.

# V.

Lorsque Lloyd parvint enfin à se libérer et à sauter à terre, Bennett s'approcha rapidement d'elle et l'entraîna sur le bord de la route.

"Es-tu blessé?" il a ordonné. "Dis-moi, es-tu blessé ?"

"Non, non, pas du tout."

"Pourquoi diable voulais-tu conduire un tel cheval ? Ne prends plus jamais de tels risques. Je ne l'aurai pas."

Pendant quelques instants, Lloyd était trop excitée pour se fier à elle-même et ne pouvait que rester impuissante sur le côté, regardant Bennett alors qu'il enlevait le harnais du cheval mort, le rangeait sous le siège de la charrette et faisait rouler la charrette. lui-même jusqu'au bord de la route. Puis enfin elle dit, essayant de sourire et de calmer sa voix :

"Il me semble, M. Bennett, que vous faites à peu près ce que vous voulez avec mon sta-bub-ble."

"Asseyez-vous!" ordonna-t-il, "vous tremblez de partout. Asseyez-vous là sur ce rocher."

"... et avec moi", ajouta-t-elle en s'affaissant sur le rocher qu'il avait indiqué d'un mouvement de tête, les mains occupées avec le harnais.

"Je suis désolé d'avoir dû faire ça", a-t-il expliqué ; "Mais il n'y avait aucune aide pour cela, rien d'autre à faire. Il vous aurait eu dans le canal dans une seconde de plus, s'il ne vous avait pas tué en chemin."

« Pauvre vieux Rox », murmura Lloyd ; "J'aimais beaucoup Rox."

Bennett se mit sur son chemin alors qu'elle s'avançait. Il avait la robe sur le bras et le fouet à la main.

"Non, ne le regarde pas. Il n'est pas joli à voir. Viens, je te ramène à la maison ? Ne t'inquiète pas pour la charrette, je veillerai à la renvoyer."

"Et que Rox est enterré quelque part ? Je ne veux pas qu'il soit laissé là-bas pour les corbeaux." Malgré l'injonction de Bennett, elle regarda par-dessus son épaule pendant un moment alors qu'ils s'engageaient sur la route. "J'espère seulement que vous étiez sûr qu'il n'y avait rien d'autre à faire, M. Bennett", a-t-elle déclaré.

"Je n'avais pas le temps de réfléchir", répondit-il, "et je ne prenais aucun risque."

Mais la sauvagerie de toute cette affaire resta gravée dans l'imagination de Lloyd. Il y avait une primitivité, une certaine hideuse simplicité dans la façon dont Bennett avait fait face à la situation qui la remplissait d'émerveillement et même d'un peu de terreur et de méfiance à son égard. L'ampleur et la brutalité de l'acte étaient déplacées et incongrues à cette époque de la fin du siècle. Il a ignoré deux mille ans de civilisation. C'était une note âpre, retentissante, effrontée, puissante, simple, qui arrivait en tintant, discordante et sans harmonie avec l'air du temps. Cela sentait l'époque où les hommes combattaient les brutes avec leurs mains ou avec leurs gourdins. Mais c'était aussi l'indice d'une force et d'une puissance d'esprit qui ne s'arrêtaient devant rien pour arriver à leurs fins, qui choisissaient le raccourci le plus court, les moyens les plus directs, dédaigneux de l'hésitation, tenant la délicatesse et le finesse dans un mépris sans mesure, se précipitant droit à son but. l'objet, pénétrant, brisant la résistance, brisant les obstacles avec une puissance Brobdignag illimitée, grossière et aveugle, à laquelle s'opposer devait être piétiné à l'instant.

Il fallut bien longtemps avant que leur conversation ne se détourne de l'incident du matin, mais lorsque cela se produisit, son sujet était Richard Ferriss. Bennett faisait l'éloge de son courage et de son endurance pendant la retraite du navire, lorsque Lloyd, après avoir hésité une ou deux fois, demanda :

"Comment va M. Ferriss ? Dans votre note, vous avez dit qu'il était malade."

"C'est vrai", lui dit-il, "et je n'aurais pas pu le quitter si je n'étais pas sûr de lui faire du mal en restant. Mais le médecin doit me télégraphier si son état s'aggrave, et seulement si c'est le cas. Je dois croire qu'aucune nouvelle n'est une bonne nouvelle. »

Mais cette rencontre avec Lloyd et l'intense excitation de ces quelques instants au bord du canal avaient complètement effacé de l'esprit de Bennett le fait qu'il n'avait *transmis* son adresse actuelle ni à Ferriss ni à son médecin. Il en avait eu l'intention ce matin-là, mais toutes les facultés de son esprit furent soudainement concentrées sur une autre question. Pour le moment, il croyait avoir réellement écrit au Dr Pitts, comme il l'avait prévu, et lorsqu'il pensait au message qu'il envisageait, il le considérait comme un fait accompli. L'affaire ne lui revint plus à l'esprit.

Tandis qu'il marchait à côté de Lloyd, l'écoutant et lui parlant, tout en faisant claquer le fouet, ou en frappant les têtes des tiges de molène au bord de la route avec son fouet, il réfléchissait à la meilleure façon de lui dire ce qu'il était venu. de la Ville à dire. Aborder son sujet, guider la conversation, préparer le bon moment psychologique avec habileté et sans effort apparent, étaient des manœuvres de jeu que Bennett ignorait et méprisait. Il savait seulement qu'il l'aimait, qu'elle était là à ses côtés, que l'objet de tous ses désirs et de ses espoirs était à sa portée. Droit comme un pigeon voyageur, il se dirigea vers son but.

" Miss Searight, " commença-t-il, sa voix dure et grave encore plus grave que d'habitude, " pourquoi pensez-vous que je suis ici ? Ce n'est pas la seule partie du monde où je pourrais récupérer, je suppose, et quant à passer le jour de Dieu à tailler des pierres, comme un professeur d'un séminaire de jeunes filles... " - il lança le marteau dans les buissons - " ça pour la géologie ! Maintenant nous pouvons parler. Vous savez bien que je vous aime, et je crois que tu m'aimes. Je suis venu ici pour te demander de m'épouser.

Lloyd aurait pu faire n'importe quelle chose parmi une douzaine de choses, il aurait pu répondre de n'importe quelle manière parmi une douzaine de façons. Mais ce qu'elle a fait, ce qu'elle a dit, a complètement surpris Bennett. Un peu froidement et très calmement elle répondit :

" Vous croyez... vous dites que vous croyez que je... " Elle s'interrompit, puis reprit : " Ce n'est pas bien que vous me disiez cela. Je ne vous ai jamais laissé croire que je tenais à vous. Quelles que soient nos relations. être, comprenons cela tout de suite.

Bennett poussa une exclamation impatiente : « Je ne suis pas doué en escrime et en chicanerie », déclara-t-il. "Je te dis que je t'aime de tout mon cœur. Je te dis que je veux que tu sois ma femme, et je te dis que je sais que tu m'aimes. Tu n'es pas comme les autres femmes, pourquoi devrais-tu coquetter avec moi " Bon Dieu ! N'es-tu pas assez grand pour être au-dessus de telles choses ? Je sais que tu l'es. De tous les gens au monde, nous devrions être au-dessus des prétentions, devrions nous comprendre. Si je ne savais pas que tu tenais à moi Je n'aurais pas parlé."

"Je ne te comprends pas," répondit-elle. "Je pense que nous ferions mieux de parler d'autre chose ce matin."

"Je suis venu ici pour parler de cela et de rien d'autre", a-t-il déclaré.

— Très bien, alors, dit-elle en redressant les épaules d'un mouvement rapide et vif, nous en parlerons. Vous dites que nous devrions nous comprendre tous les deux. Allons tout de suite au fond des choses. Je méprise les chicanes. et l'escrime, peut-être autant que vous. Dites-moi, comment vous ai-je jamais fait croire que je tenais à vous ?

"À une époque où notre dernier espoir était parti", répondit Bennett en croisant son regard, "quand j'étais très proche de la mort et que je pensais que je devrais aller vers mon Dieu dans la journée, j'étais rendu plus heureux que je ne le pensais jamais. dans ma vie d'avant en découvrant que je t'étais cher, que tu m'aimais.

Lloyd examina son visage avec un air surpris et perplexe.

"Je ne vous comprends pas", répéta-t-elle.

"Oh!" s'exclama Bennett avec une soudaine véhémence, "vous pourriez le dire à Ferriss ; pourquoi ne pouvez-vous pas me le dire ?"

"À M. Ferriss ?"

"Tu pourrais *lui dire* que tu t'en soucies."

« Je… dis à M. Ferriss… que je tenais à vous ? Elle commença à sourire. "Vous êtes un peu absurde, M. Bennett."

" Et je ne vois pas pourquoi vous devriez le nier maintenant. Ou si quelque chose vous a amené à changer d'avis – à regretter ce que vous avez dit, pourquoi ne devrais-je pas le savoir ? Même un petit voleur peut être entendu pour sa propre défense. Je t'aimais parce que je te croyais une femme, une femme d'homme grande, forte, noble, au-dessus des petites choses, au-dessus des petits artifices mesquins et méprisables du salon. Je t'aimais parce que les grandes choses du monde t'intéressait, parce que tu n'avais pas de place dans ta vie pour les petites grâces, les petites affectations, les petites tromperies, les impostures et le manque de sincérité. Si tu ne m'aimais pas, pourquoi l'as-tu dit ? Si tu m'aimes maintenant, pourquoi ne devrais-tu pas l'admettre Crois-tu que tu peux jouer avec moi ? Crois-tu que tu peux coquetter avec moi ? Si tu étais assez petit pour t'abaisser à de tels moyens, penses-tu que je suis assez petit pour m'y soumettre ? J'ai trop bien connu Ferriss. Je le sais incapable de la fausseté dont vous lui reprochez. Avoir dit un tel mensonge, un mensonge aussi déplacé, inutile, gratuit, est une chose qu'il n'aurait pas pu faire. Vous avez dû lui dire que vous vous en souciiez. Pourquoi n'êtes-vous pas, vous entre toutes les femmes, assez courageuses, assez fortes, assez grandes pour tenir vos paroles ? »

"Parce que je ne les ai jamais dit. Que penses-tu de moi ? Même si je m'en souciais, penses-tu que j'en dirais autant... et à un autre homme ? Oh !" s'exclama-t-elle avec une soudaine indignation, "parlons d'autre chose. C'est aussi... absurde."

"Tu n'as jamais dit à Ferriss que tu tenais à moi ?"

"Non."

Bennett ôta sa casquette. "Très bien, alors. Cela suffit. Au revoir, Miss Searight."

"Crois-tu que j'ai dit à M. Ferriss que je t'aimais ?"

"Je ne crois pas que l'homme qui a été pour moi plus qu'un frère soit un menteur et un coquin."

"Bonjour, M. Bennett."

À ce moment-là, ils s'étaient approchés de la ferme. Sans ajouter un mot, Bennett lui remit le fouet et la robe et, tournant les talons, s'éloigna sur la route.

Lloyd raconta à Lewis tout ce qui était nécessaire sur l'accident du matin près du canal et donna des ordres concernant la charrette à chiens et l'enterrement de Rox. Puis lentement, les yeux fixes et écarquillés, elle monta dans sa chambre et, sans ôter ni son chapeau ni ses gants, s'assit sur le bord du lit, laissant tomber mollement ses mains sur ses genoux, regardant distraitement le blanc. Le rideau bougeait juste à la fenêtre ouverte.

Elle ne pouvait pas dire ce qui lui faisait le plus mal : que Ferriss avait menti ou que Bennett y avait cru. Mais pourquoi, au nom du ciel, pourquoi Ferriss avait-il ainsi parlé à Bennett ; quel but avait-il en vue ? qu'avait-il à y gagner ? Pourquoi Ferriss, l'homme qui l'aimait, avait-il choisi de l'humilier, de la mettre dans une position si irritante pour sa fierté, sa dignité ? Bennett aussi l'aimait. Comment pouvait-il croire qu'elle s'était humiliée à ce point ?

Elle avait été blessée et jusqu'au cœur, à un point où elle se croyait la plus inattaquable, et celui qui tenait l'arme était l'homme qu'elle aimait de tout son cœur et de toute son âme.

Une grande partie de la situation la dépassait. Elle essayait comme elle le faisait, elle ne pouvait pas comprendre. Une chose cependant, elle voyait clairement, sans équivoque : Bennett croyait qu'elle l'aimait, croyait qu'elle l'avait dit à Ferriss, et qu'en niant avoir eu connaissance du mensonge de Ferriss, elle ne faisait que coquetter avec lui. Elle connaissait suffisamment bien Bennett et son personnage pour se rendre compte qu'une idée une fois enracinée dans son esprit était pratiquement indéracinable. Bennett n'était pas un homme aux changements faciles ; rien de mobile chez lui.

L'idée de cette croyance de Bennett était intolérable. Alors qu'elle était assise seule dans sa chambre blanche, le pourpre terne de ses joues devint soudain écarlate, et d'un geste rapide et involontaire, elle passa sa main, paume vers l'extérieur, sur son visage pour le cacher de la lumière du soleil. Elle passait rapidement d'une humeur à une autre. À présent, sa colère s'enflammait soudainement contre Ferriss. Comment avait-il osé ? Comment avait-il osé lui infliger cette indignité, cette insulte scandaleuse ? Sa colère se tourna désormais vers Bennett. Quelle audace avait-il eu pour croire qu'elle s'oublierait ainsi ? Elle serra les dents dans sa colère impuissante, se leva, les mains serrées, des larmes de pure passion jaillissant de ses yeux.

La plus grande partie de l'après-midi, elle resta dans sa chambre, arpentant le sol d'un mur à l'autre, essayant de réfléchir clairement, de trouver une solution qui redresserait la situation, qui lui rendrait sa tranquillité d'esprit, sa dignité et sa dignité. son bonheur du petit matin. Pour l'instant, la grande joie qu'elle avait ressentie lors de son retour sain et sauf avait pratiquement disparu. Pendant un instant, elle se dit même qu'elle ne pouvait pas l'aimer, mais l'instant d'après était prête à admettre que c'était uniquement à cause de son amour pour lui, aussi fort et profond que jamais, que l'humiliation la blessait maintenant si profondément et cruellement. Ferriss avait menti à son sujet, et Bennett avait cru à ce mensonge. Revoir Bennett dans de telles circonstances n'était pas envisageable un seul instant. Ses vacances ont été gâchées ; le charme du pays avait disparu. Lloyd retourna à la ville le lendemain.

Elle se sentit heureuse de reprendre son travail. Le murmure sourd de la Ville qui assaillait d'heure en heure ses fenêtres était un soulagement pour ses oreilles après le silence profond et engourdissant de la campagne. La place n'a jamais été aussi belle qu'à cette époque de l'été, et même les images d'ombres agitées, qui, la nuit tombée, étaient projetées sur le plafond de sa chambre par l'électricité brillant à travers les grands ormes de la place en contrebas, étaient un plaisir.

Le lendemain de son arrivée, alors qu'elle déballait sa malle, Miss Douglass entra dans sa chambre et s'assit, selon son habitude, sur le canapé. Après quelques échanges d'une demi-heure, l'infirmière de la fièvre dit :

« Vous souvenez-vous, Lloyd, de ce que je vous ai dit au sujet de la typhoïde au printemps : c'était presque une épidémie ?

Lloyd hocha la tête, se détournant de sa malle, les bras chargés de robes.

"C'est pire que jamais maintenant", a continué Miss Douglass; "Trois de nos employés ont été sur des cas seulement pendant le peu de temps que vous avez été absent. Et il y a une affaire à Medford qui a tué une infirmière."

"Bien!" s'écria Lloyd quelque peu étonné, il me semble qu'on devrait confiner la typhoïde assez facilement.

"Pas toujours, pas toujours", répondit l'autre ; "Un cas virulent serait tout aussi grave que la fièvre jaune ou la variole. Vous vous souvenez quand nous étions à l'hôpital, Miss Helmuth, cette petite infirmière polonaise, l'a contractée à cause de son cas et est décédée avant même son patient. Puis il y avait Eva Blayne. Elle a failli mourir. J'ai aimé la façon dont Miss Wakeley a traité cette affaire à Medford, même lorsque l'autre infirmière était décédée. Elle n'a jamais hésité pendant... "

"Est-ce que l'un de nos collaborateurs a eu ce cas ?" demanda Lloyd.

"Bien sûr. Ne te l'ai-je pas dit ?"

"J'espère que nous y remédierons", a déclaré Lloyd, son plateau de malle à la main. "Je ne pense pas que nous ayons jamais perdu un cas où de bons soins infirmiers pouvaient s'en sortir, et dans le cas de la typhoïde, tout le traitement repose en réalité sur les soins infirmiers."

"Lloyd", dit Miss Douglass d'un ton décisif, "je donnerais tout ce à quoi je peux penser maintenant pour m'occuper de votre cas de maladie de la hanche et pour avoir aidé mon patient à s'en sortir comme vous l'avez fait. Vous devriez entendre ce que le Dr Street dit de vous... et le père de la petite fille. D'ailleurs, j'avais presque oublié. Hattie Campbell - c'est son nom, n'est-ce pas ? - m'a téléphoné pour savoir si tu étais déjà revenu du pays. C'était hier. J'ai dit que nous t'attendions aujourd'hui, et elle m'a dit de te dire qu'elle venait te voir.

Le lendemain après-midi, vers trois heures, Hattie et son père se rendirent sur la place dans une voiture découverte, Hattie portant un gros bouquet de violettes pour Lloyd. Le petit invalide était désormais sur le point de complètement se rétablir. Parfois, on lui permettait de marcher un peu, mais le plus souvent, sa femme de chambre la faisait rouler dans un fauteuil d'invalide. Elle partait fréquemment en calèche pour faire de l'exercice. Elle boiterait sans doute toujours un peu, mais à la fin il était certain qu'elle serait saine et forte. Pour Hattie et son père, Lloyd était devenu une sorte de semi-divinité tutélaire. Dans ce qui restait de la famille, elle avait sa place, à peine moins vénérée que l'épouse décédée. Campbell lui-même, qui avait fait fortune dans l'acier Bessemer, un gentleman bien entretenu, bien rasé et aux cheveux pas trop gris, se surprit plus d'une fois devant la photo de Lloyd qui se trouvait sur la cheminée du Hattie's. pièce, le regardant vaguement tout en coupant la plume de son cigare.

Mais à cette occasion, alors que la voiture s'arrêtait devant l'immense pile de la maison, Hattie cria : « Oh, la voilà maintenant », et Lloyd descendit les marches, portant son sac d'infirmière à la main.

"Est-ce qu'on est trop tard ?" commença Hattie ; "Tu sors, tu es sur une affaire ? C'est pour ça que tu as ton sac ? Nous pensions que tu étais en vacances."

Campbell, cédant à un certain sentiment de malaise à l'idée que Lloyd devait se tenir sur le trottoir alors qu'il restait assis, descendit de la voiture et se tint à ses côtés, écoutant gravement la conversation entre l'infirmière et son ancien patient. Lloyd fut obligé de s'expliquer, se tournant tantôt vers Hattie, tantôt vers son père. Elle leur a dit qu'elle était quelque peu pressée. Elle venait d'être appelée spécialement pour soigner un très grave cas de fièvre typhoïde dans un petit faubourg de la City, appelé Medford. Ce n'était pas son tour d'y aller, mais les médecins chargés du cas, comme cela arrivait parfois, l'avaient spécialement demandée.

"L'une des nôtres, une jeune femme nommée Miss Wakeley, s'est occupée de cette affaire", a-t-elle poursuivi, "mais il semble qu'elle s'est permise de contracter elle-même la maladie. Elle est allée à l'hôpital ce midi."

Campbell, dont la gravité fut soudainement brisée, s'écria :

" Sûrement, Miss Searight, ce n'est pas le même cas que celui que j'ai lu dans le journal d'hier – ça doit l'être aussi – Medford était le nom de l'endroit. Cette affaire a déjà tué une infirmière, et maintenant la deuxième est en panne. Don Ne me dis pas que tu vas prendre le même cas.

"C'est le même cas", répondit Lloyd, "et, bien sûr, je vais l'accepter. Avez-vous déjà entendu parler d'une infirmière faisant autrement ? Eh bien, cela semblerait... semblerait si... drôle..."

Il n'y avait aucun moyen de la dissuader, et Campbell et Hattie cessèrent bientôt même d'essayer. Elle était impatiente de partir. La gare était à portée de main, et elle ne voulait pas entendre parler d'y prendre la voiture. Cependant, avant de les quitter, elle revint de nouveau sur le sujet de sa lettre à M. Campbell, et là et là, il fut décidé que Hattie et sa femme de chambre passeraient les dix jours suivants chez Lloyd à Bannister. L'air calme de la campagne, maintenant que Hattie était capable d'entreprendre ce court voyage, serait plus pour elle que de nombreux médicaments, et les poneys et le phaéton de Lloyd seraient laissés là avec Lewis pour son usage.

« Et écrivez souvent, n'est-ce pas, Miss Searight ? s'exclama Hattie alors que Lloyd lui disait au revoir. Lloyd secoua la tête.

"Pas ça entre toutes", répondit-elle. "Si je faisais cela, nous pourrions vous aussi avoir la typhoïde. Mais vous pouvez m'écrire, et j'espère que vous le ferez", et elle donna à Hattie sa nouvelle adresse.

"Harriet", dit Campbell alors que la voiture traversait la place, le père et la fille saluant Lloyd, se dirigeant d'un pas vif vers la gare, "Harriet".

"Oui, papa."

"Voilà une femme noble. Du courage, de l'intelligence, une forte volonté - elle les a tous - et un très grand cœur qui - un cœur qui -" Il coupa pensivement le bout d'un cigare et se tut.

Un jour ou deux plus tard, alors que Hattie était assise dans son petit fauteuil roulant sur la véranda de la maison de Mme Applegate et regardait Charley-Joe chasser les sauterelles sous les groseilliers, elle fut surprise par la fermeture brusque du portail d'entrée. Un homme énorme avec un œil louche et une mâchoire lourde et carrée remontait l'allée, suivi d'un chien à l'air étrange. Charley-Joe se retira rapidement vers son trou particulier sous la véranda, se déplaçant rapidement, le corps au ras du sol, et faisant un nombre inutile de pas très courts.

La petite citadine distinguait immédiatement le visiteur d'un homme de la campagne. Hattie avait ses propres idées quant à la convenance, et elle se leva alors que Bennett arrivait et, après un moment d'hésitation, lui fit une petite révérence. Bennett ôta aussitôt gravement sa casquette.

"Excusez-moi", dit-il comme si Hattie avait vingt-cinq ans au lieu de douze. « Est-ce que Miss Searight est à la maison ?

"Oh," s'exclama Hattie, ravie, "connaissez-vous Miss Searight ? Elle était mon infirmière quand j'étais si malade, parce que vous savez que j'avais une maladie de la hanche et qu'il y a eu une opération. Non, elle n'est plus là. Elle est partie. , je suis retourné à la Ville.

« Retourné à la Ville ? »

"Oui, il y a trois ou quatre jours. Mais je vais lui écrire cet après-midi. Dois-je dire qui a appelé ?" Puis, sans attendre de réponse, elle ajouta : « Je suppose que je ferais mieux de me présenter. Je m'appelle Harriet Campbell et mon père est Craig V. Campbell, de la Hercules Wrought Steel Company de la ville. une chaise?"

Le petit convalescent et l'explorateur de l'Arctique se serrèrent la main avec une grande solennité.

"Je suis très heureux de vous rencontrer", a déclaré Bennett. "Je n'ai pas de carte, mais je m'appelle Ward Bennett, de l'expédition Freja", a-t-il ajouté. Mais, à son grand soulagement, la petite fille n'avait pas entendu parler de lui.

"Très bien", dit-elle, "je dirai à Miss Searight que M. Bennett a appelé."

"Non," répondit-il avec hésitation, "non, tu n'as pas besoin de faire ça."

"Eh bien, elle ne répondra pas à ma lettre, vous savez", expliqua Hattie, "parce qu'elle a peur que ses lettres ne me donnent la fièvre typhoïde, qu'elles pourraient" - continua-t-elle prudemment, risquant une phrase rappelée - "porter la contagion. Vous voyez, elle est allée soigner un terrible cas de fièvre typhoïde à Medford, près de la ville, et nous sommes si inquiets et anxieux pour elle, papa et moi. Une infirmière qui avait ce cas est déjà décédée et une autre a attrapé Elle est atteinte de la maladie et est très malade, et Miss Searight, même si elle savait à quel point c'était dangereux, partirait, juste comme... comme... " Hattie hésita, puis des souvenirs confus de sa lectrice venant vers elle, finit par " comme Casabianca ".

"Oh," dit Bennett, tournant la tête pour la fixer de son bon œil. "Elle est allée soigner un patient atteint de fièvre typhoïde, n'est-ce pas ?"

"Oui, et papa m'a dit..." et Hattie devint soudain très grave, "que nous pourrions... pourrions... oh, chérie... ne jamais la revoir."

"Hum ! Où se trouve cet endroit à Medford ? Elle vous a donné son adresse ; qu'est-ce que c'est ?" Hattie le lui dit, et il s'éloigna brusquement.

Bennett avait parcouru un peu de chemin avant que le véritable choc ne l'atteigne. Lloyd était dans une position de péril imminent ; sa vie était en jeu. Avec une franchise aveugle et irraisonnée, il sauta immédiatement à cette conclusion, et tout en avançant à grands pas, les dents et les poings serrés, il ne cessait de marmonner pour lui-même : « Elle peut mourir, elle peut mourir – nous – nous ne la reverrons peut-être jamais. Puis soudain vint la peur, le serrement de cœur nauséabond, l'étranglement de la gorge, d'abord le resserrement puis le relâchement soudain de tous les nerfs. Foudroyé et tourmenté par le sentiment d'une terrible calamité, d'un chagrin indescriptible qui le poursuivait, Bennett ne s'arrêta pas pour réfléchir, pour réfléchir. Il choisit instantanément de croire que Lloyd était proche de sa mort, et une fois que l'idée était ancrée dans son cerveau, il ne fallait plus la raisonner. Soudain, au détour d'un chemin, il s'arrêta, les mains enfoncées dans les poches, le talon s'enfonçant dans le sol. « Maintenant, alors, s'écria-t-il, que faut-il faire ?

Juste une chose : Lloyd doit quitter l'affaire immédiatement, le jour même si cela était possible. Il doit la sauver ; Il lui fallait tourner le dos à cette destruction vers laquelle elle se précipitait, poussée par une notion si stupide et erronée du devoir.

« Oui, dit-il, il n'y a que cela à faire, et, par Dieu ! cela sera fait.

Mais Lloyd serait-elle refoulée d'une voie qu'elle avait choisie pour elle-même ? Pourrait-il la convaincre ? Puis, à l'idée d'une éventuelle opposition, la détermination de Bennett s'est soudainement resserrée jusqu'au point de friction. Jamais, dans les heures les plus sombres de sa lutte contre les glaces arctiques, sa détermination n'avait été aussi féroce ; jamais sa résolution n'avait été aussi ceinte, aussi courageuse pour écraser la résistance. La force de sa volonté semblait brusquement quadruplée et décrochée. Il ferait ce qu'il voudrait ; quoi qu'il arrive, il parviendrait à sa fin. Il ne s'arrêterait devant rien, n'hésiterait devant rien. Il serait probablement difficile de la faire quitter son poste, mais de toutes ses forces de géant, Bennett s'employa à assurer sa sécurité.

Un grand point qu'il croyait être en sa faveur, une considération qui l'incita à adopter une résolution aussi irrévocable, était sa conviction que Lloyd l'aimait. Bennett n'était pas un homme à femmes. Il pouvait comprendre et manipuler les hommes comme autant de mannequins, mais la nature de sa vie et de son travail ne le conduisait pas à une connaissance des femmes.

Bennett ne les comprenait pas. Dans son entretien avec Lloyd, alors qu'elle avait si vigoureusement nié l'histoire de Ferriss, Bennett ne parvenait pas à saisir la vérité. Il lui était venu à l'esprit que Lloyd l'aimait. Il croyait facilement ce qu'il voulait croire, et sa foi dans l'amour de Lloyd pour lui était devenue une partie intégrante de son idée fondamentale des choses, difficile à chasser même par Lloyd elle-même.

La résolution de Bennett fut prise. Jamais il n'avait échoué dans l'accomplissement de ce qu'il avait en tête. Il n'échouerait pas maintenant. Au-delà d'une certaine limite – limite qu'il atteignit et dépassa désormais rapidement – la détermination de Bennett à faire valoir son point devenait, pour ainsi dire, une sorte d'obsession ; l'ampleur de l'immense pouvoir qu'il déchaîna emporta son propre moi avec lui dans son élan irrésistible. Dans ces moments-là, il n'y avait aucune trace de raison dans ses actions. Il ne voyait que son but, ne voyait que son but ; sourd à toutes les voix qui le rappelleraient, aveugle à toute considération qui le porterait à un écart, insouciant de tout ce qu'il foulait aux pieds, il s'en tenait à son but jusqu'à ce que ce but soit un fait accompli. Lorsque l'emprise de la Glace avait menacé de se refermer sur lui et de l'écraser, il s'était jeté contre ses barrières avec une énergie et une détermination à conquérir qui n'étaient guère loin d'une frénésie dirigée. C'était donc avec lui maintenant.

---

Lorsque Lloyd s'était séparée des Campbell sur la place devant la maison, elle s'était rendue directement à la gare d'une ligne de banlieue et, moins d' une heure, était en route pour Medford. Comme cela arrivait toujours lorsqu'il s'agissait de traiter un cas intéressant, son esprit s'en remplissait peu à peu, à l'exclusion de tout le reste. Les Campbell et l'acceptation facile par Bennett d'une histoire qui la mettait sous un jour si humiliant furent oubliés tandis que le train la transportait de la chaleur et de la poussière de la ville vers les étendues verdoyantes de la campagne au sud. Ce qui avait été fait dans cette affaire, elle n'avait aucun moyen de le dire. Elle savait seulement que le cas était d'une virulence inhabituelle et bien avancé. Cela avait déjà tué une infirmière et mis gravement en danger la vie d'une autre, mais loin de réfléchir au danger pour elle-même, Lloyd ressentait une certaine exaltation à l'idée qu'on attendait d'elle qu'elle réussisse là où d'autres avaient succombé. Une autre bataille contre l'Ennemi était imminente, l'Ennemi qui, bien que vaincu sur cent champs, devait inévitablement triompher à la fin. Une fois de plus, cet Ennemi s'était penché et avait attrapé un être humain dans son étreinte froide. Une fois de plus, la Vie et la Mort étaient aux prises, et la Mort était forte, et de la lutte était sorti un cri – lui était parvenu – un appel à l'aide.

Toute l'exubérance du combat grandissait dans sa poitrine. Elle était impatiente d'être là – là, à portée de main – pour affronter à nouveau l'Ennemi à travers le lit de malade, où elle l'avait si souvent affronté et battu auparavant ; et, faisant correspondre sa force contre sa force, son obstination contre sa force – la force qui lui arracherait la vie – sa vigilance insomniaque contre sa furtivité, son intelligence contre sa ruse, son courage contre ses terreurs, sa résistance contre son attaque. , son habileté contre sa stratégie, sa science contre son expérience mondiale et ancienne, gagner le combat, sauver la vie, tenir bon contre son attraction lente et irrésistible et triompher à nouveau, ne serait-ce que pour une journée.

Elle réussirait et elle le devait. Son obstination innée, son refus catégorique de céder son terrain, quoi qu'il en soit, sa puissance obstinée de résistance, sa ténacité dans la voie qu'il avait choisie, lui vinrent en aide alors qu'elle s'approchait rapidement du lieu où se déroulerait la bataille. Mentalement, elle se prépara, se retenant de toute sa force naturelle, belle et dure. Non, elle ne céderait pas sa vie à l'Ennemi ; non, elle n'abandonnerait pas ; non, elle ne reculerait pas. Laissons l'Ennemi faire de son mieux : il s'est montré fort contre ses efforts.

A Medford, où elle arriva vers quatre heures de l'après-midi, après une heure de route de la ville, elle trouva un moyen de transport qui l'attendait et fut conduite rapidement à travers des rues bordées de villas et de pelouses rasées jusqu'à une maison de campagne de bonne taille sur la côte. périphérie de la ville. La gouvernante l'accueillit à la porte pour lui dire que le médecin se trouvait en ce moment dans la chambre du malade et qu'elle avait laissé l'ordre que l'infirmière lui soit amenée dès son arrivée. La gouvernante indiqua à Lloyd le chemin du deuxième palier, frappa à la porte entrouverte au fond du couloir et la fit entrer sans attendre de réponse.

Lloyd examina la pièce d'un seul coup d'œil : les rideaux bien tirés, la moustiquaire entre le lit et les fenêtres, le médecin debout sur le tapis du foyer et le visage enflammé par la fièvre du patient sur l'oreiller. Alors toute sa puissance de répression ne put l'empêcher de pousser une exclamation étouffée.

Car elle, la femme que Bennett aimait avec toute son énergie sauvage, était venue, au péril de sa vie, venir soigner l'ami le plus proche de Bennett, l'homme qui lui était le plus cher : Richard Ferriss.

# VI.

Deux jours après que le Dr Pitts eut amené Ferriss dans sa maison de campagne dans la banlieue de Medford, il avait pu diagnostiquer qu'il s'agissait d'une fièvre typhoïde et s'était immédiatement mis à télégraphier le fait à Bennett. Puis il lui était venu à l'esprit qu'il ne savait pas où Bennett était allé. Bennett avait omis de lui faire savoir où il se trouvait actuellement et, suivant les conseils du Dr Pitts, s'était caché à l'abri de tout le monde. Ni à son club ni à son hôtel, où son courrier s'accumulait en quantités extraordinaires, aucune adresse de réexpédition n'avait été laissée. Bennett ne savait même pas que Ferriss avait été transféré à Medford. Tant pis. On ne pouvait rien y faire. Le médecin n'avait rien d'autre à faire que de laisser Bennett dans l'ignorance et de se battre du mieux qu'il pouvait pour la vie de Ferriss. Pitts s'arrangea pour qu'un frère médecin reprenne son cabinet et se consacra entièrement à Ferriss. Et Ferriss devenait de plus en plus malade, et allait progressivement de mal en pis. La fièvre avançait régulièrement jusqu'à un certain stade, un stade de danger imminent, et là s'arrêtait. Rarement Pitts avait été appelé à combattre une forme plus virulente de la maladie.

Ce qui a aggravé les choses, c'est que Ferriss a tenu le coup pendant si longtemps sans changer d'une manière ou d'une autre. Pitts était depuis longtemps convaincu de l'ulcération de la membrane des intestins, mais il s'étonnait que ce symptôme persiste si longtemps sans signes ni de progression ni de diminution. L'évolution de la maladie était inhabituellement lente. La première infirmière avait déjà eu le temps de tomber malade et de mourir ; un deuxième avait été infecté, et pourtant Ferriss «tenait bon», sans sombrer ni s'améliorer, pourtant à chaque heure se trouvant dangereusement proche de la mort. Il n'était pas fréquent que la mort et la vie s'affrontent aussi longtemps, pas souvent que les chances soient aussi égales. Nombreuses étaient les heures, nombreux étaient les moments où un cheveu aurait pu faire pencher la balance, et pourtant la balance était préservée.

Lorsqu'elle reconnut brusquement Ferriss, chez ce patient qu'elle avait été appelée à soigner et dont la prise sur la vie était si pitoyablement faible, le cœur de Lloyd fit un grand bond puis s'enfonça sinistrement dans sa poitrine. Sa première émotion fut celle d'un auto-reproche sans bornes. Pourquoi n'en avait-elle pas eu connaissance ? Pourquoi n'avait-elle pas interrogé Bennett plus attentivement sur la maladie de son ami ? Ne s'attendait-elle pas à quelque chose comme ça ? La typhoïde n'était-elle pas le seul mal à craindre et à prévoir après des expériences telles que celles vécues par Ferriss : la fatigue et les privations de la marche sur la glace, et les mois suivants à bord du baleinier à vapeur, avec sa mauvaise nourriture, sa saleté et ses inévitables surpeuplement?

Et pendant qu'elle errait à la campagne, cet homme, qu'elle connaissait depuis son enfance mieux et plus longtemps qu'aucune de ses rares connaissances, avait été frappé et, de jour en jour, il s'était affaibli, était devenu malade et émacié, jusqu'à présent, à à tout moment, à tout moment, la vie peut s'éteindre comme le combat d'une bougie épuisée. Quelle misérable incompétente avait-elle été ! Ce jour-là, dans le parc, où elle l'avait rencontré, si faible, si brisé et si épuisé, pourquoi n'avait-elle pas su, avec toute sa formation et son expérience, que même alors la flamme vacillait jusqu'à la douille, qu'un lien dans le la chaîne en argent s'affaiblissait ? Maintenant, peut-être était-il trop tard. Mais son obstination originelle s'est rapidement levée en signe de protestation. Non! elle ne céderait pas la vie. Non non Non; encore et mille fois non ! Il lui appartenait. Elle en avait sauvé d'autres, d'autres bien moins chers que Ferriss. Son dernier patient, la petite fille, avait été ressuscité de la mort à la onzième heure, et entre tous les hommes, ne sauverait-elle pas Ferriss ? Dans une maladie pareille, c'était à l'infirmière et non au médecin qu'il fallait compter. Et, une fois de plus, jamais aussi forte, jamais aussi belle, jamais aussi glorieuse, sa splendide indépendance, sa fierté de sa propre force, son indomptable autonomie bondit dans sa poitrine, bondit et resta ferme, dure comme de l'acier trempé, la tête vers l'Ennemi, osant l'assaut, provocant, inébranlable, inébranlable dans sa détermination, invincible dans la ténacité inébranlable de son objectif.

L'histoire que Ferriss avait racontée à Bennett, ce mensonge injustifié et inexplicable, était une chose oubliée. La mort se tenait à la tête du lit, et dans cette chambre les petites choses de la vie n'avaient pas leur place. Le roi tenait sa cour, et l'essaim des petites affaires quotidiennes, comme une foule de petits courtisans, n'était pas admis en sa présence. La vie de Ferriss était en danger. Lloyd n'a rien vu de plus. Aussitôt elle se mit au travail.

En quelques phrases rapides échangées à voix basse entre elle et le docteur, Lloyd prit connaissance de l'affaire.

"Nous utilisons le sac de glace et le sac humide pour faire baisser la température à la place du bain froid", a expliqué le médecin. "J'ai peur de la péricardite."

"Quinine?" demanda Lloyd.

" De vingt à quarante grains le matin et le soir. Voici le tableau des températures de la semaine dernière. Si nous atteignons encore ce point au niveau des aisselles... " il indiqua cent deux degrés avec l'ongle du pouce ", " il faudra que risquer le bain froid, mais seulement dans ce cas-là.

"Et les tympanites ?"

Le Dr Pitts leva le menton en l'air.

" Grave... il y a un ulcère intestinal, sans aucun doute, et s'il perce... eh bien, nous pouvons alors faire venir les pompes funèbres. "

"A-t-il eu des hémorragies ?"

"Deux la première semaine, mais pas abondamment - il a semblé se remettre assez bien par la suite. Nous avons injecté de l'éther en cas d'anémie. Vraiment, Miss Searight, l'affaire est intéressante, mais méchante, méchante comme le péché originel. J'ai tué mon première infirmière hors de contrôle — bon petit garçon, assez consciencieux ; ne prenait aucun soin de lui-même ; prenait ses repas à l'infirmerie contre mon gré ; il s'en allait — pouls dicrotique, diarrhée, vomissements, hôpital, thrombose de l'artère pulmonaire, *pouf*, demandecat."

« Et Miss Wakeley ?

" Renversée hier, et elle était assez saturée de créoline soir et matin. Je ne sais pas comment c'est arrivé... Eh bien, Dieu pour nous tous. Le voilà, c'est pour nous l'essentiel. " Il jeta un coup d'œil vers le lit et, pour la troisième fois, Lloyd regarda le patient.

Ferriss était dans un délire tranquille et, par intervalles, de derrière ses lèvres sèches, brunes et craquelées, sortaient des sons de marmonnements sourds et indistincts. A part une certaine proéminence des pommettes, son visage n'était pas très décharné, mais sa peau était d'une étrange pâleur sombre. La compresse froide lui entourait la tête comme une sorte de couronne caricaturale.

"Eh bien," répéta Pitts dans un instant, "J'attendais que tu viennes te reposer un peu. J'ai été debout toute la nuit dernière. Supposons que tu prennes les commandes."

Lloyd hocha la tête, enlevant son chapeau et ses gants, se préparant. Pitts lui donna quelques dernières instructions et la laissa seule dans la chambre du malade. Pour l'instant, il n'y avait rien à faire pour le patient. Lloyd enfila ses pantoufles d'hôpital et se déplaça silencieusement dans la pièce, se préparant pour la nuit et apportant quelques changements en matière de lumière et de ventilation. Puis, pendant un moment, les médicaments occupèrent son attention et elle se donna du mal à trier soigneusement les antiseptiques et les désinfectants des médicaments eux-mêmes. Elle disposa ces dernières sur une table toute seule, étudiant les étiquettes, s'assurant de leur utilité. Quinine pour les doses régulières du matin et du soir, sulfonal et trial pour l'insomnie, éther pour injections en cas d'anémie après hémorragie, morphine pour le délire, citrite de caféine pour la faiblesse cardiaque, teinture de valériane pour les tympanites, bismuth pour soulager les nausées et des vomissements, et de la glace pilée enveloppée dans des linges de flanelle pour la compresse froide en cas d'hyperpyrexie.

Plus tard dans la soirée, elle prit la température à l'aisselle, nota l'état du pouls et réussit à faire boire à Ferriss, toujours dans son délire silencieux et marmonné, un verre de lait peptonisé. Elle administra la quinine en lisant l'étiquette, comme c'était son habitude, trois fois, une fois en la prenant, une autre fois en mesurant la dose, et une dernière fois en remettant le flacon à sa place. Tout ce qu'elle faisait, chaque changement infime dans l'état de Ferriss, elle l'inscrivait dans un tableau, de sorte que le matin, lorsque le Dr Pitts devait la relever, il pouvait saisir la situation d'un seul coup d'œil.

La nuit se passa sans autres variations attendues du pouls et de la température, même si vers le jour, Lloyd pouvait imaginer que Ferriss, pendant quelques instants, était sorti de son délire et avait pris conscience de ce qui l'entourait. Pendant quelques secondes, ses yeux semblèrent retrouver un peu de leur intelligence, et son regard parcourut curieusement la pièce. Mais Lloyd, assise près du pied de lit, détourna la tête. Il n'était pas opportun que Ferriss la reconnaisse maintenant.

Lloyd ne pouvait que saluer la sagesse d'amener Ferriss dans la propre maison du Dr Pitts, dans un endroit aussi calme que Medford. Le médecin ne risquait rien. Il était sans famille, les seuls autres occupants de la maison étant la gouvernante et la cuisinière. À plus d'une occasion, lorsqu'un cas intéressant nécessitait une surveillance constante, Pitts avait utilisé sa maison comme sanatorium. Aussi calme que soit le petit village lui-même, la maison était éloignée de sa périphérie. L'air était bon et pur. Le calme, le calme, le repos ininterrompu ressemblaient presque à ceux du sabbat. Aux premières heures de la nuit, juste au tournant de l'aube, Lloyd entendit le faible grondement d'un train qui passait à la gare à près de huit kilomètres de là. Pendant des heures, cela et les stridulations prolongées des grillons furent les seuls sons. Puis enfin, alors qu'il faisait encore nuit, un léger gazouillis d'oiseaux éveillés se fit entendre sous les avant-toits et dans les pommiers de la cour autour de la maison. Lloyd se dirigea vers la fenêtre et, écartant les rideaux, resta là un moment à regarder dehors. Elle apercevait une partie de la route qui menait à la ville et, au loin, la périphérie de la ville elle-même, quelques résidences de campagne bien entretenues des habitants des banlieues de la Cité et, plus loin, une grande maison rectangulaire en brique. bâtiment avec coupole et mât de drapeau, peut-être l'école publique ou la banque ou l'Odd Fellows' Hall. Plus près se trouvaient des champs et des coins de pâturages, avec ici et là les formes informes de vaches somnolentes. L'un d'eux, tandis que Lloyd le regardait, changea de position et elle pouvait presque entendre la respiration longue et profonde qui accompagnait le mouvement. Au loin, à des kilomètres et des kilomètres, semblait-il, un coq chantait à intervalles précis. Tout à coup, et tout près, un autre répondit, un carillon gai et vif qui réveilla les échos en un instant. Pour la première fois, Lloyd remarqua une pâle et faible ceinture de lumière basse à l'est.

Vers huit heures du matin, le médecin vint la relever, et pendant qu'il examinait les dossiers et qu'elle faisait son rapport pour la nuit, la gouvernante annonça le petit déjeuner.

"Descendez prendre votre petit-déjeuner, Miss Searight", dit le docteur. "Je vais rester ici pour le moment. La gouvernante vous montrera votre chambre."

Mais avant de prendre le petit-déjeuner, Lloyd se rendit dans la chambre que la gouvernante lui avait réservée – une chambre différente de celle occupée par l'une ou l'autre des infirmières précédentes – changea de robe et baigna son visage et ses mains dans une solution désinfectante. Lorsqu'elle sortit de sa chambre, le médecin la rencontra dans le couloir ; son chapeau et son bâton étaient à la main. " Il s'est endormi, lui dit-il, et il se repose tranquillement. Je vais prendre une gorgée d'air frais en chemin. La gouvernante est avec lui. S'il se réveille, elle vous appellera. Je ne le ferai pas. Je serai parti quinze minutes. Je ne suis pas sorti de la maison depuis cinq jours et il n'y a aucun danger.

Le petit déjeuner avait été servi dans ce que le docteur appelait la verrière. C'était une véranda fermée, dont un côté était vitré et ouvrait par des portes-fenêtres directement sur une petite pelouse qui descendait sous les pommiers jusqu'à la route. C'était un charmant appartement, idée d'une sœur du Dr Pitts, qui avait passé deux ans à Medford. Lloyd a déjeuné ici seul, et c'est ici que Bennett l'a trouvée.

L'unique voiture publique de Medford, une sorte de fourre-tout à quatre places, qui rencontrait tous les trains au dépôt, s'était rendue à la porte au pied de la cour et s'était arrêtée, les chevaux puant et soufflant. Avant même qu'il ne s'arrête, un grand homme aux épaules carrées en était descendu, mais ce n'est qu'à mi-chemin de l'allée de gravier que Lloyd l'avait reconnu. Bennett l'aperçut au même moment, traversa rapidement la pelouse et entra dans la salle de petit-déjeuner par l'une des portes-fenêtres ouvertes. Immédiatement, la pièce parut rétrécir ; son premier pas sur le parquet, un pas qui était presque un piétinement, tant il était vif, si magistral et résolu, fit trembler les vitres dans leurs cadres. Jamais Bennett n'avait semblé plus déplacé que dans cette salle de petit-déjeuner presque délicate, avec ses petits accessoires féminins, sa verrerie fragile, ses pots de fleurs et ses plantes en croissance. L'environnement incongru mettait en valeur chacune de ses aspérités, chacune de ses angles. Sur ce fond de teintes délicates et douces, sa silhouette apparut soudain colossale ; la grande envergure de sa poitrine et de ses épaules n'a jamais semblé aussi énorme. Son visage; la grande mâchoire brutale, avec sa poussée agressive et intimidante vers l'avant ; les lèvres serrées, le front contracté, les petits yeux, gâchés par le contour nettement défini, n'ont jamais semblé aussi durs, jamais aussi massifs, jamais aussi significatifs de la force résistante et brute de l'homme, de son énergie, de sa détermination écrasante. Alors qu'il se dressait là devant elle, une main agrippée au dossier d'une chaise, il lui sembla qu'il suffisait de la fermer pour réduire en éclats les petites boiseries vernies, et quand il parlait, Lloyd pouvait imaginer que la fine et frêle porcelaine de la table vibrait au son grave et grave de sa voix.

Il suffisait à Lloyd de le regarder une seule fois pour savoir que Bennett était à ce moment-là excité et agité à un degré extraordinaire. Son visage était congestionné et enflammé. Sous son froncement de sourcils, ses yeux semblaient briller de véritables étincelles ; ses dents étaient serrées ; dans sa tempe, une veine saillante et palpitante. Mais Lloyd n'était pas surpris. Bennett avait sans aucun doute entendu parler de la maladie désespérée de Ferriss. Il n'est pas étonnant qu'il ait été excité lorsque la vie de son plus cher ami a été menacée. Lloyd pouvait ignorer sa propre dispute avec Bennett à un tel moment.

"Je suis vraiment désolée," commença-t-elle, "que vous n'ayez pas pu le savoir plus tôt. Mais vous vous souvenez que vous n'avez laissé aucune adresse. Il y avait—"

"Que faites-vous ici?" » interrompit-il brusquement. "A quoi ça sert… pourquoi…" il s'arrêta un moment pour calmer sa voix – "tu ne peux pas rester ici", continua-t-il. "Tu ne sais pas le risque que tu cours ? Tu ne peux pas rester ici encore un moment."

"Cela", répondit Lloyd en souriant, "c'est une question qui m'intéresse principalement. Je suppose que vous le savez, M. Bennett."

"Je sais que tu risques ta vie et—"

"Et ça aussi, c'est mon affaire."

"Je l'ai fait mien", répondit-il rapidement. "Oh," s'exclama-t-il brusquement en frappant le dossier de la chaise avec sa paume ouverte, "pourquoi devons-nous toujours être en désaccord les uns avec les autres ? Je ne suis pas doué pour parler. A quoi ça sert de nous emmêler avec des phrases " Je t'aime, et je suis venu ici pour te demander, pour te supplier, tu comprends, de quitter cette maison où tu risques bêtement ta vie. Tu dois le faire, poursuivit-il rapidement. "Je t'aime trop bien. Ta vie est trop difficile pour moi pour que tu puisses la risquer insensé, bêtement. Il y a d'autres femmes, d'autres infirmières, qui peuvent prendre ta place. Mais tu ne vas pas rester ici."

Lloyd sentit son indignation monter.

"C'est mon métier", répondit-elle, essayant de retenir sa colère. "Je suis ici parce que c'est mon devoir d'être ici." Puis soudain, alors que son extraordinaire effronterie lui apparut, elle s'écria en se levant : « Dois-je vous expliquer ce que je fais ? Je suis ici parce que je choisis d'être ici. Cela suffit. Je m'en fiche. aller plus loin avec une discussion comme celle-ci.

"Alors tu ne partiras pas d'ici ?"

"Non."

Bennett hésita un instant, cherchant ses mots, puis :

" Je ne sais pas demander des faveurs. J'ai peu d'expérience en ce genre de choses. Vous devez savoir combien c'est dur pour moi, et vous devez comprendre jusqu'où je suis poussé alors, quand je vous supplie, quand Je vous prie, aussi humblement que possible, de quitter cette maison maintenant et immédiatement. Il y a un train pour la ville dans une heure ; quelqu'un d'autre peut prendre votre place avant midi. Nous pouvons télégraphe ; veux-tu y aller ? »

"Vous êtes absurde."

"Lloyd, tu ne vois pas, tu ne comprends pas ? C'est comme si je te voyais te précipiter vers un précipice, les yeux fermés."

"Ma place est ici. Je ne partirai pas."

Mais le geste suivant de Bennett l'a surprise. Son empressement, son agitation le quittèrent à l'instant où il sortit sa montre.

"J'avais tort," dit-il doucement. "Le prochain train ne partira pas avant une heure et quart. Il reste plus de temps que je ne le pensais." Puis, avec autant de douceur qu'il pouvait le faire, il ajouta : « Lloyd, tu vas prendre ce train ?

"Maintenant, tu deviens un peu plus qu'absurde", répondit-elle. "Je ne sais pas, M. Bennett, si vous avez l'intention d'être offensant ou non, mais je pense que vous y parvenez plutôt bien. Vous êtes venu dans cette maison sans y être invité; vous envahissez la résidence privée d'un gentleman et vous tentez de vous mêler et de interférez avec moi dans l'exercice de ma profession. Si vous pensez pouvoir m'impressionner par des actes héroïques et des déclamations, corrigez-vous tout de suite. Vous n'avez réussi qu'à vous rendre un peu vulgaire.

"Cela peut être vrai ou non", répondit-il avec un mouvement d'épaules indifférent. "C'est tout à moi. J'ai décidé que vous quitterez cette maison ce matin, et croyez-moi, Miss Searight, je ferai valoir mon point de vue."

Pour le moment, Lloyd retint son souffle. Pour le moment, elle voyait clairement à quel genre d'homme elle avait affaire. Il y avait dans son comportement – maintenant qu'il s'était calmé – une conviction qui paraissait soudain sans réponse. C'était comme le mouvement lent et toujours d'un piston.

Mais l'instant d'après, son propre caractère s'est réaffirmé. Elle se souvenait de ce qu'elle était elle-même. S'il était déterminé, elle était obstinée ; s'il était résolu, elle était têtue ; s'il était puissant, elle était inflexible. Jamais elle n'avait concédé son point de vue auparavant ; jamais elle ne s'était laissé contrarier dans la poursuite d'une voie qu'elle croyait juste. Allait-elle, entre toutes les femmes, céder maintenant ? La conscience de sa propre puissance de résistance lui vint soudain en aide. Bennett était forte, mais ne l'était-elle pas elle-même ? Où sous le ciel bleu se trouvait le pouvoir qui pourrait briser sa volonté ? Lorsque la mort elle-même ne pouvait pas l'emporter contre elle, qu'est-ce qui, dans la vie, pourrait ébranler sa résolution ?

Soudain, l'énorme importance du moment, l'ampleur de la situation, apparurent à Lloyd. Tous deux avaient tout misé sur cette question. Deux personnages d'une puissance extraordinaire s'affrontent violemment. Il ne devait y avoir aucun compromis, ni demi-mesure. Soit elle, soit Bennett doivent finalement être battus. L'un d'eux devait être brisé et humilié au-delà de toute récupération. Là, dans cette petite pièce banale, avec ses accessoires triviaux, son décor inadapté, une bataille royale se préparait rapidement. Avec la brutalité d'une explosion, la crise s'est développée.

« Ai-je besoin de vous dire, » remarqua Bennett, « que votre vie compte pour moi bien plus que toute autre considération au monde ? Pensez-vous que lorsque la vie de chaque membre de mon commandement dépendait de moi, j'étais moins résolu à réussir que je ne le suis maintenant ? J'ai réussi alors, et je réussirai maintenant, maintenant qu'il y a bien plus en jeu. Je ne suis pas habitué à l'échec, et je n'échouerai pas maintenant. Je vous assure que je ne m'arrêterai devant rien.

Il était au-delà de Lloyd de conserver son calme face à une telle agression. Il semblait que son respect d'elle-même exigeait qu'elle se mette en colère.

"Et vous pensez que vous pouvez me conduire comme vous avez conduit vos matelots ?" s'exclama-t-elle. " Qu'avez-vous à voir avec moi ? Suis-je votre subordonné ? Pensez-vous que vous pouvez m'intimider ? Nous ne sommes pas dans la baie de Kolyuchin, M. Bennett. "

"Vous êtes la femme que j'aime", répondit-il avec un brusque retour de véhémence, "et, par Dieu ! Je ne reculerai devant rien pour vous sauver la vie."

"Et mon amour pour toi, que tu prétends, est tellement pour toi, je suppose que c'est le moyen que tu prends pour l'éveiller. En admettant, pour le moment, que tu pourrais m'inciter à me soustraire à mon devoir, comment devrais-je t'aimer pour cela ? Posez-vous la question.

Mais Bennett n'avait qu'une réponse à toutes ses paroles. Il frappa du poing la paume de sa main en répondant :

"Votre vie compte plus pour moi que toute autre considération."

"Mais ma vie... comment savez-vous que c'est une question de ma vie ? Allons, si nous devons nous disputer, querelles pour des raisons raisonnables. Il ne s'ensuit pas que je risque ma vie en restant..."

"Quittez d'abord la maison ; nous pourrons en parler plus tard."

"Je t'ai déjà trop permis de parler", s'exclama-t-elle avec colère. " Allons tout de suite au fond des choses. Je ne me laisserai pas influencer, ni cajoler, ni intimidé pour que je quitte mon poste. Maintenant, comprenez-vous ? C'est ma réponse finale. Toi qui étais un commandant, qui étais un chef d'hommes. , qu'auriez-vous fait si l'un des membres de votre parti avait quitté son poste à un moment de danger ? Je peux vous dire ce que vous auriez fait : vous l'auriez abattu, après l'avoir d'abord déshonoré, et maintenant vous m'auriez déshonoré. Est-ce raisonnable ? Est-ce cohérent ?

Bennett claqua des doigts.

"C'est par souci de cohérence !"

« Et vous seriez prêt à me déshonorer – à ce que je me déshonore moi-même ?

"Votre vie…" commença à nouveau Bennett.

Mais soudain, Lloyd lui lança : "Ma vie ! Ma vie ! N'y a-t-il pas certaines choses meilleures que la vie ? Vous, surtout les hommes, devriez comprendre cela. Oh, soyez vous-même, soyez l'homme que je pensais que vous étiez. Vous Ayez votre code ; laissez-moi avoir le mien. Vous ne pourriez pas être ce que vous êtes, vous n'auriez pas pu faire ce que vous avez fait, si vous n'aviez pas placé tant de choses au-dessus de votre vie. Admettez que vous n'auriez pas pu m'aimer si vous n'aviez pas cru que je pourrais faire la même chose. Comment pourrais-tu encore m'aimer si tu savais que j'ai failli à mon devoir ? Comment pourrais-tu encore m'aimer si tu savais que tu as brisé ma volonté ? Je te connais mieux que tu ne te connais toi-même. " Tu m'as aimé parce que tu me savais fort et courageux et au-dessus des petites tromperies, des impostures et des subterfuges. Et maintenant tu me demandes d'échouer, d'abandonner, de me dérober, et tu me dis que tu le fais parce que tu m'aimes. "

"Cela représente pour moi beaucoup de mots. Je ne peux pas discuter avec vous, et je n'ai pas le temps pour cela. Je ne suis pas venu ici pour... converser."

Jamais de sa vie Lloyd n'avait été aussi en colère qu'à ce moment-là. Le pourpre sombre de ses joues avait soudain fait place à une pâleur insolite ; même ses yeux bleu terne, qui brillaient si rarement, étaient tous allumés. Elle se redressa.

"Très bien, alors," répondit-elle doucement, "notre conversation peut s'arrêter là où elle en est. Vous m'excuserez, M. Bennett, si je vous quitte. J'ai mon travail à faire."

Bennett se tenait entre elle et la porte. Il n'a pas bougé. Très gravement, il dit :

"Ne le fais pas. S'il te plaît, ne l'amène pas à ça."

Lloyd lui jeta un regard, les yeux écarquillés, s'exclamant :

"Tu ne veux pas dire... tu n'oses pas..."

"Je vous le répète, je veux faire valoir mon point de vue."

"Et je vous dis que je ne quitterai *pas* mon patient."

Bennett croisa son regard un instant et, soutenant son regard avec le sien, ne répondit que deux mots. Parlant à voix basse et avec une lenteur mesurée, il dit :

"Tu devrais."

Il y eut un silence. Les deux se tenaient là, se regardant droit dans les yeux, leur opposition mutuelle à son paroxysme. Les secondes commencèrent à passer. Le conflit entre l'agressivité de l'homme et la résistance de la femme atteint un tournant. Avant qu'une autre parole ne soit prononcée, avant que la minute ne s'écoule, il faut que l'un des deux cède du terrain.

Et c'est alors que Lloyd sentit quelque chose s'effondrer en elle, quelque chose auquel elle ne parvenait pas à mettre un nom. Un élément mystérieux de son caractère, jusqu'alors rigide et intact, commençait enfin à s'effriter. Quelque part, une brèche avait été ouverte ; quelque part, la barrière avait été brisée. La belle fermeté qui était la sienne et qu'elle avait si chèrement appréciée, sa force dont elle s'était glorifiée, son indépendance, sa splendide confiance en elle, arrogante et sa puissance consciente semblaient tout à coup faiblir devant cette détermination de fer qui lui fermait les oreilles et yeux, cette intensité de but colossale, non instruite et sauvage.

Et brusquement, ses yeux s'ouvrirent, et la faiblesse inhérente à son sexe lui apparut. Était-ce alors une erreur ? Une femme ne pourrait-elle pas être forte

? Sa force était-elle greffée sur une faiblesse élémentaire – non pas sur sa faiblesse individuelle, mais sur la faiblesse de son sexe, la faiblesse naturelle voulue de la femme ? Avait-elle construit sa forteresse imprenable sur le sable ?

Mais l'habitude était trop forte. L'espace d'un instant, aussi bref que l'ouverture et la fermeture d'un œil, une vision lui fut accordée, un de ces aperçus rapides des profondeurs non sondées qui viennent parfois à l'esprit humain dans les moments de son exaltation, mais qui disparaissent avec une telle rapidité. afin qu'on ne puisse pas leur faire confiance. L'espace d'un instant, Lloyd vit au plus profond du gouffre noir et mystérieux du sexe – en bas, en bas, en bas où, infiniment au-dessous du monde des petites choses, la machine immuable et terrible de la Vie elle-même fonctionnait, s'entrechoquant et résistant dans ses sillons. Ce fut un aperçu heureusement bref, une vision qui n'arrive pas trop souvent, de peur que la raison, amenée au bord de l'abîme, ne s'étourde à ce spectacle et, chancelante, ne tombe tête baissée. Mais rapidement la vision disparut, le gouffre se referma et elle sentit à nouveau le sol ferme sous ses pieds.

"Je ne le ferai pas", cria-t-elle.

Était-ce la même femme qui avait parlé un instant auparavant ? Sa voix résonnait-elle avec le même défi intrépide ? N'y avait-il pas dans sa voix une note de désespoir, un tremblement à peine perceptible, symbole de sa détermination hésitante ? Le simple fait qu'elle doive remettre en question sa force n'était-il pas une preuve certaine que sa force déclinait ?

Mais son courage était inébranlable, même si ses forces se brisaient. Jusqu'au bout elle s'efforcerait, jusqu'au bout elle tiendrait le front haut. Ce n'est que lorsque le dernier espoir aurait été tenté qu'elle reconnaîtrait sa défaite.

"Mais de toute façon, dit-elle, le risque vaut mieux que la certitude. Si je risque ma vie en restant, il est certain qu'il mourra si je le quitte à ce moment critique".

— Tant pis, alors, tu ne peux pas rester.

Lloyd le regarda avec étonnement.

" Ce n'est pas possible ; je ne crois pas que vous puissiez comprendre. Savez-vous à quel point il est malade ? Savez-vous qu'il ment à l'article de la mort en ce moment même, et que plus je reste loin de lui. plus sa vie est en péril ? N'a-t-il pas autant de droits que moi ; n'a-t-il pas le droit de vivre ? Ce n'est pas seulement ma propre humiliation qui est en jeu, c'est la vie de votre plus cher ami, l'homme qui s'est tenu debout. par toi, et qui t'a aidé, et qui a souffert les mêmes épreuves et privations que toi. »

"Qu'est ce que c'est?" » demanda Bennett avec un froncement de sourcils soudain.

"Si je quitte M. Ferriss maintenant, s'il reste seul ici ne serait-ce qu'une demi-heure, je ne répondrai pas..."

" Ferriss ! De quoi parlez-vous ? Quel est le nom de votre patient ? "

"Tu ne le savais pas ?"

"Ferriss ! Dick Ferriss ! Ne me dis pas que c'est Dick Ferriss."

"J'ai toujours pensé que vous saviez que vous aviez entendu. Oui, c'est M. Ferriss."

"Est-il très malade ? Que fait-il ici ? Non, je n'en avais pas entendu parler ; personne ne me l'a dit. Pitts devait écrire... à... à télégraphier. Va-t-il s'en sortir ? Qu'est-ce qu'il a ? Est-ce lui qui avait typhoïde?"

"Il est très dangereusement malade. Le Dr Pitts l'a amené ici. C'est sa maison. Nous ne savons pas s'il guérira. Ce n'est qu'en le surveillant à chaque instant que nous pouvons espérer quoi que ce soit. En ce moment, il n'y a rien. un avec lui mais un serviteur. *Maintenant* , M. Bennett, dois-je aller voir mon patient ?

"Mais... mais... nous pouvons trouver quelqu'un d'autre."

« Pas avant trois heures, et ce n'est que la vérité quand je vous dis qu'il peut mourir à tout moment. Dois-je y aller ?

En une seconde, la situation hideuse surgit sous les yeux de Bennett. À tort ou à raison, la conviction que Lloyd mettait terriblement sa vie en péril en restant au chevet de son patient était ancrée dans son esprit et ne devait pas être éradiquée. C'était une terreur qui l'avait saisi de près et qui ne pouvait être dissipé. Mais Ferriss ? Et lui ? Il s'était soudain avéré que sa vie aussi était en jeu. Comment décider ? Comment faire face à cette abominable complication où il doit sacrifier la femme qu'il aimait tant ou l'homme qui fut le Damon à sa Pythias, le Jonathan à son David ?

"Dois-je y aller?" répéta Lloyd pour la troisième fois.

Bennett ferma les yeux et se serra la tête à deux mains.

"Grand Dieu, attends, attends, je n'arrive pas à penser, je, je, oh, c'est terrible !"

Lloyd a ramené son avantage sans pitié.

"Attends ? Je te le dis, nous ne pouvons pas attendre."

Bennett réalisa alors avec un grand spasme d'horreur que pour lui il n'y avait pas de retour en arrière. Toute sa vie, habitué à prendre des décisions rapides dans des moments de péril suprême, il a pris sa décision maintenant, affrontant, avec tout le courage qu'il pouvait rassembler, ses conséquences indescriptibles, conséquences qui, il le savait, devaient le harceler et le poursuivre pour le reste de sa vie. Quelle que soit sa décision, il ouvrait son cœur au bec et aux serres d'un remords impitoyable. Il ne pouvait plus voir, dans l'effroyable confusion de son esprit, le bien ou le mal des choses, il ne pouvait plus peser avec précision les chances ou les possibilités. Pour lui, deux alternatives seulement se présentaient : la mort de Ferriss ou la mort de Lloyd. Il ne voyait aucun compromis, ne pouvait imaginer aucune issue. C'était comme si un bourreau avec une hache prête se tenait à son coude, attendant ses ordres. Et, en plus de tout cela, il avait depuis longtemps dépassé la limite – peut-être qu'il ne le savait pas lui-même – où il ne pouvait voir autre chose que le point qu'il s'était décidé à gagner, le but qu'il s'était décidé à atteindre. Sa décision était prise. Son énergie furieuse, sa volonté de vaincre à tout prix étaient devenues enfin une sorte de frénésie dirigée. Le moteur qu'il avait mis en marche était désormais hors de son contrôle. Il ne pouvait pas maintenant – qu'il le veuille ou non – inverser son action, l'écarter de sa trajectoire de fer, la rappeler de la monstrueuse catastrophe vers laquelle elle le précipitait.

"Dieu nous aide tous !" il murmura.

"Eh bien," dit Lloyd dans l'expectative.

Bennett inspira profondément, ses mains tombant impuissantes à ses côtés. D'une certaine manière, il semblait soudainement courbé ; la grande charpente d'os et de tendons semblait, d'une manière étrange et indéfinissable, rétrécir, chanceler sous la soudaine acceptation d'un fardeau intolérable – un fardeau qui ne devait jamais être soulagé.

Mais même alors, Bennett croyait toujours à la sagesse de sa démarche et se croyait toujours dans le vrai. Mais, à tort ou à raison, il doit maintenant aller de l'avant. Était-ce le destin, était-ce une catastrophe, était-ce le destin ?

Toute la vie de Bennett avait été consacrée à l'élaboration de grandes idées malgré de grands obstacles ; continuellement, il avait été appelé à surmonter d'énormes difficultés avec une force énorme. Pendant de longues périodes, il avait été isolé de la civilisation et avait été confronté aux forces simples et grossières d'un monde élémentaire – des forces qui devaient être combattues et renversées par des moyens non moins simples et grossiers qu'eux-mêmes. Il avait perdu la faculté, possédée sans doute par des esprits plus petits, de gérer des situations compliquées. Recourir à des expédients, faire des concessions, cela le dépassait. Pour lui, une chose était absolument bonne ou absolument mauvaise, et entre les deux il n'y avait pas de gradation. Pendant si longtemps, il avait regardé les situations de la vie les plus vastes et les plus vastes que sa vision mentale était devenue déformée et confuse. Il voyait les choses invariablement agrandies au-delà de toute proportion, ou bien réduites à une petitesse qui méritait d'être considérée. Une vision normale lui a été refusée. C'était comme s'il étudiait le monde à travers l'une ou l'autre extrémité d'un télescope, et quand, comme à présent, ses émotions étaient éveillées, les choses ne faisaient qu'empirer. L'idée que Ferriss pourrait se rétablir, même si Lloyd devait le quitter à ce moment-là, ne lui venait guère à l'esprit. Il était convaincu que si Lloyd partait, Ferriss mourrait ; Lloyd l'avait dit elle-même. L'espoir que Lloyd puisse, après tout, le soigner sans danger pour elle-même était si lointain qu'il n'y réfléchit pas un instant. Si Lloyd restait, elle, comme l'autre infirmière, contracterait la maladie et mourrait.

C'étaient là des mesures intermédiaires que Bennett ne comprenait pas, des expédients qu'il ne voyait plus. C'était soit Lloyd, soit Ferriss. Il doit choisir entre eux.

Bennett se dirigea vers la porte de la pièce, la ferma et s'y appuya.

"Non," dit-il.

Lloyd resta sans voix. Pendant un instant, elle recula devant lui comme devant un meurtrier. Bennett savait désormais précisément dans quel terrible danger il laissait celui qui était son ami le plus cher. Consentirait-il réellement à sa mort ? C'était presque incroyable, et pour le moment, Lloyd elle-même trembla devant lui. Ses premières pensées n'étaient pas pour elle-même, mais pour Ferriss. S'il était l'ami de Bennett, il était aussi son ami. À ce moment précis, il pourrait mourir faute de soins. Elle devenait rapidement désespérée. Pour le moment, elle pouvait mettre au second plan toute pensée concernant elle-même et sa propre dignité.

"Qu'est-ce que vous voulez?" elle a pleuré. "Est-ce mon humiliation, demandez-vous ? Eh bien, vous l'avez. Il m'est aussi difficile de demander des faveurs que pour vous. Je suis aussi fier que vous, mais je vous en supplie, vous m'entendez, aussi humblement que vous. Je peux, me laisser partir. Que veux-tu de plus que ça ? Oh, tu ne comprends pas ? Pendant que nous parlons ici, pendant que tu me gardes ici, il est peut-être en train de mourir. Est-ce le moment des disputes, est-ce un C'est le moment des malentendus, est-ce le moment de penser à nous-mêmes, à nos propres vies, à nos petites affaires ? Elle joignit les mains. "Veux-tu s'il te plaît... puis-je, puis-je en dire plus que ça ; veux-tu s'il te plaît me laisser partir ?"

"Non."

Au prix d'un grand effort, Lloyd essaya de reprendre le contrôle de soi. Elle s'arrêta un instant, puis :

"Écouter!" dit-elle. " Vous dites que vous m'aimez ; que je suis plus pour vous que même M. Ferriss, votre plus fidèle ami. Je ne souhaite pas penser à moi dans un moment comme celui-ci, mais en supposant que vous me fassiez... que je devrais consentir à quitter mon patient. Pensez à moi alors, après. Puis-je y retourner dans la maison, la maison que j'ai construite ? Puis-je affronter les femmes de mon métier ? Que penseraient-elles de moi ? Que penseraient mes amies ? moi... moi qui ai tenu la tête si haute ? Vous allez me ruiner la vie. Il faudrait que j'abandonne mon métier. Oh ! vous ne voyez pas dans quelle position vous me placeriez ? Soudain, les larmes lui montèrent aux yeux. "Non!" elle a pleuré avec véhémence. "Non, non, non, je ne le ferai pas, je ne serai pas déshonoré !"

"Je n'ai aucune envie de vous déshonorer", répondit Bennett. "C'est étrange que tu me dises ça, si je t'aime si bien que je peux abandonner Ferriss pour—"

"Alors, si tu m'aimes à ce point, il doit y avoir une chose que tu mettrais au-dessus de ma vie. Veux-tu que je te déteste ?"

"Il n'y a rien au monde de plus pour moi que ta vie ; tu le sais. Comment peux-tu penser cela de moi ?"

« Parce que tu ne comprends pas... parce que tu ne sais pas que... oh, que je t'aime ! Je... non... je ne voulais pas... je ne voulais pas... »

Qu'avait-elle dit ? Que s'était-il passé ? Comment se faisait-il que les mots qu'elle aurait eu honte de murmurer hier se soient maintenant précipités sur ses lèvres presque d'eux-mêmes ? Après toutes ces années de répression, soudain, la douce et obscure pensée qu'elle avait cachée au plus profond de son cœur avait surgi à la lumière et avait articulé des mots. Sans qu'on lui ait demandé, sans qu'on lui ait demandé, elle lui avait dit qu'elle l'aimait. Elle, elle avait fait cette chose quand, quelques instants auparavant, sa colère contre lui l'avait secouée jusqu'au bout des doigts. La honte brûlante et intolérable de cette situation lui frappa le visage comme un feu. Son monde craquait autour de ses oreilles ; tout ce qu'elle avait de plus cher lui était arraché, tout ce qu'elle avait imaginé le plus fort était renversé. Est-ce qu'elle, celle qui s'était tenue si fière et si haute, en était enfin arrivée là ?

Elle se détourna vivement de lui, joignit les mains devant ses yeux et se laissa tomber sur la chaise qu'elle avait quittée, inclinant la tête sur ses bras, cachant son visage, s'isolant de la lumière du jour, frémissante et palpitante d'une agonie de honte et de douleur. avec un mépris de soi total et abject qui dépassait tout pouvoir d'expression. Mais à l'instant où elle sentit le contact de Bennett sur son épaule, elle se releva comme si un couteau l'avait transpercée, et recula devant lui, détournant la tête, la main, la paume vers l'extérieur, devant ses yeux.

"Oh s'il te plait!" supplia-t-elle pitoyablement, presque inarticulée sous le stress de son émotion, "ne - si vous êtes un homme - n'en profitez pas - s'il vous plaît, s'il vous plaît, ne me touchez pas. Laissez-moi partir."

Elle parlait dans l'oreille d'un sourd. En deux pas, Bennett l'avait rejoint et l'avait prise dans ses bras. Lloyd n'a pas pu résister. Sa vigueur physique aussi bien que mentale a été écrasée, brisée et abattue ; et pourquoi, malgré sa honte, malgré ses indicibles reproches, le simple contact de sa joue sur son épaule était-il un réconfort ? Pourquoi se sentir emportée par cette puissance masculine, dure, impétueuse, était-elle un bonheur ? Pourquoi était-ce une exultation et une gloire de savoir que son courage fier et sa puissance jusqu'alors inébranlable étaient submergés et brisés avec une force brutale et impitoyable ? Pourquoi celle qui, un instant auparavant, tremblait à son moindre contact, avait-elle maintenant mis ses bras autour de son cou et s'accrochait-elle à lui avec un sentiment de protection et de refuge, dont elle avait toujours et jusqu'à ce moment-là dédaigné ?

"Pourquoi devrais-tu être désolé parce que tu as parlé ?" dit Bennett. "Je savais que tu m'aimais et tu savais que je t'aimais. Qu'importe si tu le disais ou ne le disais pas ? Nous nous connaissons, vous et moi. Nous comprenons. Vous saviez que je vous aimais. Vous pensez que j'ai été fort et déterminé, et que j'ai fait les choses que je voulais faire ; ce que je suis est ce que vous m'avez fait. Ce que j'ai fait, je l'ai fait parce que je pensais que vous l'approuveriez. Pensez-vous que je serais revenu si je n'avais pas su que je reviendrais vers toi ? Soudain, une exclamation impatiente lui échappa et son étreinte se resserra. "Oh ! les mots, les simples choses qu'on peut *dire* , semblent si pitoyables, si misérablement inadéquats. Ne sais-tu pas, ne peux-tu pas ressentir ce que tu es pour moi ? Dis-moi, penses-tu que je t'aime ?"

Mais elle ne pouvait pas encore supporter de croiser son regard. Ses yeux étaient fermés et elle ne pouvait que hocher la tête.

Mais Bennett lui prit la tête à deux mains et tourna son visage vers le sien. Et pourtant, elle gardait les yeux fermés.

« Lloyd », dit-il, et sa voix était presque un ordre ; "Lloyd, regarde-moi. Est-ce que tu m'aimes ?"

Elle inspira profondément. Alors ses doux yeux d'un bleu terne s'ouvrirent, et à travers les larmes qui les débordaient et mouillaient ses cils, elle le regarda et croisa son regard sans crainte et presque fièrement, et sa voix trembla et vibra d'une infinie tendresse lorsqu'elle répondit :

"Je t'aime, Ward ; je t'aime de tout mon cœur."

Puis, après une pause, elle dit, s'éloignant un peu de lui et posant une main sur chaque épaule :

"Mais écoute, chérie, nous ne devons pas penser à nous-mêmes maintenant. Nous devons penser à lui, si malade, si faible et si impuissant. C'est un moment terrible de notre vie. Je ne sais pas pourquoi cela nous arrive. Je ne Je ne sais pas pourquoi tout cela aurait dû se passer comme cela s'est produit ce matin. Il y a quelques instants à peine, j'étais en colère comme je ne l'ai jamais été de ma vie auparavant - et contre vous - et maintenant il me semble que je n'ai jamais été aussi heureux; je Je ne me connais plus. Tout est confus, tout ce que nous pouvons faire, c'est nous accrocher à ce que nous savons être juste et avoir confiance que tout ira bien à la fin. C'est une crise, n'est-ce pas ? Et toute notre vie et tout notre bonheur dépend de la façon dont nous y parvenons. Je suis toute différente maintenant. Je ne suis plus la femme que j'étais il y a une demi-heure. Vous devez être courageux pour moi maintenant, et vous devez être fort pour moi et m'aider à faire " C'est mon devoir. Nous devons être à la hauteur de ce qu'il y a de meilleur en nous et faire ce que nous pensons être juste, quels que soient les risques que nous courons, quelles qu'en soient les conséquences. Je ne vous aurais pas demandé de m'aider avant, avant ce qui s'est passé. s'est produit, mais maintenant j'ai besoin de votre aide. Vous avez dit que je vous avais aidé à être courageux ; aide-moi à être courageux maintenant et à faire ce que je sais être juste.

Mais Bennett était toujours aveugle. Si elle lui avait été chère auparavant, combien l'était-elle devenue doublement depuis qu'elle lui avait avoué son amour ! Ferriss a été oublié, ignoré. Il ne pouvait pas la laisser partir, il ne pouvait pas la laisser courir le moindre risque. Allait-il prendre le risque de la perdre maintenant ? Il secoua la tête.

"Salle!" s'exclama-t-elle avec un sérieux profond et sérieux. « Si vous ne voulez pas que je risque ma vie en allant à mon poste, faites attention, oh ! faites très attention, à ne pas risquer quelque chose qui est plus pour nous deux que la vie elle-même, en m'en gardant. Pensez-vous que je pourrais vous aimer si profondément et si véritablement comme je le fais si je n'avais pas gardé mes standards élevés, si je n'avais pas cru aux choses qui étaient meilleures que la vie, et plus fortes que la mort, et plus chères à mes yeux que l'amour lui-même ? Il y a certaines choses que je ne peux pas faire : je ne peux pas être faux, je ne peux pas être lâche, je ne peux pas me soustraire à mon devoir. Maintenant, je suis impuissant entre vos mains. Vous avez vaincu et vous pouvez faire de moi ce que vous voulez. Mais si vous faites je fais ce qui est faux, ce qui est lâche et ce qui est déshonorant ; si vous vous tenez entre moi et ce que je sais être mon devoir, comment puis-je vous aimer, comment puis-je vous aimer ? »

Avec persistance et perversité, Bennett a bouché ses oreilles à chaque considération, à chaque argument. Elle voulait risquer sa vie. C'est tout ce qu'il comprenait.

"Non, Lloyd," répondit-il, "tu ne dois pas le faire."

"... et je veux t'aimer", continua-t-elle, comme si elle n'avait pas entendu. "Je veux que tu sois tout pour moi. Je te fais confiance depuis si longtemps, j'ai eu confiance en toi si longtemps, je ne veux pas penser à toi comme à l'homme qui m'a laissé tomber quand j'avais le plus besoin de son aide, qui m'a fait faire quelque chose." la chose qui était méprisable et indigne. Croyez-moi, reprit-elle avec une énergie soudaine, vous tuerez mon amour pour vous si vous persistez.

Mais avant que Bennett ait pu répondre, il y eut un cri.

"C'est le domestique", s'exclama rapidement Lloyd. "Elle a observé… là, dans la pièce avec lui."

« Infirmière, Miss Searight », fut le cri, « vite – il y a quelque chose qui ne va pas - je ne sais pas - oh, dépêchez-vous !"

"Entendez-vous?" s'écria Lloyd. "C'est la crise : il est peut-être en train de mourir. Oh, Ward, c'est l'homme que tu aimes ! Nous pouvons le sauver." Elle tapa du pied dans la frénésie de son émotion, ses mains se tordant l'une contre l'autre. "Je *vais* y aller. Je t'interdis de garder—d'empêcher—de—de, oh, qu'allons-nous devenir ? Si tu m'aimes, si tu l'aimes... *Ward, me laisseras-tu partir ?* "

Bennett mit ses mains sur ses oreilles, les yeux fermés. Dans l'horreur de ce moment, lorsqu'il comprit que peu importe la façon dont il le désirait, il ne pouvait pas hésiter dans sa résolution, il lui sembla que sa raison devait céder. Mais il tourna le dos à la porte, sa main agrippa fermement la poignée, et, à travers ses dents serrées, sa réponse vint comme auparavant :

"Non."

"Infirmière, Miss Searight, où êtes-vous ? Dépêchez-vous, oh, dépêchez-vous !"

"Veux-tu me laisser partir ?"

"Non."

Lloyd attrapa sa main, si désespérément fermée sur la poignée, s'efforçant de desserrer son fermoir. Elle savait à peine ce qu'elle faisait ; elle lui jeta les bras autour du cou, implorant, commandant, tantôt soumise, tantôt impérieuse, sa voix tantôt vibrante de colère, tantôt tremblante de supplication passionnée.

« Non seulement vous le tuez, vous tuez mon amour pour vous ; allez-vous me laisser partir, cet amour qui m'est si cher ? Laisse-moi t'aimer, Ward ; écoute-moi ; ne m'oblige pas à te haïr ; laisse-moi t'aimer, chérie—"

"Dépêchez-vous, oh, dépêchez-vous !"

"Laisse-moi t'aimer, laisse-le vivre. Je veux t'aimer. C'est le meilleur bonheur de ma vie. Laisse-moi être heureux. Ne vois-tu pas ce que ce moment signifie pour nous ? C'est notre bonheur ou notre misère pour toujours . Veux-tu me laisser partir ?

"Non."

"Pour la dernière fois, Ward, écoute ! C'est mon amour pour toi et pour sa vie. Ne nous écrase pas tous les deux, oui, et toi-même. Toi qui peux, qui es si puissant, ne piétine pas tout notre bonheur. ".

"Dépêchez-vous, dépêchez-vous ; oh, personne ne viendra vous aider ?"

"Veux-tu me laisser partir ?"

"Non."

Ses forces semblaient la quitter d'un seul coup. Tout le tissu de son personnage, si impitoyablement attaqué, est apparu à ce moment-là pour chanceler, basculer et s'écraser sur son épave. Elle a été brisée, brisée, humiliée et réduite en poussière. Sa fierté avait disparu, sa confiance en elle-même avait disparu, sa belle et forte énergie avait disparu. La pitié, le chagrin; tout ce qui lui était le plus cher; sa fermeté fine et confiante ; le grand amour qui avait apporté tant de bonheur dans sa vie – tel avait été son inspiration, tout arraché et jeté comme de la balle. Et son patient – Ferriss, l'homme qui l'aimait, qui avait enduré tant de souffrances, tant d'épreuves, qui lui faisait confiance et à qui il était de son devoir de ramener la vie et la santé – s'il devait périr faute de ses soins, alors que se passerait-il ? tristesse infinie, puis quels remords sans fin, puis quelle longue agonie de regrets inutiles ! Son monde, son univers lui est devenu sombre ; elle a été chassée de sa position ferme. Elle était perdue, elle était entraînée au loin – avec la tempête, les repères effacés, les lumières éteintes ; loin de la tempête; dans les ténèbres, dans le vide, dans les lieux déserts, dans le désert et dans une désolation sans chemin.

"Dépêchez-vous, oh, dépêchez-vous !"

C'était trop tard. Elle avait échoué ; l'erreur avait été commise, la question était tranchée. Cette détermination insensée et bestiale, au cœur de fer, forte de fer, avait vaincu l'opposition et avait porté fruit. La vie et l'amour avaient été écrasés sous son piétinement sans pitié, sans hésitation. La tragédie du moment était accomplie ; la tragédie des longues années à venir ne faisait que commencer.

Lloyd se laissa tomber sur la chaise devant la table, et la tête qu'elle avait tenue si haute s'inclina sur ses bras croisés. La violence de sa douleur la secouait de la tête aux pieds comme un roseau sec et léger. Son cœur semblait littéralement se briser. Il lui fallait serrer les dents de toutes ses forces pour ne pas gémir, pour ne pas crier dans sa douleur désespérée sa honte et son désespoir impuissants.

Une fois de plus, l'appel à l'aide retentit. Puis la maison devint silencieuse. Les minutes passèrent. Mais pour le chagrin étouffé de Lloyd, il n'y avait aucun son. Bennett – lourdement appuyé contre la porte, ses larges épaules baissées et courbées, son visage cendré, ses yeux fixes – ne bougeait pas. Il n'a pas parlé à Lloyd. Il n'y avait aucun mot de réconfort qu'il pût lui adresser : cela eût semblé la dernière moquerie. Il avait triomphé, comme il savait qu'il le devait, comme il savait qu'il le devait, une fois sa résolution prise. La force qui, une fois libérée, échappait à son contrôle, avait atteint son objectif. Sa volonté est restée intacte ; mais à quel prix ? Toutefois, cela devait être examiné ultérieurement. Les coûts? N'avait-il pas toute sa vie devant lui pour les compter ? Le moment présent l'appelait encore à agir. Il a regardé sa montre.

Le quart d'heure suivant ne fut pour lui qu'une confusion. Ses incidents refusèrent de se définir dans sa mémoire lorsqu'il essaya ensuite de s'en souvenir. Il se souvenait cependant que lorsqu'il avait aidé Lloyd à monter dans le fourre-tout qui devait l'emmener au dépôt du village, elle avait reculé devant son contact et s'était éloignée de lui comme si elle s'éloignait d'un criminel – d'un meurtrier. Il a placé son sac sur le siège avant avec le conducteur et s'est lui-même levé à côté du conducteur. Elle avait tiré son voile sur son visage et restait silencieuse et immobile pendant le trajet.

"Peux-tu le faire?" » a demandé Bennett au chauffeur, montre à la main. Le temps fut des plus courts, mais le cocher mit le fouet à ses chevaux et, au pas de course, ils atteignirent la gare avec quelques instants d'avance. Bennett a dit au chauffeur d'attendre et, pendant que Lloyd restait à sa place, il lui a acheté un billet pour la ville. Puis il se rendit au bureau du télégraphe et envoya une dépêche péremptoire à la maison de la place Calumet.

Quelques instants plus tard, le train était passé et reparti, dans une brusque éruption de fer rugissant et de vapeur hurlante. Bennett resta seul sur le quai, le regardant se réduire à un flou enfumé là où les rails convergeaient vers l'horizon. Pendant un instant, il resta debout à regarder, regardant une force irrésistible et au cœur de fer l'emporter, hors de sa portée, hors de sa vie. Puis il se secoua et se retourna brusquement.

« Retournez chez le médecin, maintenant », ordonna-t-il au chauffeur ; "En fuite, tu comprends."

Mais l'autre protesta. Ses chevaux étaient presque épuisés. Par deux fois, ils avaient parcouru cette distance à toute vitesse et sous le fouet. Il a refusé de revenir. Bennett prit le jeune homme par le bras et le souleva de son siège jusqu'au sol. Puis il sauta sur sa place et fit galoper les chevaux.

Lorsqu'il arriva chez le Dr Pitts, il ne s'arrêta pas pour attacher les chevaux, mais jeta les rênes sur leur dos et entra dans le hall d'entrée, essoufflé et haletant. Mais le médecin, pendant l'absence de Bennett, était revenu, et c'est lui qui l'avait rencontré à mi-chemin dans l'escalier.

"Comment est-il?" » demanda Bennett. "J'ai envoyé chercher une autre infirmière ; elle sera ici dans le prochain train. J'ai télégraphié depuis la gare."

"La seule objection à cela," répondit le docteur en le regardant fixement, "c'est que ce n'est pas nécessaire. M. Ferriss vient de mourir."

---

# VII.

Tout au long de son trajet de Medford à la City, il était impossible pour Lloyd, tant la confusion était grande dans son esprit, de penser de manière connectée. Elle avait été si violemment choquée, si violemment brisée et affaiblie, que pendant un certain temps, il lui manqua la force et même le désir de rassembler et de concentrer ses pensées dispersées. Pour le moment, elle sentait, mais seulement vaguement, qu'un grand coup était tombé, qu'une grande calamité l'avait accablée, mais l'état de son esprit était si extraordinaire que plus d'une fois elle se surprit à attendre calmement le moment inévitable où la pleine puissance l'ampleur de la catastrophe allait éclater sur elle. Pour le moment, elle était simplement fatiguée. Elle était même prête à retarder cette réaction pendant un moment, prête à rester passive, étourdie et stupéfaite, se résignant impuissante et mollement au courant rapide des événements.

Pourtant, tandis que la partie de son esprit qui enregistrait les impressions les plus grandes, les plus profondes et les plus durables restait inactive, la plus petite faculté, qui prenait connaissance des petites choses, de minute en minute, était aussi occupée et brillante que jamais. Il semblait que le coup avait été porté sur cette dernière faculté et non, comme on le suppose si souvent, à travers elle. Elle sembla à cette heure comprendre le caractère raisonnable de ce phénomène, qui auparavant avait toujours semblé si inexplicable, et vit combien la grande tristesse ainsi que la grande joie ne frappaient que la plus grande machinerie du cerveau, dépassant et ignorant les petites roues et les rouages. qui travaillent aussi rapidement que jamais dans la tempête ou dans le calme, n'étant émus que par des émotions et des impressions temporaires et insignifiantes.

C'est ainsi que pendant plus d'une heure, tandis que le train la ramenait rapidement à la ville, Lloyd resta assise tranquillement à sa place, regardant le paysage défiler devant elle et découpé en divisions régulières par les poteaux télégraphiques comme les images tourbillonnantes d'un kinétoscope. Elle remarqua, et même avec quelque particularité, les autres passagers : une jeune fille vêtue d'une élégante robe sur mesure lisant un livre, coupant les feuilles en lambeaux avec une épingle à cheveux ; un monsieur bien soigné avec un gros ventre, qui respirait fort par le nez ; l'agent de livres avec ses boîtes ovales de figues séchées et son fil de discussion sans fin ; une femme avec un petit garçon qui portait des lunettes et qui faisait continuellement des raids chancelants sur la fontaine à eau, et le serre-frein et le conducteur du train riant et bavardant sur le siège avant.

Elle s'intéressait à chaque particularité inhabituelle du pays que traversait le train à grande vitesse et notait chaque arrêt ou augmentation de vitesse. Elle trouvait une certaine diversion, comme elle l'avait souvent fait auparavant, à surveiller les bornes kilométriques et à compter les milles. Elle demanda même au conducteur à quelle heure le train arriverait à la Ville, et poussa un petit murmure de dépit lorsqu'on lui répondit qu'il avait une demi-heure de retard. L'instant d'après, elle se demandait pourquoi ce retard lui paraissait ennuyeux. Puis, vers la fin de l'après-midi, arriva la Ville elle-même. D'abord une tache gris terne à l'horizon, puis un monde de rues crasseuses, des rangées d'immeubles misérables festonnés de haillons, puis un tunnel ou deux, et enfin le terminal voûté en verre de la gare qui fait écho. Lloyd descendit et, se rappelant que la distance était courte, marcha d'un pas régulier vers sa destination jusqu'à ce que les rues et le quartier lui deviennent familiers. Soudain, elle arriva sur la place. Juste en face se trouvait l'immense façade en granit de l'agence. Elle s'arrêta brusquement. Elle rentrait à la maison après avoir abandonné son poste. Que allait-elle dire à elles, aux autres femmes de sa profession ?

Puis, tout d'un coup, la réaction est venue. Instantanément, la plus grande machinerie de l'esprit reprit ses fonctions, la douleur du coup revint. Avec une violente douleur, la plaie s'est rouverte, la pleine conscience est revenue. Lloyd se souvint alors qu'elle avait trahi sa confiance à un moment de danger, que Ferriss mourrait probablement à cause de ce qu'elle avait fait, que sa force de volonté et d'esprit dont elle s'était glorifiée était brisée au-delà de la rédemption ; que Bennett l'avait déçue, que son amour pour lui, le seul grand bonheur de sa vie, était mort et froid et ne pourrait jamais être ravivé, et qu'aux yeux du monde elle était déshonorée et déshonorée.

Maintenant, elle doit entrer dans cette maison, maintenant elle doit faire face à ses habitants, ses compagnons. Que leur dire ? Comment expliquer sa défection ? Comment leur dire qu'elle n'avait pas quitté son poste de son plein gré ? Lloyd s'imaginait dire en substance que l'homme qui l'aimait et qu'elle aimait lui avait fait abandonner son patient. Elle serra les dents. Non, pas cet aveu de misérable faiblesse ; pas celui de toutes choses. Et pourtant l'autre alternative, c'était quoi ? C'était peut-être seulement qu'elle avait eu peur – elle, Lloyd Searight ! Doit-elle, qui avait été la plus courageuse de toutes, se présenter devant ce petit groupe de femmes dévouées dans la lumière d'une lâche avouée ?

Elle se souvient du cas de la jeune Anglaise Harriet Freeze, qui, appelée à soigner un malade de la variole, avait manqué de courage au moment crucial et avait trouvé un prétexte pour quitter son poste. Miss Freeze avait été expulsée de manière déshonorante du milieu de ses compagnes. Et maintenant, elle, Lloyd, apparemment reconnue coupable du même déshonneur, doit faire face au même tribunal. Il n'y avait pas d'échappatoire. Elle devait entrer dans cette maison, elle devait endurer cette épreuve, et cela précisément au moment où sa résolution avait été brisée, sa volonté brisée, son courage intimidé. L'espace d'un instant, l'idée de fuir lui vint à l'esprit : elle éviterait la question. Elle se cachait des reproches et des mépris et, sans autre explication, retournait chez elle à la campagne, à Bannister. Mais les petites exigences de sa position rendaient cela impossible. Outre son sac d'infirmière, son cartable était le seul bagage qu'elle avait à ce moment-là, et elle savait qu'il n'y avait que peu d'argent dans son sac à main.

Tout d'un coup, elle se rendit compte qu'elle était assise sur l'un des bancs, sous les arbres de la place, pendant qu'elle débattait de la question. Le soleil se couchait; le soir approchait. Peut-être que si elle attendait jusqu'à six heures, elle pourrait entrer dans la maison pendant que les autres infirmières dînaient, gagner sa chambre sans être vue, puis s'enfermer et se refuser à tous les visiteurs. Mais Lloyd fit un mouvement d'épaules las et résigné. Tôt ou tard, elle devra les rencontrer tous face à face. Ce ne serait que retarder l'humiliation.

Elle se leva et, se tournant vers la maison, se mit à marcher lentement vers elle. Pourquoi remettre à plus tard ? Ce serait aussi dur à un moment comme à un autre. Mais son sentiment de honte était si grand qu'en marchant, elle s'imaginait que les passants eux-mêmes, les transats sur les bancs autour de la fontaine, devaient savoir qu'il s'agissait là d'une femme déshonorée. Cela ne se voyait-il pas dans son visage même, dans l'incertitude même de sa démarche ? Elle se dit qu'elle n'avait pas fait preuve de sagesse en s'asseyant ne serait-ce qu'un instant sur le banc qu'elle venait de quitter. Elle se demanda si elle avait été observée et jeta un coup d'œil furtif autour d'elle. Là! Cette nourrice ne l'étudiait-elle pas de trop près ? Et le policier tout près, ne la regardait-il pas d'un air interrogateur ? Elle accéléra la démarche, bougea avec une envie soudaine de se cacher, de se cacher derrière les portes – où ? Dans la maison? Là où, dès qu'elle y mettait les pieds, ses compagnes, les autres infirmières, devaient connaître son déshonneur ? Où allait-elle aller ? Vers qui se tourner ? Que allait-elle devenir ?

Mais elle *doit* rentrer à la maison. C'était inévitable. Elle avançait, pour ainsi dire, pas à pas. Ce petit parcours à travers la place sous les ormes et les peupliers était pour elle un véritable *chemin de croix* . Chaque pas était une agonie ; chaque mètre parcouru ne faisait que la rapprocher du moment et du lieu de l'exposition. C'était d'autant plus humiliant qu'elle savait que son motif impérieux n'était pas celui du devoir. Il n'y avait rien de noble dans cette affaire, rien d'abnégation. Elle y est retournée parce qu'elle devait y retourner. De petites nécessités matérielles, presque ridicules dans leur mesquinerie, l'obligeaient à avancer.

En s'approchant, elle regarda prudemment les fenêtres de l'agence. Qui serait le premier à constater son retour ? Serait-ce Miss Douglass, ou Esther Thielman, ou Miss Bergyn, l'infirmière surintendante ? Que lui dirait-on en premier ? Avec quels mots répondrait-elle ? Alors comme la nouvelle de la trahison de sa confiance se répandrait de pièce en pièce ! Comme cela serait discuté, comme condamné, comme déploré ! Aucune des infirmières de cette petite bande ne se sentait blessée par ce qu'elle avait fait, par ce qu'elle avait été forcée de faire. Et la nouvelle de son échec se répandrait dans toutes ses connaissances et amis dans toute la ville. Le Dr Street le saurait ; tous les médecins pour lesquels elle avait été jusqu'ici une aide si appréciée le sauraient. Dans tous les hôpitaux, ce serait une rumeur de neuf jours. Campbell en entendrait parler, et Hattie.

Tout à coup, à moins de trente pieds de la maison, Lloyd se retourna et s'en éloigna rapidement. Le mouvement était presque involontaire ; tous ses instincts, tous ses sentiments de honte étaient brusquement révoltés. C'était plus fort qu'elle. Une puissance, pour l'instant irrésistible, l'entraînait hors de cette porte. Une fois entrée ici, elle a laissé tout espoir derrière elle. Pourtant le seuil doit être franchi, pourtant l'espoir doit être abandonné.

Elle sentait que si elle y faisait face une seconde fois, elle attirerait effectivement l'attention. Ainsi, tandis que ses joues s'enflammaient devant la méchanceté et le ridicule misérable de l'imposture, elle prit une démarche vive et déterminée, comme si elle savait exactement où elle allait, et, sortant de la place dans une rue secondaire, marcha autour du pâté de maisons, s'arrêtant même une ou deux fois devant un magasin, feignant d'être intéressé par l'étalage. Il lui semblait que désormais tout le monde dans la rue avait dû remarquer qu'il y avait quelque chose qui n'allait pas chez elle. À deux reprises, alors qu'un passant la frôlait, elle se retourna pour voir s'il l'observait. Comment vivre les dix prochaines minutes ? Si seulement elle était dans sa chambre, enfermée, verrouillée et enfermée à double tour. Pourquoi n'y avait-il pas une voie arrière par laquelle elle pourrait se faufiler jusqu'à cet isolement ?

Et c'est ainsi que Lloyd revint à la maison qu'elle avait construite, à la petite communauté qu'elle avait si fièrement organisée, à l'agence qu'elle avait fondée, et avec son propre argent doté et soutenu.

Elle se retrouva enfin au bas des marches, le pied sur la plus basse, la main agrippant la lourde rampe de bronze. Il n'y avait plus aucun retour en arrière désormais. Elle s'approcha et appuya sur le bouton de la sonnette électrique, et puis, le pas une fois franchi, l'irrévocable une fois osé, quelque chose comme le calme de la résignation lui vint. Il n'y avait aucune aide pour cela. Passons maintenant à l'épreuve. Rownie lui ouvrit la porte avec un accueil joyeux. Lloyd était vaguement conscient que la jeune fille avait dit quelque chose à propos de son courrier et qu'elle était juste à temps pour le dîner. Mais le hall et l'escalier étaient déserts et vides, tandis que de la salle à manger parvenaient un murmure sourd de conversation et le tintement des plats. Les infirmières étaient au dîner, comme Lloyd l'avait espéré. Le moment lui fut favorable, et elle frôla Rownie et courut presque, paniquée et tremblante, monter les escaliers.

Elle gagna le hall du deuxième étage. La porte de sa chambre était entrouverte. Avec un petit cri de soulagement infini, elle s'y précipita, y entra, le ferma, le verrouilla et le verrouilla derrière elle, et, jetant son cartable et son sac à main, se jeta sur le grand canapé et enfouit sa tête au fond des coussins. .

À l'entrée brusque de Lloyd, Miss Douglass se détourna des étagères dans un coin de la pièce et regarda un moment avec une certaine surprise. Puis elle s'écria :

"Pourquoi, Lloyd, pourquoi, qu'est-ce qu'il y a, qu'est-ce qu'il y a ?"

Lloyd se leva brusquement au son de sa voix, puis se laissa tomber en position assise sur le bord du canapé. Assez doucement, elle dit :

"Oh, c'est toi ? Je ne savais pas… je m'attendais à trouver quelqu'un…"

"Ça ne vous dérange pas, n'est-ce pas ? J'ai juste couru chercher un livre, quelque chose à lire. J'ai eu mal à la tête toute la journée et je ne suis pas descendu souper."

Lloyd hocha la tête. "Bien sûr, cela ne me dérange pas", dit-elle, un peu las.

" Mais dites-moi, " continua l'infirmière spécialisée en fièvre, " qu'est-ce qui se passe ? Quand vous êtes arrivé tout à l'heure... je ne vous ai jamais vu donc... oh, je comprends, votre cas à Medford... "

Les mains de Lloyd se refermèrent sur le bord du canapé.

— Personne n'aurait pu faire venir un malade quand la fièvre était arrivée à ce point, reprit l'autre. "Cela devait être la cinquième ou la sixième semaine. Le deuxième télégramme est arrivé juste à temps pour m'empêcher de partir. J'étais sur le point de sortir quand le garçon est arrivé avec lui."

"Vous ? Quel télégramme ?" demanda Lloyd.

"Oui, j'étais de garde. La première dépêche demandant une autre infirmière supplémentaire est arrivée vers deux heures. Le quatre heures vingt était le premier train que j'aurais pu prendre - l'express deux heures quarante-cinq est un train direct et ne Je ne m'arrêtais pas à Medford - et, comme je l'ai dit, j'étais sur le point de sortir lorsque la deuxième dépêche du Dr Pitts arriva, annulant la première et nous annonçant que le patient était décédé. Il semble que ce soit l'un des officiers de l'hôpital. l'expédition Freja. Nous ne savions pas... "

"Décédé?" interrompit Lloyd en la regardant fixement.

"Mais Lloyd, vous ne devez pas prendre cela si à cœur. Vous n'auriez pas pu l'aider à s'en sortir. Personne ne le pouvait à ce moment-là. Il était probablement mourant quand vous avez été appelé. Nous devons tous perdre une affaire de temps en temps. "

"Décédé?" répéta Lloyd ; "Le Dr Pitts a télégraphié que M. Ferriss était mort ?"

"Oui, c'était pour m'empêcher de sortir inutilement. Il a dû envoyer le télégramme une bonne heure avant votre départ. C'était très attentionné de sa part."

"Il est mort", dit Lloyd d'une voix basse et sans expression, regardant la pièce d'un air absent. "M. Ferriss est mort." Puis soudain, elle mit le poing sur l'une ou l'autre tempe, frappée d'horreur et pour le moment secouée d'hystérie de la tête aux pieds, les yeux écarquillés avec une expression presque de terreur. "Mort!" elle a pleuré. "Oh, c'est horrible ! Pourquoi n'ai-je pas—pourquoi ne pourrais-je pas—"

"Je sais exactement ce que vous ressentez", répondit Miss Douglass d'une manière apaisante. "Je suis moi-même comme ça parfois. Ce n'est pas professionnel, je sais, mais quand vous avez réussi dans deux ou trois mauvais cas, vous pensez que vous pouvez toujours gagner; et puis quand vous perdez le cas suivant, vous pensez que d'une manière ou d'une autre, cela a dû être le cas. c'est votre faute - que si vous aviez été un peu plus prudent à ce moment-là, ou si vous aviez agi un peu différemment sur ce point particulier, vous auriez peut-être sauvé votre patient. Mais vous, plus que tout le monde, ne devriez pas ressentir cela. n'aurait pas pu sauver votre cas, personne ne le pouvait."

"C'est juste parce que j'avais l'affaire que celle-ci a été perdue."

"C'est absurde, Lloyd, ne parle pas comme ça. Tu n'as pas assez dormi, tes nerfs sont à rude épreuve. Tu es épuisé et un peu hystérique et morbide. Maintenant, allonge-toi et tais-toi, et je" Je t'apporterai ton dîner. Tu as besoin d'une bonne nuit de sommeil et de bromure de potassium.

Quand elle fut partie, Lloyd se leva et passa sa main avec lassitude devant ses yeux. La situation s'est ajustée dans son esprit. Après le premier sursaut d'horreur provoqué par la mort de Ferriss, elle put voir la fausse position dans laquelle elle se trouvait. Elle avait déjà été si certaine que Ferriss mourrait, le laissant tel qu'elle l'avait fait à un moment si critique, que maintenant la netteté des nouvelles de Miss Douglass était un peu émoussée. Elle n'était tout simplement pas préparée à la soudaineté du choc. Mais maintenant, elle comprenait clairement comment Miss Douglass avait été trompée par les circonstances. L'infirmière chargée des fièvres avait appris la mort de Ferriss en début d'après-midi et supposait, bien sûr, que Lloyd avait abandonné l'affaire *après* , et non avant, que cela se soit produit. C'était l'histoire que croiraient les autres infirmières. Instantanément, dans le flot de chagrin, de remords et d'humiliation qui l'avait submergée, Lloyd saisit cette paille d'espoir. Seuls le Dr Pitts et Bennett connaissaient les véritables faits. Bennett, bien sûr, ne voulait pas parler, et Lloyd savait que le médecin comprendrait la cruauté et l'injustice de sa situation et, pour cette raison, garderait également le silence. Pour s'en assurer, elle pourrait lui écrire une lettre ou, mieux encore, le voir personnellement. Il serait difficile de lui dire la vérité. Mais ce n'était rien comparé à la dénonciation du monde à son égard.

Si elle avait vraiment trahi ses accusations, si elle avait réellement bronché et hésité au moment crucial, si elle avait vraiment été la lâche, cette tromperie qui lui avait été imposée au moment de son retour à la maison, cette partie qu'elle était si facile à jouer, aurait été une hypocrisie hideuse et indescriptible. Mais Lloyd n'avait pas hésité, n'avait pas menti. Au plus profond de son cœur, elle avait été fidèle à elle-même et à sa confiance. Comment tromperait-elle alors ses compagnes en leur permettant de continuer à croire en sa constance, sa fidélité et son courage ? Ce qu'elle leur cachait, ou plutôt ce qu'ils ne pouvaient pas voir, c'était un état de choses qu'il était impossible à personne d'autre qu'à elle de comprendre. Elle ne pouvait pas – aucune femme ne pouvait – se résoudre à avouer à une autre femme ce qui s'était passé ce jour-là à Medford. On pourrait croire qu'elle aurait pu rester au chevet de son patient si elle l'avait souhaité. Personne qui ne connaissait pas Bennett ne pouvait comprendre la force immense et terrible de cet homme.

Malgré tous ses efforts, Lloyd ne pouvait s'empêcher de penser d'abord à elle-même en ce moment. Bennett a été ignoré, oublié. Autrefois, elle l'avait aimé, mais c'était fini maintenant. La pensée de la mort de Ferriss, dont elle avait été en quelque sorte responsable, lui revenait à l'esprit de temps en temps et la remplissait d'une horreur et, parfois même, d'un sentiment pervers de remords, presque au-delà des mots. . Mais la fierté de Lloyd, sa confiance en elle, sa force de caractère et son indépendance lui étaient plus chères que presque tout dans la vie. C'est ce qu'elle s'est dit et, à ce moment-là, elle y a honnêtement cru. Et même si elle savait que sa fierté avait été humiliée, elle n'avait pas disparu, et il en restait suffisamment pour qu'elle désire et s'efforce de garder ce fait secret au monde. Cela semblait très facile. Elle n'aurait qu'à rester passive. Les circonstances ont joué pour elle.

Miss Douglass revint, suivie de Rownie portant un plateau. Lorsque le mulâtre fut parti, après avoir préparé le dîner de Lloyd sur une petite table près du canapé, l'infirmière de la fièvre approcha une chaise.

"Maintenant, nous pouvons parler", dit-elle, "à moins que vous ne soyez trop fatigué. J'ai été très intéressé par cette affaire à Medford. Dites-moi quelle a été la cause immédiate du décès : était-ce une perforation ou simplement un effondrement progressif ?"

"Ce n'était ni l'un ni l'autre", dit rapidement Lloyd. "C'était une hémorragie."

Elle avait prononcé ces mots avec aussi peu de conscience qu'un phonographe, et le mensonge lui avait échappé avant qu'elle s'en rende compte. Comment savait-elle quelle avait été la cause immédiate du décès ? De quel droit avait-elle parlé ? Pourquoi était-ce que tout d'un coup un mensonge lui était devenu si facile, à celle dont toute la vie jusqu'alors avait été si sincère, si authentique ?

« Une hémorragie ? répéta l'autre. "Est-ce qu'il y en a eu beaucoup avant ? Y a-t-il eu une veillée dans le coma quand la fin est arrivée ? Je—"

"Oh", s'écria Lloyd avec un rapide geste d'impatience, "ne me demande plus rien. Je suis fatigué, nerveux, je suis épuisé."

"Oui, bien sûr que vous devez l'être", répondit l'infirmière spécialisée dans la fièvre. "Nous n'en parlerons plus."

Cette nuit et le lendemain furent terribles. Lloyd n'a ni mangé ni dormi. Pas une seule fois elle ne quitta sa chambre, se disant malade, ce qui n'était pas loin de la vérité, et restant seule et en compagnie des pensées et des terreurs qui envahissaient son esprit. Jusqu'à ce jour, à Medford, sa vie s'était déroulée facilement, joyeusement et selon des voies bien ordonnées. Elle a réussi dans la profession et le travail qu'elle avait choisis. Elle s'imaginait être plus forte et dotée de fibres plus fines que la plupart des autres femmes, et son amour pour Bennett avait conféré à sa vie un bonheur et une douceur qui lui étaient chers au-delà de tous les mots. Soudain, et en moins d'une heure, elle avait tout perdu. Sa volonté avait été brisée, son esprit écrasé ; elle avait été forcée de jouer un rôle terrible dans la mort de son patient – un homme qui l'aimait et lui faisait confiance – tandis que son amour pour Bennett, qui pendant des années avait été sa joie profonde et durable, la seule grande influence de sa vie, était froid et mort, et ne pourrait jamais être réanimé.

En fin de compte, ce fut le plus grand chagrin de Lloyd. Elle pouvait oublier qu'elle avait elle-même été humiliée et brisée. Horrible, indescriptiblement horrible, si la mort de Ferriss lui paraissait, c'était sur Bennett, et non sur elle, qu'il fallait en imputer la responsabilité. Elle avait fait ce qu'elle pouvait. Elle en était assurée. Mais avant tout, Lloyd était une femme, et son amour pour Bennett était une toute autre affaire.

Lorsque, au cours de cette scène inoubliable dans la salle de petit-déjeuner de la maison du médecin, elle avait prévenu Bennett que s'il persistait dans sa résolution insensée, il étoufferait son affection pour lui, Lloyd n'avait qu'à moitié cru ce qu'elle avait dit. dit. Mais quand enfin elle se rendit compte qu'elle avait parlé plus sagement qu'elle ne l'imaginait, que c'était réellement vrai et que maintenant, peu importe combien elle le désirait, elle ne pouvait plus l'aimer, il lui sembla que son cœur devait casser. C'était précisément comme si Bennett lui-même, le Bennett qu'elle avait connu, avait disparu de l'existence. C'était bien pire que si Bennett était simplement mort. Même alors, il aurait encore existé pour elle, quelque part. Dans l'état actuel des choses, l'homme qu'elle avait connu a tout simplement cessé d'être, définitivement, et la chaleur de son amour s'est amenuisée et s'est refroidie, car il n'y avait plus rien pour se nourrir.

Jamais auparavant Lloyd n'avait réalisé à quel point il avait été pour elle ; comment il avait non seulement joué un rôle si important dans sa vie, mais comment il était devenu une partie intégrante de sa vie elle-même. Son amour pour lui avait été comme l'air, comme la lumière du soleil ; était délicatement tissée et entrelacée dans toutes les innombrables subtilités de sa vie et de son caractère. Littéralement, pas une heure ne s'était écoulée sans que, directement ou indirectement, il n'ait occupé ses pensées. Il avait été son inspiration ; il lui avait donné envie d'être courageuse, forte et déterminée, et c'était grâce à lui que les plus grandes choses du monde l'intéressaient. Elle avait choisi un travail à accomplir parce qu'il lui avait donné l'exemple. Seulement pour préserver sa féminité, elle aussi voulait compter, aider, avoir sa place dans le progrès du monde. En réalité, toutes ses ambitions et tous ses espoirs ne visaient qu'un seul but : être son égale ; qu'il puisse trouver en elle une compagne et une confidente ; quelqu'un qui pouvait partager ses enthousiasmes et comprendre ses vastes projets et ses grands objectifs.

Et comment l'avait-il traitée quand, enfin, l'occasion lui avait été donnée de jouer son rôle, d'être courageuse et forte, de vaincre contre toute attente, pendant qu'il restait là pour voir ? Il avait ignoré et mal compris, et avait rejeté comme enfantin et absurde ce qu'elle avait construit pendant des années. Au lieu d'apprécier son héroïsme, il l'avait forcée à devenir une lâche aux yeux du monde. Elle avait espéré être son égale et il l'avait traitée comme une écolière. Tout cela n'avait été qu'une erreur. Elle n'était pas et ne pouvait pas être la femme qu'elle avait espérée. Il n'était pas et n'avait jamais été l'homme qu'elle avait imaginé. Ils n'avaient rien en commun.

Mais il n'a pas été facile d'abandonner Bennett, de le laisser disparaître de sa vie. Elle voulait encore l'aimer. De tout son cœur et de toutes ses forces, malgré tout – femme qu'elle était, elle en était arrivée là – malgré tout, elle voulait l'aimer. Même s'il avait brisé sa volonté, contrecarré ses ambitions, ignoré ses espoirs les plus chers, l'avait mal comprise et trompée, pourtant, si elle avait pu, Lloyd l'aurait quand même aimé, l'aurait aimé même pour le fait même qu'il avait été plus fort qu'elle.

Elle essayait encore et encore de réveiller cette affection morte, de rappeler cet amour disparu. Elle essaya de se souvenir du Bennett qu'elle avait connu ; elle se disait qu'il l'aimait ; qu'il avait dit que les grandes choses qu'il avait faites l'avaient été uniquement en vue de son approbation ; qu'elle avait été son inspiration tout autant qu'il avait été la sienne ; qu'il avait lutté pour revenir, non seulement à la vie, mais aussi à elle. Elle pensait à tout ce qu'il avait souffert, aux épreuves et aux privations qu'elle avait endurées au-delà de son imagination. Elle essaya de se rappeler la joie infinie de cette nuit où la nouvelle de son retour sain et sauf lui était parvenue ; elle le voyait sous son meilleur jour – à quel point il lui avait toujours semblé le type de l'homme parfait, magistral, agressif, accomplissant de grands projets avec une énergie et une détermination presque surhumaines, l'un des plus grands hommes du monde, dont le monde porte toujours le nom. a crié. Elle se souvint de la rudesse même de son visage ; avec ses lignes massives et ses angles durs, l'avait attirée ; combien elle avait été fière de la force de son géant, de la vaste envergure de ses épaules, de la profondeur de sa poitrine, semblable à celle d'un taureau, de la sensation d'une énorme puissance physique suggérée par chacun de ses mouvements.

Mais tout cela n'a eu aucun effet. Pour elle, Bennett était pire que mort. Le Bennett qui lui venait maintenant à l'esprit et à son imagination était l'homme brutal et pervers de la salle de petit-déjeuner de Medford, grossier, insolent, intraitable, éliminant tout ce qu'il y avait de meilleur en elle, brisant et jetant les cadeaux mêmes qu'il lui avait inspirés. à lui offrir. Ce n'était rien pour lui qu'elle soit dégradée aux yeux du monde. Il ne voulait pas qu'elle soit courageuse et forte. Elle avait eu tort ; ce n'était pas ce genre de femme qu'il désirait. Il n'avait pas reconnu qu'elle aussi, comme lui, une femme comme un homme, pouvait avoir ses principes, ses normes d'honneur, ses idées sur le devoir. Ce n'était donc pas son caractère qu'il appréciait ; la noblesse de sa nature n'était rien pour lui ; il ne prêtait aucune attention à la texture finement travaillée de son esprit. Comment, alors, lui a-t-elle plu ? Ce n'était pas son esprit ; ce n'était pas son âme. Que restait-il donc ? Rien que le physique. La honte; la dégradation de celui-ci ! Se tromper si cruellement sur l'homme qu'elle aimait, ne pouvoir lui plaire que par le bas ! Lloyd plaça ses mains sur ses yeux, fermant fortement les dents pour contenir un cri de chagrin, de douleur et de colère impuissante. Non, non, maintenant c'était irrévocable ; maintenant, ses yeux étaient ouverts. Le Bennett qu'elle avait connu et aimé n'était qu'une créature de sa propre imagination ; le véritable homme s'était soudain découvert ; et cet homme, malgré elle, elle le détestait comme une victime déteste son tyran.

Mais son chagrin pour son bonheur disparu, le bonheur que cet amour, si erroné soit-il, avait apporté dans sa vie, était pitoyable. Lloyd ne pouvait y penser sans que l'étranglement lui vienne à la gorge et que les larmes débordent de ses yeux bleu terne, tandis que par moments un véritable paroxysme de chagrin s'emparait d'elle et la jetait de tout son long sur son canapé, le visage enfoui et tout son corps. corps secoué de sanglots étouffés. C'était parti, c'était parti et on ne pourrait jamais le rappeler. Que lui restait-il désormais de vivre ? Pourquoi continuer son métier ? Pourquoi poursuivre les travaux ? Quel plaisir maintenant de lutter et de vaincre ? Où était maintenant l'exaltation du combat contre l'Ennemi, même en supposant qu'il ait encore la force de continuer le combat ? Qui était là désormais pour plaire, approuver, encourager ? À quoi servent les journées de lourdes responsabilités, les longues et tranquilles nuits de veillée ?

Elle a commencé à douter d'elle-même. L'homme Bennett aimait son travail pour le plaisir en lui-même. Mais qu'en est-il d'elle-même, la femme ? Dans quel esprit avait-elle mené son travail ? Avait-elle été authentique, après tout ? Ne l'avait-elle pas entrepris plutôt comme un moyen que comme une fin, non pas parce qu'elle y tenait, mais parce qu'elle pensait qu'il l'approuverait, parce qu'elle avait espéré, grâce à ce travail, qu'elle se rapprocherait de lui ? Elle se demandait s'il devait toujours en être ainsi : l'homme aimant le travail pour le travail ; la femme, plus complexe, plus faible et plus dépendante, ne faisant le travail qu'en référence à l'homme.

Mais elle se méfiait souvent de ses propres conclusions, et sans doute à juste titre. Son esprit était encore trop confus pour raisonner calmement, sobrement et avec précision. Sa détresse était encore trop vive, trop poignante pour lui permettre d'être logique. À un moment donné, elle était presque prête à admettre qu'elle avait mal jugé Bennett ; que, bien qu'il ait agi cruellement et injustement, il avait fait ce qu'il pensait être le mieux. Le sacrifice de Ferriss était une garantie suffisante de sa sincérité. Mais cette méfiance à l'égard d'elle-même n'affectait pas ses sentiments à son égard. Il y a eu des moments où elle a toléré son offense ; il n'y a jamais eu un instant où elle ne l'a pas détesté.

Et ce sentiment de haine lui-même, indépendant et indépendant de son objet, lui était désagréable et étranger. Jamais de sa vie Lloyd n'avait détesté quelqu'un auparavant. Être gentille, douce, féminine était sa seconde nature, et la gentillesse, la douceur et la féminité étaient des qualités que sa profession ne faisait qu'intensifier et approfondir. Ce nouveau venu dans son cœur, ce visiteur féroce et méchant, qui l'aiguillonnait, la piquait et la harcelait de jour en jour et pendant tant de nuits d'éveil, qui éveillait l'éclair inhabituel dans ses yeux et lui faisait couler le sang chaud et colérique, front blanc et noué ses sourcils égaux en un froncement de sourcils sombre et déprimé, était entré dans sa vie et son être, non recherché et non désiré. Cela n'appartenait pas à son monde. Pourtant, là, sur son trône usurpé, il était difforme et hideux, chassant toute tendresse et tout scrupule, la gouvernant avec une verge de fer, l'endurcissant, l'aigrissant et la rabaissant, se moquant de toute douceur, fuyant devant la noblesse et la magnanimité, abaisser la reine au niveau de la poissonnière.

Lorsque le premier choc de la catastrophe eut épuisé ses forces et que Lloyd dut se tourner de nouveau vers la vie qu'elle devait vivre, tâtonnant pour en retrouver les extrémités éparses et enchevêtrées, rassemblant tant bien que mal les fragments brisés, elle se mit honnêtement à conduire. cette haine de son cœur. Si elle ne pouvait pas aimer Bennett, au moins elle n'avait pas besoin de le haïr. Elle n'avait aucun sentiment d'inquiétude à l'égard de Bennett. Ce n'était pas une considération qu'elle lui devait, mais plutôt une considération qui lui était due. Pourtant, malgré tous ses efforts, la haine persistait. Elle ne pouvait pas s'en empêcher. En la blessant et en la contaminant, malgré tous ses efforts, malgré ses prières mêmes, le mal demeurait avec elle, profondément enraciné, fort, malin. Elle voyait qu'à la fin elle continuerait à exercer sa profession, mais elle croyait qu'elle ne pourrait pas la poursuivre de manière cohérente, basée sur la sympathie, l'amour et la gentillesse, alors qu'une haine active et fermement ancrée l'habitait, la harcelant. elle à chaque instant, et pervertissant chaque bonne impulsion et chaque désir désintéressé. C'était un allié de l'Ennemi même qu'elle serait appelée à combattre, un traître qui pouvait à tout moment lui ouvrir les portes de son entrée triomphale.

Mais était-ce son seul allié ? était-ce le seul envahisseur faux et laid qui avait profité de sa défense brisée ? Le visiteur importun était-il entré seul dans son cœur ? N'y avait-il pas un compagnon encore plus méchant, plus pervers, plus insidieux, plus dangereux ? Pour la première fois, Lloyd comprit ce que signifiait tromper.

Ses compagnes supposaient, et elles l'acceptaient comme une évidence, qu'elle n'avait quitté le chevet de son malade qu'après sa mort. Au début, elle avait accueilli avec joie cette erreur comme son salut, la seule heureuse coïncidence qui rendrait sa vie possible, et pendant un temps elle avait cessé d'y penser. Cette phase de l'incident était close. Les choses se réajusteraient. Dans quelques jours, l'incident serait oublié. Mais elle se rendait compte qu'elle-même ne pouvait pas l'oublier, et qu'à mesure que les jours passaient, l'idée de cette tromperie passive et silencieuse qu'elle était obligée de maintenir lui revenait de plus en plus souvent. Elle se souvint encore avec quelle désinvolture et facilité elle avait menti à son amie le soir de son retour. Comment se fait-il que le mensonge soit sorti si doucement de ses lèvres ? À sa connaissance, elle n'avait jamais menti délibérément auparavant. Elle aurait cru que, de ce fait, le mensonge lui serait difficile, qu'elle aurait raté, hésité, balbutié. Mais c'est l'inverse qui s'est produit. La facilité avec laquelle elle avait proféré ce mensonge était ce qui commençait maintenant à l'inquiéter et à l'alarmer. Il s'agissait d'un effondrement soudain de tout son système moral, d'un dérèglement fondamental de toute la machine.

Brusquement, elle recula. Où allait-elle ? Si elle se résignait mollement au courant des circonstances, où serait-elle transportée ? Mais comment allait-elle se libérer du courant, comment faire face à cette nouvelle situation qui se présentait soudainement à un moment où elle avait cru que le véritable choc de la bataille et de la discorde était passé et passé ?

Comment allait-elle rentrer maintenant ? Comment pourrait-elle revenir sur ses pas ? Il n'y avait qu'un seul moyen : corriger la fausse impression. Il ne serait pas nécessaire de reconnaître qu'elle a été contrainte de quitter son poste ; l'essentiel était que ses compagnes sachent qu'elle les avait trompés, qu'elle avait quitté le lit avant la mort de son patient. Mais à l'idée de faire un tel aveu, aussi public soit-il, tout ce qui restait de son orgueil blessé se révoltait. Elle qui avait été si ferme, elle qui s'était tenue avec tant de ténacité à ses principes, elle qui s'était posée devant eux en exemple de dévouement et de courage, elle ne pouvait s'y résoudre.

"Non, non", s'est-elle exclamée alors que cette alternative se présentait à son esprit. "Non, je ne peux pas. Cela me dépasse. Je ne peux tout simplement pas le faire."

Mais elle le pourrait. Oui, elle pourrait le faire si elle le voulait. Au fond de son esprit, cette petite pensée surgit. Elle le pourrait si elle le voulait. Même si elle le pouvait, la couvrir et l'enterrer avec tous les faux raisonnements qu'elle pourrait inventer, la petite pensée ne serait pas étouffée, ne serait pas écrasée. Eh bien, elle ne le ferait pas. N'était-ce pas sa chance ? n'était-ce pas cette tromperie que d'autres et non elle-même avaient créée, sa possibilité de se ressaisir, de vivre ce qui avait été fait, n'était-ce pas plutôt ce qu'elle avait été forcée de faire ? Le droit absolu ne devait jamais être atteint ; la vie ne devait-elle pas plutôt être considérée à la lumière d'un compromis entre le bien et le mal ? Faire ce qu'on pouvait dans ces circonstances, n'était-ce pas là le juste milieu ?

Mais elle devrait le faire. Et, vite, une autre petite pensée surgit au plus profond de son esprit et prit place à côté de l'autre. C'était juste qu'elle soit vraie. Elle devrait faire ce qu'il faut. Les arguments, les arguments de faiblesse, les exigences d'opportunité, la plausibilité du compromis n'ont servi à rien. L'idée « je devrais » persistait, persistait et persistait. Elle pourrait et elle devrait. Elle n'avait aucune excuse, et à peine avait-elle écarté l'amas sournois de sophismes sous lequel elle s'était efforcé de les cacher, à peine avait-elle laissé entrer la lumière, que ces deux conceptions du Devoir et de la Volonté commencèrent tout à coup à grandir.

Mais qu'avait-elle à y gagner ? Quel serait le résultat d'une conduite telle que sa conscience lui demandait d'adopter ? Il était inévitable qu'elle soit incomprise, cruellement mal jugée. Quelle action entraînerait sa confession ? Elle ne pouvait pas le dire. Mais les résultats n'avaient pas d'importance ; ce qu'elle allait gagner ou perdre n'avait pas d'importance. Autour d'elle et devant elle, tout était sombre, vague et terrible. Si elle voulait s'échapper, il n'y avait qu'une chose à faire. Soudain, ses propres mots lui revinrent :

"Tout ce que nous pouvons faire, c'est nous en tenir à ce que nous savons être juste et avoir confiance que tout se passera bien à la fin."

Elle savait ce qui était juste et elle avait la force de s'y tenir. Puis, tout à coup, Lloyd ressentit un sentiment grandiose et haletant d'élévation, presque une transfiguration. Elle se sentait portée bien au-dessus de la sphère des petites choses, du domaine des considérations mesquines. Que lui importait les conséquences, que lui importait la condamnation injuste de son monde, si seulement elle restait fidèle à elle-même, si seulement elle faisait le bien ? Qu'importe ce qu'elle a gagné ? Ce n'était plus une question de gain ou de perte : il s'agissait d'être vrai, fort et courageux. Le conflit de ce jour-là à Medford entre le pouvoir de l'homme et la résistance de la femme avait été cruel, la crise avait été intense, et même si elle avait alors été conquise, était-elle, après tout, irréversible ? Non, elle n'a pas été conquise. Non, elle n'était pas soumise. Sa volonté n'avait pas été brisée, son courage n'avait pas été intimidé, sa force n'avait pas été affaiblie. C'était là le plus grand combat, c'était là l'épreuve la plus élevée. C'était ici la crise ultime, suprême de toutes, et ici, enfin, quoi qu'il arrive, elle n'échouerait pas, n'échouerait pas, n'échouerait pas.

Dès que Lloyd parvint à cette conclusion, elle entreprit de mettre sa résolution à exécution.

« Si je ne le fais pas maintenant, tant que je suis forte, se dit-elle, si j'attends, je ne le ferai jamais.

Peut-être y avait-il déjà à cette époque une touche d'hystérie dans ses actions. Les nerfs féminins à vif vibraient pourtant bien au-dessus de leur hauteur normale ; elle était surmenée et hypersensible, car de même qu'un fanatique se précipite avec impatience sur le feu et l'acier, préférant la torture la plus exquise, ainsi Lloyd recherchait la situation la plus douloureuse, l'épreuve la plus éprouvante, la ligne d'action qui exigeait le plus grand courage. , le courage le plus inébranlable.

Elle a choisi de faire connaître sa véritable position, de corriger la fausse impression à un moment où toutes les infirmières de la maison devraient être réunies. Ce serait à l'heure du dîner. Depuis son retour de Medford, Lloyd s'était isolée des autres pensionnaires de la maison et prenait ses repas dans sa chambre. À l'exception de Miss Douglass et de l'infirmière surintendante, personne ne l'avait vue. Elle avait passé son temps allongée de tout son long sur son canapé, les mains jointes derrière la tête, ou à arpenter le parquet, ou à regarder nonchalamment par la fenêtre, tandis que ses pensées couraient au galop dans son esprit.

Mais maintenant, elle se remuait. Elle était parvenue à sa décision finale au début de l'après-midi du troisième jour après son retour, et elle résolut aussitôt qu'elle supporterait l'épreuve le soir même.

Elle passa le temps entre-temps, assez singulièrement, à remettre de l'ordre dans sa chambre avec beaucoup de soin, à ajuster et réajuster les quelques ornements de la cheminée et des murs, à remonter l'horloge qui sonnait les cloches du navire au lieu des heures, et à trier minutieusement les lettres et les lettres. des papiers dans son bureau. C'était comme si elle partait pour un long voyage ou se préparait à une grande maladie. Vers quatre heures, Miss Douglass, regardant à l'intérieur pour lui demander comment elle allait, la trouva devant son miroir en train de peigner et d'arranger soigneusement ses grandes bandes et ses tresses de cheveux roux foncé. L'infirmière de la fièvre déclara que son apparence s'était énormément améliorée et demanda aussitôt si elle ne se sentait pas mieux.

"Oui," répondit Lloyd, "beaucoup mieux", ajoutant: "Je dois dîner ce soir."

Pour une raison qu'elle ne pouvait expliquer, Lloyd prenait un soin inhabituel à sa toilette, débattant longuement sur chaque détail de sa tenue vestimentaire et de ses ornements. Enfin, vers cinq heures, elle fut prête, et s'assit près de sa fenêtre, un livre sur les genoux, pour attendre l'annonce du souper, comme les condamnés attendent l'appel à l'exécution.

Son projet était de retarder son apparition dans la salle à manger jusqu'à ce qu'elle soit sûre que tout le monde était présent ; puis elle descendait et, debout devant eux tous, disait ce qu'elle avait à dire, exposait les quelques faits simples de l'affaire, sans excuse ni palliation, et les laissait tirer la seule conclusion inévitable.

Mais cette dernière heure d'attente fut pour Lloyd une longue agonie. Ses humeurs changeaient à chaque instant ; l'action qu'elle envisageait se présentait à son esprit sous une multitude de lumières variées. Tantôt elle frémit d'appréhension, comme à l'approche lente des fers chauds. Dans une autre, elle ne voyait aucune raison de s'inquiéter grandement de cette question. Après tout, toute cette affaire représentait-elle tant de choses ? Ses compagnes lui trouveraient d'elles-mêmes des excuses. Risquer sa vie face à une maladie virulente et contagieuse n'est pas une mince affaire. Personne ne pouvait être blâmé pour avoir abandonné une telle affaire. À un moment donné, l'idée de Lloyd de la confession publique lui parut un peu moins que sublime ; à un autre, presque ridicule. Mais elle se souvenait du cas d'Harriet Freeze, qui n'avait pas pu résister à la force d'opinion silencieuse et inexprimée de ses collègues. Il serait étrange que Lloyd se retrouve chassée de la maison même qu'elle a construite.

L'heure qui précédait le souper semblait interminable ; le quart passa, puis la moitié, puis les trois quarts. Lloyd crut qu'elle commençait à détecter une légère odeur de cuisine dans l'air. Soudain, les minutes restantes de l'heure commencèrent à être rayées du cadran de son horloge avec une rapidité ahurissante. Du salon immédiatement en contrebas parvenaient les sons du piano. C'était sans doute Esther Thielman qui jouait une de ses interminables compositions polonaises. Tout à coup, le piano s'arrêta et, avec un serrement de cœur rapide, Lloyd entendit reculer les portes coulissantes séparant le salon de la salle à manger. Miss Douglass et une autre des infirmières, Miss Truslow, une jeune fille, nouvelle venue dans la maison, sortirent de la chambre de la première et descendirent, discutant des mérites de la toile de jute comme étant préférable au papier peint. Lloyd entendit même Miss Truslow dire :

"Oui, c'est tout à fait vrai, mais s'il n'est pas dimensionné, il se froissera par temps humide."

Rownie vint à la porte de Lloyd, frappa et, sans attendre de réponse, dit :

"Le dîner est servi, Miss Searight", et Lloyd l'entendit faire la même annonce dans la chambre de Miss Bergyn, plus loin dans le couloir. Un à un, Lloyd entendit les autres descendre. Les chambres et les couloirs du deuxième étage étaient silencieux. Un léger murmure de conversation lui parvint aux oreilles en direction de la salle à manger. Lloyd attendit cinq, dix, quinze minutes. Puis elle se leva, reprenant son souffle, se redressant de toute sa hauteur. Elle se dirigea vers la porte, puis s'arrêta un instant, regardant tous les objets familiers : les meubles sobres et riches, les étagères, le grand canapé confortable, le miroir rond à l'ancienne qui pendait entre les fenêtres, et son bureau en acajou noirci. Il lui semblait que, d'une certaine manière, elle ne reverrait jamais ces choses, comme si elle leur disait au revoir ainsi qu'à la vie qu'elle avait menée dans cette pièce et autour de lui. Elle serait une femme différente lorsqu'elle reviendrait dans cette pièce. Lentement, elle descendit les escaliers et s'arrêta un instant dans le couloir en contrebas. Il n'était pas trop tard pour faire demi-tour. Elle entendait très bien ses compagnes à leur souper et distinguait le rire d'Esther Thielman qui s'écria :

"Eh bien, bien sûr, c'est exactement ce que je veux dire."

C'était une étrange surprise que Lloyd leur réservait à tous. Son cœur commença à battre fort et fort. Pourrait-elle même trouver sa voix pour parler le moment venu ? Ne vaudrait-il pas mieux remettre cela à plus tard, y réfléchir à nouveau d'ici à demain matin ? Mais elle bougea la tête avec impatience. Non, elle ne reviendrait pas. Elle constata que les portes coulissantes du salon étaient fermées et se dirigea donc vers la porte qui donnait sur la salle à manger depuis le couloir lui-même. Elle était entrouverte. Lloyd la poussa, entra et, fermant la porte derrière elle, resta là, appuyé contre elle.

La table était presque pleine ; seules deux ou trois places, outre la sienne, étaient inoccupées. Il y avait Miss Bergyn en tête ; l'infirmière chargée des fièvres, Miss Douglass, à sa droite, et, plus bas, Lloyd aperçut Esther Thielman ; Delia Craig, qui revient tout juste d'un cas chirurgical du Dr Street ; Miss Page, l'infirmière la plus âgée et la plus expérimentée de toutes ; Gilbertson, que tout le monde appelait par son nom de famille ; Miss Ives et Eleanor Bogart, qui avaient toutes deux obtenu un diplôme de docteur et auraient pu exercer si elles l'avaient désiré ; Miss Wentworth, qui avait fait son apprentissage dans un hôpital missionnaire en Arménie et avait connu Clara Barton, et enfin la nouvelle venue, Miss Truslow, très jeune et très jolie, qui n'avait encore jamais eu de cas, et sur laquelle diplôme, l'encre était à peine sèche.

Au début, elle était entrée si doucement que personne ne prêta attention à Lloyd, et elle resta un moment dos à la porte, se demandant par où commencer. Tout le monde semblait de la meilleure humeur ; il y avait du bavardage dans l'air ; les conversations avançaient, se poursuivaient à travers la table ou par-dessus les épaules intermédiaires.

"Eh bien, bien sûr, tu ne vois pas, c'est exactement ce que je voulais dire..."

"—Je pense que tu peux l'avoir déjà dimensionné, cependant, et avec une figure au pochoir si tu le veux—"

"... Vraiment, c'est très intéressant ; la première partie est stupide, mais elle a de très bonnes idées."

"—Oui, chez Vanoni. Mais on a une réduction, tu sais—"

"... et, oh, écoutez ; c'est trop drôle ; elle s'est retournée et a dit, très guindée et raide : 'Non, en effet, je suis une femme trop vieille.' C'est drôle ! Si j'y pense sur mon lit de mort, je rirai... "

"... et c'est donc réglé. Comment pourrais-je continuer après ça...?"

« - Faut-il le fixer ? Les murs sont si durs – »

"Laissez Rownie le faire ; elle le sait. Oh, voici l'invalide !"

"Oh, eh bien, c'est Lloyd ! Nous sommes si heureux que vous puissiez descendre !"

Mais quand ils eurent fini de s'exclamer sur sa réapparition parmi eux, Lloyd resta toujours comme elle était, le dos contre la porte, debout très droit, les mains le long du corps. Elle n'a pas répondu immédiatement. Les têtes étaient tournées vers elle. La conversation s'arrêta rapidement à mesure qu'ils commencèrent à remarquer la pâleur de son visage et l'étrange et ferme expression de sa bouche.

« Asseyez-vous, Lloyd, » dit Miss Bergyn ; "Ne restez pas debout. Vous n'êtes pas encore très bien ; je demanderai à Rownie de vous apporter un verre de sherry."

Il y eut un silence. Puis longuement :

"Non," dit doucement Lloyd. "Je ne veux pas de sherry. Je ne veux pas de dîner. Je suis venu vous dire que vous avez tous tort de penser que j'ai fait ce que j'ai pu avec mon cas de typhoïde à Medford. Vous pensez que je suis parti seulement après que le patient J'étais mort. Je ne l'étais pas ; je suis parti avant. Il y a eu une sorte de crise. Je ne sais pas ce que c'était, parce que je n'étais pas dans la chambre du malade à ce moment-là, et je n'y suis pas allé quand on m'a appelé. " Le médecin n'était pas là non plus ; il était sorti et m'avait confié l'affaire. Il n'y avait personne avec le patient à part un domestique. Le domestique m'a appelé, mais je n'y suis pas allé. Au lieu de cela, je suis parti et j'ai quitté la maison. Le malade est mort le même jour. C'est cela que je voulais vous dire. Comprenez-vous tous parfaitement ? J'ai quitté mon malade au moment d'une crise, et sans personne avec lui si ce n'est un domestique. Et il est mort ce même jour. après-midi."

Puis elle sortit, et la fermeture de la porte troubla vivement le grand silence qui s'était répandu dans la pièce.

Lloyd retourna dans sa chambre, ferma et verrouilla la porte et, s'affalant sur le sol près du canapé, baissa la tête sur ses bras croisés. Mais elle n'était pas d'humeur à pleurer et ses yeux étaient secs. Elle avait surtout conscience qu'elle avait fait un pas irrévocable, que sa tête commençait à lui faire mal. Il n'y avait plus aucune exaltation dans son esprit à présent ; elle n'éprouvait aucune satisfaction de réussite après lutte, de triomphe après victoire. Plus d'une fois, elle s'est même demandé si, après tout, ses aveux avaient été nécessaires. Mais maintenant, elle était fatiguée jusqu'à la mort de toute cette misérable affaire. Maintenant, elle savait seulement que sa tête lui faisait terriblement mal ; elle ne se souciait ni de regarder dans le passé ni de regarder vers l'avenir. Le présent l'occupait ; pour le moment, sa tête lui faisait mal.

Mais avant que Lloyd ne se couche ce soir-là, Miss Bergyn connaissait toute la vérité sur ce qui s'était passé chez le Dr Pitts. L'infirmière surintendante avait suivi Lloyd jusqu'à sa chambre presque immédiatement et ne serait pas refusée. Elle savait très bien que Lloyd Searight n'avait jamais quitté un patient mourant de son propre gré. Intuitivement, elle devina quelque chose de caché.

"Lloyd," dit-elle d'un ton décisif, "ne me demande pas de croire que tu es parti de ton plein gré. Raconte-moi exactement ce qui s'est passé. Pourquoi es-tu parti ? Demande-moi de croire autre chose que toi... non, je le ferai. " Je ne dis pas le mot. Il y avait une très bonne raison, n'est-ce pas ?

"Je—je ne peux pas expliquer", répondit Lloyd. "Vous devez penser à ce que vous choisissez. Vous ne comprendrez pas."

Mais, heureusement, lorsque la réticence de Lloyd finit par se briser, Miss Bergyn comprit. L'infirmière surintendante ne connaissait Bennett que par rapport. Mais elle connaissait Lloyd depuis des années et se rendit compte que si elle avait cédé, ce n'était qu'après avoir tenté son dernier espoir. Finalement, Lloyd lui raconta tout ce qui s'était passé. Mais même si elle avoua l'affection de Bennett pour elle, elle ne dit rien d'elle-même et Miss Bergyn ne posa aucune question.

" Je sais, bien sûr, " dit enfin l'infirmière surintendante, " vous détestez penser que vous avez été fait pour partir ; mais les hommes sont plus forts que les femmes, Lloyd, et un homme comme celui-là doit être plus fort que la plupart des hommes. Vous n'êtes pas à blâmer parce que vous avez abandonné l'affaire, et vous n'êtes certainement pas responsable de la mort de M. Ferriss. Maintenant, je vais dire ici dans la maison que vous aviez une très bonne raison pour abandonner votre affaire, et que pendant que nous pouvons Je ne vous l'explique pas plus particulièrement, j'ai eu une conversation avec vous, je sais tout à ce sujet et j'en suis parfaitement satisfaite. Ensuite, j'irai à Medford et verrai le Dr Pitts. Ce serait mieux, " ajouta-t-elle, pour Lloyd avait fait un geste de faible dissidence. "Il doit parfaitement comprendre, et nous ne devons pas avoir peur de parler de ce sujet. Ce qui s'est passé s'est produit "dans la profession", et je ne crois pas que cela ira plus loin."

---

Lloyd retourna à Bannister vers la fin de la semaine. Elle ne savait pas combien de temps elle resterait, mais pour le moment, l'association des autres infirmières était plus qu'elle ne pouvait supporter. Plus tard, lorsque l'affaire était devenue une vieille histoire, elle revenait et reprenait son travail comme si de rien n'était.

Hattie l'a rencontrée à la gare avec le phaéton et les poneys. Elle rayonnait de joie à l'idée d'avoir Lloyd pour elle toute seule pour une durée indéterminée.

"Et tu n'es pas tombé malade, après tout ?" s'exclama-t-elle en joignant les mains. « Votre patient était-il aussi malade que moi ? Ses parents n'étaient-ils pas heureux que vous l'ayez guéri ?

Lloyd posa sa main sur la bouche de la petite fille.

"Ne parlons pas de 'magasin', Hattie," dit-elle en essayant de sourire.

Mais le lendemain de son arrivée, Lloyd se réveilla dans sa propre chambre blanche de la vieille ferme, brusquement consciente d'un changement subtil survenu en elle pendant la nuit. Pour la première fois depuis la scène de la salle du petit-déjeuner à Medford, elle se rendit compte d'un certain calme qui lui était revenu. Peut-être avait-elle enfin commencé à ressentir les bons effets de l'épreuve du feu qu'elle avait volontairement subie, à connaître un certain bonheur de savoir qu'il n'y avait plus de tromperie dans son cœur. Elle l'avait déraciné et chassé par la force de sa propre volonté. C'était parti. Mais maintenant, ce matin-là, elle semblait sentir que ce n'était pas tout.

Quelque chose d'autre l'avait quittée – quelque chose qui, ces derniers temps, l'avait harcelée, aiguillonnée, aigrie sa vie et moqué de sa douceur et de sa gentillesse, avait disparu. Cette haine féroce et truculente qu'elle s'était tant efforcée de lui éloigner, voilà maintenant ! de lui-même, il avait semblé la quitter. Comment était-ce arrivé ? Avant qu'elle ait osé l'épreuve de l'aveu, ce sentiment de haine, ce changelin pervers et laid qui couvait dans son cœur, lui avait semblé trop fort, trop profondément ancré pour être ému. Et maintenant, tout à coup, il était parti, inopinément, sans effort de sa part.

Vaguement, Lloyd s'interrogeait sur cette chose. En chassant d'elle la tromperie, il semblerait qu'elle ait aussi chassé la haine, que l'une ne pouvait pas rester aussitôt que l'autre était partie. L'un pourrait-il exister indépendamment de l'autre ? Y avait-il donc une étrange affinité dans tout mal, comme peut-être dans tout bien, de sorte que la victoire sur une mauvaise impulsion signifiait une victoire sur plusieurs ? Sans penser au gain ou à la récompense, elle s'était accrochée à ce qui était juste malgré la confusion, la tempête et l'obscurité. Était-ce là, après tout, sa récompense, son gain ? Peut-être; mais elle ne pouvait pas le dire, elle ne pouvait pas voir. La confusion s'apaisait, la tempête était passée, mais une grande partie de l'obscurité demeurait encore. Elle avait combattu la tromperie de tout son cœur ; silencieusement, la haine s'était emparée de lui. Love n'était pas revenu à son ancienne place et ne le reviendrait jamais, mais le changeling avait disparu et la maison avait été balayée et garnie.

---

# VIII.

Le lendemain des funérailles, Bennett retourna seul à la maison du Dr Pitts à Medford, et le soir même, ses malles et bagages, contenant ses papiers - les dossiers, observations, journaux et journaux de bord de l'expédition - le suivirent.

Alors que Bennett franchissait le portail de l'endroit qu'il avait choisi pour être sa maison pour l'année suivante, il se rendit compte que les fenêtres de l'une des pièces de devant au deuxième étage étaient grandes ouvertes, les rideaux attachés en nœuds lâches ; à l'intérieur, un domestique allait et venait, remettant de l'ordre dans la pièce, l'aérant et changeant les meubles. Sur la route devant la maison, il avait vu les marques des roues du chariot des pompes funèbres, là où il avait été adossé au bloc à chevaux. Alors qu'il fermait la porte d'entrée derrière lui et restait un moment dans le couloir, sa valise à la main, il aperçut, accroché à l'une des pinces du porte-chapeau, le dernier chapeau que Ferriss avait porté. Bennett posa rapidement sa valise et, s'appuyant contre le mur, s'y appuya lourdement, inspira profondément, les yeux fermés.

La maison était vide et, à l'exception des bruits sourds occasionnels venant de la pièce de devant au fond du couloir, silencieuse. Bennett reprit sa valise et monta dans les chambres qui lui avaient été réservées. Il n'accrochait pas son chapeau au porte-chapeau, mais il l'emportait avec lui.

La gouvernante, qui le rencontra en haut de l'escalier et lui montra le chemin de ses appartements, lui demanda à quelles heures il désirait que ses repas soient servis. Bennett lui a dit, puis il a ajouté :

"Je prendrai tous mes repas dans la salle du petit-déjeuner, celle que vous appelez la verrière, je crois. Et dès que la pièce de devant sera prête, j'y coucherai. Ce sera ma chambre après cela."

La gouvernante le regarda. " Ce ne sera pas tout à fait sûr, monsieur, avant un certain temps. Le médecin a donné des ordres très stricts concernant l'aération et le changement des meubles. "

Bennett hocha simplement la tête, comme pour dire qu'il comprenait, et la gouvernante le laissa peu après à lui-même. L'après-midi passa, puis la soirée. Le souper que Bennett pouvait manger était servi selon ses ordres dans la salle du petit-déjeuner. Ensuite, il appela Kamiska et partit faire une longue promenade sur les routes de campagne en direction éloignée de la ville, avançant lentement, les mains jointes derrière le dos. Plus tard, vers dix heures, il revint. Il monta vers sa chambre avec la vague idée de regarder et de ranger ses papiers avant de se coucher. Il ne pouvait pas dormir ; il l'avait clairement prévu.

Mais Bennett ne connaissait pas encore l'agencement de la maison. Son esprit était occupé avec autre chose ; il était pensif, distrait et, en atteignant le palier de l'escalier du deuxième étage, il se tourna vers l'avant de la maison alors qu'il aurait dû se tourner vers l'arrière. Il entra dans ce qu'il supposait être sa chambre, alluma le gaz, puis regarda autour de lui avec une certaine perplexité.

La pièce dans laquelle il se trouvait était presque dépourvue de meubles. Même une partie du tapis avait été enlevée. Les fenêtres étaient grandes ouvertes ; une odeur fade de drogue imprégnait l'air, tandis que sur le lit il ne restait plus que le matelas et le traversin. Pendant un instant, Bennett regarda autour de lui, perplexe, puis il sursauta brusquement. C'était – c'était – la chambre des malades. Ici, sur ce lit, Ferriss était mort ; ici s'était déroulée une scène du terrible drame dans lequel lui, Bennett, avait joué un rôle si remarquable.

Alors que Bennett se tenait là, regardant autour de lui, une main sur le pied du lit, une étrange et informe oppression de l'esprit pesait lourdement sur lui. Il lui semblait voir sur ce lit nu le corps décharné et fiévreux de l'ami le plus cher qu'il ait jamais connu. C'était comme si Ferriss gisait là en grande pompe, avec des draperies noires accrochées autour de la bière et des bougies allumées à la tête et aux pieds. La mort était dans cette pièce. Même si elle était vide, une certaine solennité religieuse, presque une certaine crainte, semblait peser sur les sens. Avant qu'il ne s'en rende compte, Bennett se retrouva agenouillé devant le lit dénudé, le visage enfoui, les bras écartés à l'endroit où Ferriss avait reposé pour la dernière fois.

Il ne pouvait pas dire combien de temps il resta ainsi – peut-être dix minutes, peut-être une heure. Il sembla reprendre ses esprits lorsqu'il sortit de nouveau dans le couloir, fermant et verrouillant la porte de la salle des morts derrière lui. Mais maintenant, toute pensée de travail l'avait abandonné. Le matin, il rangeait ses papiers. Il était hors de question de penser au sommeil. Il redescendit à l'étage inférieur de la maison silencieuse et ressortit à l'air libre.

Sur la véranda, tout près de lui, se trouvait un fauteuil en osier à assise profonde. Bennett s'y laissa tomber, passant ses mains avec lassitude sur son front. Le calme d'une nuit d'été s'était largement installé sur le vaste et sombre paysage. Il n'y avait pas de lune ; toutes les étoiles étaient sorties. Très loin, un engoulevent appelait sans cesse. Une ou deux fois, du petit verger voisin, une pomme tomba avec un léger bruissement de feuilles et un impact sourd et velouté sur le gazon. Kamiska, bien éveillée, était assise immobile sur ses hanches sur les marches, regardant la nuit, tendant l'oreille au moindre bruit.

Eh bien, Ferriss était mort, et lui, Bennett, en était responsable. Son ami, l'homme qu'il aimait le plus, était mort. Le magnifique combat qu'il avait mené pour sa vie au cours de cette lutte féroce contre la Glace n'avait eu aucun effet. Sans un murmure, sans une seule plainte, il avait supporté la faim, le froid glacial de l'Arctique, une privation indescriptible, la torture du gel qui lui avait rongé les mains, la fureur aveuglante de la neige et du vent, le labeur incessant et incroyable du traîneau et du vent. meute - toutes les terribles épreuves d'une tentative infructueuse pour atteindre le pôle, pour ensuite mourir misérablement dans son lit, seul, abandonné par l'homme et la femme que, de tous les peuples du monde, il avait le plus aimé et en qui il avait le plus confiance. Et c'est lui, Bennett, qui en était responsable.

Ferriss était-il conscient à ce dernier moment ? Le savait-il ? le saurait-il, un jour, quelque part ? On ne pouvait pas le dire. Cela doit rester pour toujours un mystère. Et après tout, Bennett avait-il eu raison de garder Lloyd loin de la chambre du malade ? Maintenant que tout était fini, maintenant que toute cette effroyable tragédie pouvait être jugée avec un peu de calme et à la lumière de la raison, le petit doute furtif commençait à s'insinuer.

Au début, il s'en était détourné, furieux et furieux, piétinant dessus comme un reptile intrusif. Cet homme grossier et simple, avec sa confiance en lui arrogante et immense, sa foi aveugle et inébranlable dans la sagesse de ses propres décisions, n'avait jamais de sa vie voulu admettre qu'il pouvait se tromper, que cela il lui était possible de se résoudre à une fausse ligne d'action. Il avait toujours eu raison. Mais maintenant, un changement était survenu. Une femme s'était mêlée aux rouages de son monde, ce monde qui jusqu'alors n'était pour lui qu'un monde d'hommes — et tantôt il hésitait, tantôt il se remettait en question, tantôt il scrutait ses motivations, tantôt le simple devenait compliqué, parfois le plus direct. tordu, le bien mêlé au mal, l'amer au doux, le mensonge au vrai.

Celui qui avait confiance en lui pour abattre les montagnes, celui qui pouvait conduire ses semblables comme un berger conduit ses moutons, celui qui avait forcé l'immense emprise de la glace, avait, avec la force d'un bélier, se frayer un chemin à travers ces terribles les murs, brisés, brisés et brisés les barrières, maintenant dans cette situation impliquant une femme, avait-il échoué ? Avait-il faibli ? Et un doute plus grand, plus fort et plus persistant s'imposa dans son esprit.

Jusqu'à présent, le seul salut de Bennett contre le désespoir absolu avait été la ferme conscience de sa propre droiture. C'était là son seul réconfort, son seul espoir, son seul tissu de défense solide. Si cela était miné, si cela était rongé, que lui restait-il ? Soigneusement, péniblement et avec toute la minutie qu'il pouvait commander, il passa en revue toute l'affaire du début à la fin, forçant son esprit réticent — si peu habitué à un tel travail — à peser chaque chance, à évaluer chaque opportunité. Si *tel* avait été le cas, si *cela* avait été fait, *de tels* résultats auraient-ils suivi ? Supposons qu'il ne soit pas intervenu, supposons qu'il se soit tenu à l'écart, Lloyd aurait-il couru un tel danger, après tout, et Ferriss aurait-il été en vie à ce moment-là, et peut-être en train de se rétablir ? S'il, Bennett, avait été complètement fou ; s'il avait été aveugle et sourd à la raison ; S'il avait joué le rôle d'une brute - une brute aveugle, stupide et incroyablement égoïste - pensant avant tout à lui-même, après tout, écrasant la femme qui lui était si chère, sacrifiant la vie de l'homme qu'il aimait, se trompant là-dedans, abrutissant et ignorant, jouant le rôle du tyran, inutilement effrayé, lâche là où il s'imaginait courageux ; faible, méprisablement faible, là où il se croyait fort ? Cela n'aurait-il pas pu être évité s'il avait été simplement raisonnable, comme l'aurait été, dans un cas pareil, un homme ordinaire ? Lui, qui se piquait de la rapidité et de la justesse de son jugement dans les grandes crises, avait perdu la tête et tout pouvoir de maîtrise de soi dans cette plus grande crise de toutes.

Le doute lui revenait encore et encore. Piétinez-le, étouffez-le, éloignez-le de lui comme il voulait, chaque fois il revenait un peu plus fort, un peu plus gros, un peu plus insistant. Peut-être, après tout, avait-il commis une erreur ; peut-être, après tout, Lloyd ne courait-il pas un grand danger ; peut-être, après tout, Ferriss était-il désormais en vie. Tout à coup, Bennett parut en être sûr.

Puis c'est devenu terrible. Seul là, dans l'obscurité et la nuit, Bennett descendit dans la fosse. Brusquement, il sembla reprendre ses esprits, réaliser ce qu'il avait fait, comme s'il sortait d'un cauchemar. Remords, horreur, auto-reproche, angoisse du deuil, regret infini de choses qui ne se reproduiront plus, amertume d'un amour disparu, mépris de soi trop abject pour être exprimé, chagrin déchirant d'une puissance terrible. ont été, un par un, il les connaissait tous. Une à une, comme la lente accumulation de fardeaux gigantesques, les conséquences de sa folie descendaient sur lui, plus lourdes, plus intolérables, plus inexorablement fixées à chaque instant successif, tandis que la lumière de la vérité et de la raison fouillait chaque recoin de son esprit, et son le doute grandit et se durcit en certitude.

Si seulement Bennett avait pu croire que, malgré ce qui s'était passé, Lloyd l'aimait encore, il aurait pu trouver un rayon de lumière dans l'obscurité où il tâtonnait, une force salvatrice pour supporter le poids de ses remords et de son chagrin. Mais maintenant, à mesure qu'il voyait plus clair et plus vrai, il comprit qu'il ne devait chercher aucune aide dans cette direction. Étant ce qu'était Lloyd, il lui était impossible, même si elle le souhaitait, de l'aimer maintenant – d'aimer l'homme qui l'avait brisée ! L'idée était absurde. Il se souvenait clairement qu'elle l'avait prévenu de cela. Non, cela aussi, l'unique douceur de sa vie rude, il devait aussi la retirer de lui – il l'avait déjà, et de son propre chef, retiré de lui.

Comment continuer ? À quoi servaient désormais l'ambition, l'effort et l'effort pour atteindre de grandes fins ? Le fil de sa vie était rompu ; son ami était mort, ainsi que l'amour de la seule femme de son monde. Il était responsable des deux. À quoi bon continuer son œuvre ?

Ferriss était mort. Qui se tiendrait désormais à ses côtés lorsque l'obscurité s'épaississait devant lui et que des obstacles se dressaient sur le chemin et que la mort était suspendue au-dessus de lui, prête et menaçante ?

L'amour de Lloyd pour lui était mort. Qui maintenant pour lui souhaiter bonne chance alors que la proue de son navire tournait vers le nord et que l'eau blanchissait dans son sillage ? Qui maintenant attendrait derrière quand le grand combat serait à nouveau osé, pour attendre derrière et guetter son retour à la maison ; et lorsque le grand espoir fut réalisé, le but de tous les siècles atteint, qui devait maintenant lui envoyer ce premier et plus cher souhait de bienvenue lorsque le navire de retour apparaîtrait au bord de l'horizon, battant pavillon de ses ponts à ses traverses dans tout le royaume royal. blason d'un triomphe immortel ?

Or, ce triomphe ne devait jamais être pour lui. L'ambition aussi était morte ; une autre était de gagner là où maintenant il ne pouvait que perdre, de gagner là où maintenant il ne pouvait qu'échouer ; un autre plus fort que lui, plus résolu, plus déterminé. Enfin Bennett en était arrivé là, lui qui avait été autrefois si impérial dans la conscience de son pouvoir, si arrogant, si intransigeant. Battu, battu enfin ; vaincu, intimidé, chassé de ses plus grands espoirs, abandonnant ses ambitions les plus chères. Et comment, et pourquoi ? Non pas par l'Ennemi qu'il avait si souvent affronté et affronté, ni par une puissance extérieure à lui-même ; mais par lui-même, écrasé par la machine qu'il avait lui-même mise en mouvement, brisé par le recul de la force même qui l'avait si longtemps habité en lui. Rien au monde n'aurait pu le briser à part ça. Le danger, aussi grand soit-il, n'aurait pas pu l'intimider ; les circonstances, si désespérées soient-elles, n'auraient pas pu le faire désespérer ; les obstacles, si vastes soient-ils, n'auraient pas pu le faire reculer. Lui-même était le seul Ennemi qui aurait pu vaincre ; sa propre puissance était la seule à laquelle il aurait cédé. Et le destin l'avait tellement ordonné que cet Ennemi parmi tous les autres, cette puissance unique parmi tous les autres, s'était retourné contre lui et l'avait déchiré. C'est un mystère ! Quelle terreur ! Pourquoi ne l'avait-il jamais su ? Comment se fait-il qu'il n'ait jamais deviné ? Quel était ce monstre impitoyable, cet autre moi, qui avait dormi si longtemps dans sa chair, fort de sa meilleure force, se nourrissant et grandissant de ce qu'il croyait être le meilleur en lui, qui le trompait avec sa plus noble émotion : l'amour ? d'une bonne femme - l'a attiré jusqu'à un moment de faiblesse, puis soudain, et sans avertissement, lui a sauté à la gorge et l'a frappé au sol ?

Il avait commis un de ces délits que la loi ne parvient pas à atteindre, mais dont la punition est plus grande que ce qu'aucune loi ne peut infliger. Les représailles avaient été terriblement rapides. Sa carrière, Ferriss et Lloyd – l'ambition, l'amitié et l'amour d'une femme – avaient été une trinité d'impulsions dominantes dans sa vie. Brusquement, presque en un instant, il les avait tous perdus, les avait jetés. Il ne pourrait jamais les récupérer. Bennett sursauta brusquement. Qu'est-ce que c'était sur sa joue ? Qu'est-ce qui a soudainement assombri ses yeux ? En était-on réellement arrivé là ? Et c'était lui, Bennett, le même homme qui avait commandé l'expédition Freja. Non, ce n'était pas le même homme. Cet homme était mort. Il grinça des dents, secoué par la violence des émotions qui semblaient lui déchirer le cœur. Perdu, perdu pour lui à jamais ! Bennett baissa la tête sur ses bras croisés. À travers ses dents serrées, ses mots semblaient presque lui être arrachés, chaque mot étant une agonie.

"Dick... Dick, vieil homme, tu es parti, tu es parti, loin de moi, et c'est moi qui l'ai fait ; et Lloyd, elle aussi... elle... que Dieu m'aide !"

Puis la tension s'est brisée. La grande et massive silhouette tremblait de chagrin de la tête aux pieds, et le visage dur et anguleux, avec sa mâchoire saillante et ses lignes dures et grossières, était mouillé des premières larmes qu'il ait jamais connues.

Il fut enfin réveillé par un mouvement brusque du chien. Kamiska s'était levée avec un grognement sourd, puis, tandis que le loquet du portail claquait, elle releva la tête et donna la langue à la nuit de toute la force de ses poumons. Bennett se redressa, remerciant la fortune que la nuit soit sombre, et regarda autour de lui. Une silhouette remontait l'allée, le gravier crissant sous les pieds. C'était la figure d'un homme. Au pied des marches de la véranda, il s'arrêta et, comme Bennett faisait un mouvement, il se tourna dans sa direction et dit :

"Est-ce la maison du Dr Pitts ?"

La réponse de Bennett fut noyée dans la clameur du chien, mais l'autre parut comprendre, car il répondit :

"Je cherche M. Ferriss... Richard Ferriss, du Freja ; on m'a dit qu'il avait été amené ici."

Kamiska l'arrêta d'aboyer, renifla une ou deux fois les jambes du pantalon de l'homme ; puis, dans une brusque frénésie de joie, il sauta sur lui, lui lécha les mains, dansa autour de lui sur ses deux jambes, gémissant et jappant.

Bennett s'avança et l'homme changea de position pour que la lumière de la porte d'entrée entrouverte éclaire son visage.

"Eh bien, Adler !" s'écria Bennett ; "Eh bien, d'où viens-tu ?"

« M. Bennett ! » » faillit crier l'autre en arrachant sa casquette. "Ce n'est pas vraiment vous, monsieur !" Son visage rayonnait et rayonnait d'une joie proche de la béatitude. L'homme tremblait de bonheur. Les mots lui manquèrent et, avec une certaine tendresse maladroite, il serra les mains de Bennett dans les siennes, son ancien chef vit les larmes dans ses yeux.

"Oh ! Peut-être que je ne suis pas content de vous voir, monsieur... je pensais que vous étiez parti... je ne savais pas où... je... je ne savais pas comment je vous reverrais un jour."

Kamiska elle-même n'avait pas été moins heureuse de voir Adler qu'Adler de voir Bennett. Il balbutiait, il se confondait, il balançait son poids d'un pied sur l'autre, ses yeux dansaient, il riait et s'étouffait, il laissait tomber sa casquette. Sa joie était celle d'un enfant, sans retenue, sans affectation, aussi authentique que l'or. Lorsqu'ils se tournèrent vers la véranda, il approcha avec empressement la chaise de Bennett, ses yeux ne quittant jamais son visage. C'était l'affection frémissante et inarticulée d'un chien pour son maître, fidèle, soumis, inconditionnel, heureux des heures durant d'un regard fortuit, d'un mot gentil, d'un contact de la main. Pour Adler, mourir pour Bennett aurait été un privilège et un honneur. Eh bien, il était son chef, son roi, son dieu, son maître, qui ne pouvait rien faire de mal. Bennett aurait pu le tuer là où il se trouvait et Adler lui aurait toujours fait confiance.

Adler ne voulait pas s'asseoir jusqu'à ce que Bennett lui ait ordonné à deux reprises de le faire, puis il s'est déposé sur une chaise à proximité, dans une position aussi inconfortable qu'il pouvait imaginer, ne permettant que la plus petite partie de son corps soit soutenue en signe de respect. Il restait découvert et, de temps à autre, saluait nerveusement. Mais soudain, il se souvint de l'objet de sa visite.

"Oh, mais j'avais oublié. Vous voir ainsi, de façon inattendue, monsieur, m'a fait perdre la tête à M. Ferriss. Comment va-t-il ? J'ai vu dans les journaux qu'il était malade."

"Il est mort", dit doucement Bennett.

Adler resta pour le moment sans voix. Sa mâchoire tomba ; il regarda fixement et retint son souffle.

"M. Ferriss est mort !" s'exclama-t-il longuement. "Je—je n'arrive pas à y croire." Il se signa rapidement. Bennett ne répondit rien et, pendant plus de cinq minutes, les deux hommes restèrent assis immobiles sur les chaises, regardant la nuit. Au bout d'un moment, Adler rompit le silence et posa quelques questions sur la maladie de Ferriss ainsi que sur la nature et l'heure de sa mort – questions auxquelles Bennett répondit du mieux qu'il pouvait. Mais il était évident que Bennett, vivant et présent en chair et en os, était plus pour Adler que Ferriss mort.

"Mais *vous allez* bien, monsieur, n'est-ce pas ?" » demanda-t-il longuement. "Il n'y a rien de grave chez toi ?"

"Non", a déclaré Bennett; le regardant fixement; puis tout à coup il ajouta :

"Adler, j'étais responsable de la mort de M. Ferriss. Sans moi, il serait probablement en vie cette nuit. C'était ma faute. J'ai fait ce que je pensais être juste, alors que je savais tout le temps , tout comme je sais maintenant que j'avais tort. Ainsi, lorsque quelqu'un vous pose des questions sur la mort de M. Ferriss, vous devez lui dire exactement ce que vous en savez - vous comprenez ? Par une erreur, j'étais responsable de sa mort. Je le ferai. Je ne vous en dis pas plus, mais c'est ce que vous devriez savoir.

Adler regarda Bennett avec curiosité et avec un étonnement infini. L'ordre de son univers se brisait autour de ses oreilles. Bennett, l'impénétrable, qui a accompli ses merveilles dans un mystère impénétrable aux yeux du vulgaire, qui se déplaçait la tête dans les nuages, voici ! il lui rendait compte, Adler, le plus méchant de ses sujets ; le roi était condescendant envers le vassal, l'admettait dans sa confiance. Et qu'est-ce qu'il disait, qu'il était responsable de la mort de Ferriss ? Adler ne comprenait pas ; son esprit ne pouvait pas s'adapter à de telles informations. Ferriss était mort, mais en quoi Bennett était-il responsable ? Le roi ne pouvait rien faire de mal. Adler ne comprenait pas. Sans doute Bennett faisait-il allusion à quelque chose qui s'était produit pendant la retraite sur la glace, quelque chose qui devait être fait et qui, à la fin, et après tout ce laps de temps, avait provoqué la mort de M. Ferriss. Quoi qu'il en soit, Bennett avait fait ce qui était juste. Il était d'ailleurs responsable de la mort de McPherson ; mais qu'y avait-il d'autre à faire ?

Bennett avait parlé ainsi après un moment de réflexion rapide. Aux questions d'Adler sur les circonstances de la mort de l'ingénieur en chef, Bennett avait d'abord donné des réponses évasives. Mais un soudain sentiment de honte d'avoir été obligé de dissimuler avant qu'un subordonné ne le frappe au visage. Certes, il avait commis une erreur – une erreur effrayante et indescriptible – mais qu'il soit au moins assez homme pour en faire face et en accepter les conséquences. Il n'était peut-être pas nécessaire ni même opportun de faire reconnaître sa folie partout, mais à ce moment-là, il lui sembla que ses hommes – au moins l'un d'entre eux – qui avaient été sous ses ordres et ceux de son ami, avaient un droit de savoir la vérité. Il avait été à peine moins répugnant de détromper Adler que de le tromper en premier lieu. Bennett n'était pas le général qui devait expliquer ses actions à ses hommes. Mais il n'avait pas hésité un instant.

Cependant, Adler était plein d'un autre sujet et s'éclata bientôt avec :

« Vous savez, monsieur, une autre expédition se prépare ; je suppose que vous en avez entendu parler – une expédition anglaise. Ils l'appellent l'expédition Duane-Parsons. Ils vont essayer l'ancienne route par Smith Sound. Ils vont hiverner à Tasiusak, " et j'essaierai de traverser le détroit dès que la glace se brisera au printemps. Mais les idées de Duane sont toutes fausses. Il ne fera pas de cap au nord très élevé, pas au-dessus de quatre-vingt-cinq. Je parie un chapeau. Quand nous y irons Relevez-vous, monsieur, voulez-vous... me laisserez-vous... voulez-vous m'emmener ? Ai-je donné satisfaction cette dernière... "

"Je ne remonterai plus jamais, Adler", répondit Bennett.

« Sho ! » » dit Adler d'un ton un peu vide. « Je pensais bien sûr – je n'avais jamais pensé que vous – eh bien, il n'y a personne d'autre que vous *puissiez* le faire, capitaine.

"Oh, oui, il y en a", dit Bennett avec indifférence. "Duane peut le faire, s'il a de la chance. Je le connais. C'est un homme bon. Non, je n'en ai plus, Adler ; j'ai eu ma chance. C'est le tour de quelqu'un d'autre maintenant. Veux-tu y aller avec Duane ? Je Je peux vous donner des lettres. Il serait heureux de vous avoir, je sais.

Adler est parti de chez lui.

" Pourquoi, pensez-vous... " s'exclama-t-il avec véhémence, " pensez-vous que j'irais avec quelqu'un d'autre que vous, monsieur ? Oh, vous y irez un de ces jours, j'en suis sûr. Nous... nous " Je vais essayer à nouveau, monsieur, avant de mourir. Nous ne sommes pas encore vaincus.

« Oui, nous le sommes, Adler », répondit Bennett en souriant calmement ; "Nous allons rester à la maison maintenant et écrire notre livre. Mais nous laisserons quelqu'un d'autre atteindre le pôle. Ce n'est pas pour nous – cela ne le sera jamais, Adler."

A la fin de leur conversation, une demi-heure plus tard, Adler se leva et remarqua :

"Je suppose que je ferais mieux d'attendre si je dois prendre le dernier train pour rentrer en ville ce soir. Ils m'ont dit à la gare qu'elle partirait vers minuit." Tout à coup, il commença à donner des signes d'inquiétude, tournant sa casquette entre ses doigts, changeant son poids d'un pied à l'autre. Puis longuement :

« Vous n'auriez pas besoin d'un homme dans cet endroit, n'est-ce pas, monsieur ? Et avant que Bennett ait pu répondre, il continua avec empressement : « J'ai exercé un peu de la plupart des métiers de mon temps, et je sais comment m'occuper d'un jardin comme celui que vous avez ici ; je suis un expert en plantes et en fleurs. choses, et je pourrais aider en général. Puis, sincèrement : « Laissez-moi rester, monsieur – cela ne coûtera rien – je ne penserais pas à vous prendre un centime, capitaine. Laissez-moi simplement vous servir d'infirmier pendant un certain temps, monsieur. Je vous donnerais certainement satisfaction. ; voulez-vous, monsieur, voulez-vous ?

"C'est absurde, Adler," répondit Bennett; "Reste, si tu veux. Je suppose que je peux trouver une utilité à toi. Mais tu dois être payé, bien sûr."

"Pas un marché secondaire", protesta l'autre presque avec indignation.

Le lendemain, Adler descendit de la ville et prit ses quartiers avec Bennett à Medford. Bien que le Dr Pitts ait depuis longtemps cessé de garder des chevaux, l'écurie était toujours attenante à la maison et Adler balançait son hamac dans l'ancienne chambre du cocher. Bennett ne parvenait pas à le convaincre de loger dans la maison elle-même. Adler était fier de connaître sa place. Après leur conversation de la première soirée, il ne parla plus à Bennett avant d'avoir parlé pour la première fois, et la reprise des relations entre commandant et subordonné lui était indiciblement chère. C'était quelque chose de voir Adler attendre à table dans la « salle vitrée » dans son maillot bleu, au garde-à-vous à la porte, heureux à la simple vue de Bennett à ses repas. Le matin, dès que le petit-déjeuner était prêt, Adler avait le privilège d'annoncer le fait à Bennett, qu'il trouvait habituellement déjà en train d'écrire. De retour à la salle à manger, Adler attendit que son seigneur apparaisse. Dès qu'il entendit le pas de Bennett dans le hall, un petit frémissement d'excitation l'envahit. Il courut vers la chaise de Bennett, la recula pour lui, et dès que Bennett fut assis, il tourna autour de lui avec toute la fierté et la sollicitude d'une mère poule. Il lui ouvrit sa serviette, lui remit son journal et poussa sa tasse de café d'un demi-pouce plus près de sa main. Pendant toute la durée du repas, il quitta à peine le visage de Bennett des yeux, observant chacun de ses mouvements avec un éclat de fierté, ses mains se caressant doucement dans un excès de satisfaction et de plaisir silencieux.

Les jours passèrent ; bientôt quinze jours s'écoulèrent. Mornement, machinalement, Bennett avait commencé à travailler sur son livre, le récit de l'expédition. Cela lui répugnait. Depuis longtemps, il avait perdu tout intérêt pour l'exploration polaire. Comme il l'avait dit à Adler, il en était définitivement et irrévocablement sorti. Son carreau fut tiré ; son rôle sur la scène mondiale était terminé. Il désirait seulement maintenant être oublié le plus vite possible, sombrer dans la médiocrité aussi facilement et tranquillement que possible. La célébrité n'était plus rien pour lui désormais. Les applaudissements tonitruants d'un monde entier qui avait autrefois été le sien n'étaient qu'un simple bruit, vide et dénué de sens. Il ne se souciait pas de le réveiller. Il savait que la parution de son livre était attendue et attendue dans toutes les nations civilisées du globe. Il serait imprimé dans des langues qu'il ignorait, mais tout cela ne faisait plus qu'un avec lui désormais.

La tâche d'écrire lui était odieuse au-delà de toute expression, mais avec la détermination qu'il pouvait encore appeler à son aide, Bennett s'y tenait huit, dix et parfois quatorze heures par jour. D'une certaine manière, son récit était une expiation. Ferriss en était le héros. Presque instinctivement, Bennett a gardé sa propre figure, ses propres réalisations, ses propres projets et idées, à l'arrière-plan. Sur plus d'une page, il attribuait délibérément à Ferriss des triomphes que seul lui-même avait obtenus. C'était Ferriss qui était le leader, le vainqueur à qui tous les lauriers étaient dus. C'était Ferriss dont l'exemple avait stimulé l'expédition à déployer tous ses efforts dans les heures les plus sombres ; c'était pratiquement Ferriss qui avait sauvé le groupe après la destruction du navire ; dont la détermination, le courage ininterrompu, l'endurance et l'intelligence avaient envahi tous les esprits et tous les cœurs pendant la retraite vers la baie de Kolyuchin.

"Bien que nominalement commandant", écrit Bennett, "je lui ai continuellement cédé la place. Sans son leadership, nous aurions tous, sans aucun doute, péri avant même d'atteindre la terre. Sa résolution de conquérir, à tout prix, a été une source d'inspiration pour nous tous. Là où il a montré la voie que nous devions suivre, son courage n'a jamais été intimidé, son espoir n'a jamais été atténué, sa prévoyance, son intelligence, son ingéniosité pour rencontrer et traiter des problèmes apparemment insolubles étaient tout simplement merveilleux. . C'était l'explorateur, né de son travail.

Un jour, juste après le déjeuner, alors que Bennett, selon son habitude, se promenait dans le jardin près de la maison, fumant un cigare avant de retourner à son travail, il fut surpris de se surprendre à saigner du nez. Ce n'était qu'une affaire insignifiante, et elle s'était passée en quelques instants, mais le fait de cette affaire attirait son attention sur son état de santé, et il se disait que depuis quelques jours il n'était plus du tout son état habituel. . Il avait ressenti des douleurs sourdes dans le dos et dans les jambes ; plus d'une fois sa tête lui avait fait mal, et ces derniers temps la poursuite de son travail lui était devenue de plus en plus odieuse, l'effort physique même de conduire la plume de ligne en ligne était un fardeau.

"Hum!" se dit-il plus tard dans la journée, lorsque le saignement de nez lui revint : « Je crois qu'il nous faut un peu de quinine.

Mais le lendemain, il s'aperçut qu'il ne pouvait pas manger, et tout l'après-midi, bien qu'il s'accrochât obstinément à son travail, il fut troublé par des nausées. Par moments, une grande faiblesse, un relâchement de tous les muscles l'envahissaient. Dans la soirée, il envoya une note à l'adresse du Dr Pitts dans la ville, lui demandant de venir à Medford le lendemain.

Le lundi matin de la semaine suivante, environ deux heures après le petit-déjeuner, Lloyd rencontra Miss Douglass dans les escaliers, habillée pour la rue et portant son sac d'infirmière.

"Sorts-tu?" » demanda-t-elle avec un certain étonnement à l'infirmière spécialisée en fièvre. "Où vas-tu?" car Lloyd avait repris son service, et c'était son nom qui figurait désormais en tête de liste ; "Je pensais que c'était mon tour de sortir", a-t-elle ajouté.

Miss Douglass était visiblement très confuse.

Sa rencontre avec Lloyd était apparemment inattendue. Elle s'arrêta dans l'escalier, très embarrassée, en balbutiant :

"Non... non, je suis de garde. J'ai... j'ai été appelé hors de mon tour... spécialement appelé... c'est tout."

"L'étiez-vous?" » demanda brusquement Lloyd, car l'autre infirmière était extrêmement perturbée.

"Eh bien, non, je ne l'étais pas, mais le surintendant, Miss Bergyn, a-t-elle pensé, elle a conseillé, vous feriez mieux de la voir."

"Je la verrai", déclara Lloyd, "mais n'y allez pas avant que j'aie découvert pourquoi j'ai été exclu."

Lloyd se précipita aussitôt vers la chambre de Miss Bergyn, indigné de cet affront. Assurément, après ce qui s'était passé, elle avait droit à plus de considération que cela. De tout le personnel de la maison, c'était elle qui aurait dû être préférée.

Miss Bergyn se leva à l'entrée soudaine de Lloyd dans sa chambre et répondit à sa question :

"C'est uniquement parce que je voulais vous épargner d'autres ennuis et... et embarras, Lloyd, que j'ai dit à Miss Douglass de prendre votre place. Cet appel vient de Medford. Le Dr Pitts était ici lui-même ce matin, et il pensait comme moi. ".

"Je pensais quoi ? Je ne comprends pas."

" Il m'a semblé, " répondit l'infirmière surintendante, " que ce cas parmi tous les autres serait le plus difficile et le plus désagréable à supporter pour vous. Il semble que M. Bennett lui ait loué la maison du Dr Pitts. Il est Au moment où M. Ferriss commençait à être malade, M. Bennett était souvent avec lui et entreprit de le soigner jusqu'à ce que le Dr Pitts intervienne et mette une infirmière professionnelle sur le cas. Depuis lors également, le médecin a découvert que M. Bennett s'est exposé par imprudence. En tout cas, d'une manière ou d'une autre, il a contracté la même maladie et en est assez gravement malade. Le Dr Pitts veut que nous lui envoyions immédiatement une infirmière. c'était ton tour, et j'ai pensé que je ferais mieux de ne pas mentionner ton nom et d'envoyer Louise Douglass.

Lloyd se laissa tomber sur une chaise, ses mains tombant mollement sur ses genoux. Un froncement de perplexité se dessina sur son front. Mais soudain, elle s'écria :

" Je sais... c'est tout à fait possible ; mais tout le personnel sait que c'est mon tour de partir ; tout le monde dans la maison sait qui est de garde. Comment cela se passera-t-il ? que pensera-t-on quand on saura que je suis de garde ? "
" Ce n'est pas parti... et après... après mon échec une fois... après cette... cette autre affaire ? Non, je dois y aller. Moi, entre tous, je dois y aller... et juste parce que c'est un cas de typhoïde, comme l'autre. "

"Mais, Lloyd, comment *peux*- tu?"

C'est vrai, comment pourrait-elle ? Son patient serait le même homme qui l'avait humiliée et brisée, qui l'avait si cruellement mal comprise et blessée, pour qui tout son amour était mort. Comment pourrait-elle lui faire face à nouveau ? Mais comment refuser de prendre le cas ? Comment expliquer un deuxième échec à ses compagnons ? Lloyd fit un petit mouvement de détresse en joignant les mains. Comme les complications se succédaient rapidement ! A peine une situation difficile était-elle résolue et résolue qu'une autre se présentait. Bennett n'était plus rien pour elle désormais, et pourtant, malgré tout, elle reculait instinctivement à l'idée de le revoir. Non seulement elle devait le rencontrer, mais elle devait être avec lui jour après jour, heure après heure, à ses côtés, dans toute l'intimité qu'impliquait la chambre du malade. D'un autre côté, comment pourrait-elle refuser cette affaire ? Le personnel pourrait tolérer une défection apparente et inexplicable ; un autre ne serait certainement pas négligé. Mais cette situation nouvelle n'était-elle pas une occasion heureuse et inespérée de revendiquer son prestige altéré aux yeux de ses compagnes ? Lloyd se décida sur-le-champ. Elle s'est levée.

"Je vais prendre le cas", a-t-elle déclaré.

Elle n'était pas peu surprise d'elle-même. À peine un instant, elle avait hésité. À cette autre occasion, où elle avait cru bon de faire des aveux à ses associés, il lui avait été difficile, parfois presque impossible, d'accomplir son devoir tel qu'elle le voyait et le comprenait. Cette nouvelle complication n'était guère moins difficile, mais une fois qu'elle avait atteint la belle rigueur morale qui l'avait conduite à travers son ancienne épreuve, il devenait maintenant facile de faire le bien en toutes circonstances, aussi défavorables soient-elles. Si elle avait échoué à ce moment-là, elle aurait certainement échoué aujourd'hui. Le fait qu'elle ait réussi à l'époque rendait la réussite d'autant plus facile maintenant. Dimly Lloyd commença à comprendre que la maîtrise de soi, le contrôle constant et ferme des impulsions naturelles et intuitives, égoïstes parce que naturelles, était une progression. Chaque victoire non seulement permettait d'atteindre le but immédiat en vue, mais elle fortifiait l'esprit et augmentait la force de la volonté pour le prochain choc, la prochaine lutte. Elle avait imaginé et s'était dit que Bennett avait définitivement brisé ses forces. Mais était-ce vraiment le cas ? La défaite dans cette affaire n'avait-elle pas été seulement temporaire ? N'était-elle pas en train de retrouver peu à peu ses forces grâce à une adhésion sans faille aux principes simples et fondamentaux du droit, du devoir et de la vérité ? La lutte contre soi-même n'était-elle pas le plus grand combat de tous, plus grand, bien plus grand, que ne l'avait été le conflit entre la volonté de Bennett et la sienne ?

En moins d'une heure, elle se retrouva de nouveau en route vers Medford. Que de choses s'étaient passées, par quels changements elle avait vécu depuis l'occasion de son premier voyage ; et Bennett, comment lui aussi a changé ; comme il était devenu différent à son avis ! Autrefois, la pensée qu'il était en danger avait été pour elle une terreur constante, et hantait ses journées et se cachait à ses côtés pendant de nombreuses nuits d'éveil. Était-il possible que sa vie ou sa mort ne lui importe plus que celle de n'importe lequel de ses anciens patients ? Elle ne pouvait pas le dire ; elle a évité de répondre à la question. Certes, son cœur ne battait pas plus vite à cet instant de savoir qu'il était en proie à une maladie périlleuse. Elle se disait que son Bennett était déjà mort ; qu'elle revenait à Medford non pas pour soigner et surveiller l'individu, mais pour combattre la maladie.

Lorsqu'elle est arrivée chez le médecin à Medford, un homme à l'air étrange lui a ouvert la porte et lui a immédiatement demandé si elle était l'infirmière.

"Oui," dit Lloyd, "je le suis. Le Dr Pitts est-il ici ?"

"A l'étage dans sa chambre", répondit l'autre dans un murmure en fermant la porte d'entrée avec une infinie douceur. « Il ne me laissera pas entrer, pas plus que le médecin ; je… je ne l'ai pas vu depuis quatre jours. Demandez au médecin si je ne peux pas simplement lui faire un clin d'œil – juste un petit clin d'œil à travers la fente. " Pensez-y, mademoiselle, je ne l'ai pas vu depuis quatre jours ! Pensez-y ! Et regardez, ils ne lui donnent pas assez à manger - rien que du lait et de la soupe au poulet avec du riz dedans. Il Je n'ai jamais aimé le riz ; ce n'est pas une sorte de ration pour un homme malade. Je lui ai préparé un peu de conneries hier, ce qu'il aimait tant à bord du navire, et Pitts ne voulait pas le lui laisser. Il riait régulièrement dans mon affronter."

Lloyd fit dire au médecin par l'intermédiaire de la gouvernante qu'elle était arrivée et, en remontant, il trouva Pitts qui l'attendait à la porte de la chambre du malade, non pas celle qui avait été occupée par Ferriss, mais une autre, la chambre des invités du médecin. maison, située vers l'arrière du bâtiment.

"Eh bien, j'attendais Miss Douglass !" s'écria le docteur à voix basse dès que son regard tomba sur Lloyd. "N'importe lequel d'entre eux sauf toi !"

"Je devais venir," répondit doucement Lloyd, rougissant vivement pour autant. "C'était mon tour et ce n'était pas bien pour moi de rester à l'écart."

Le docteur hésita un instant, puis écarta le sujet, levant le menton en l'air, comme pour dire qu'après tout, ce n'était pas son affaire.

"Eh bien," dit-il, "c'est étrange de voir à quel point les choses s'emmêlent parfois. Je ne sais pas s'il a pris cette chose à Ferriss ou non. Tous deux ont été exposés aux mêmes conditions lorsque leur expédition s'est effondrée et ils ont été emportés par les baleiniers : eau mauvaise, constitution affaiblie, peu de résistance ; en parfait état pour le bacille, et la même cause aurait pu produire le même effet ; en tout cas, il est en mauvaise posture.

« Est-il… très mauvais ? » demanda Lloyd.

" Eh bien, il n'est pas du genre à s'accrocher comme M. Ferriss ; rien d'indécis chez le capitaine Ward Bennett ; quand il est malade, il est malade ; il se précipite dessus comme un taureau aveugle. Il est aussi mauvais maintenant que M. Ferriss l'était dans son troisième semaine."

« Pensez-vous qu'il me reconnaîtra ?

Le docteur secoua la tête. "Non; délirant la plupart du temps, bien sûr, histoire de réglementation. Si nous ne maintenons pas la fièvre, il va sortir, c'est sûr. C'est le danger dans son cas. Regardez-le vous-même, le voici. Le diable! L'animal est de nouveau assis."

Alors que Lloyd entra dans la pièce, elle vit Bennett assis tout droit dans son lit, regardant droit devant lui, ses petits yeux, au moulage déformant, ouverts au maximum, les doigts de ses mains osseuses et rétrécies dansant nerveusement sur la couverture. Une semaine de chaume a noirci la partie inférieure de son visage. Sans un instant de pause, il marmonnait et marmonnait avec une rapidité étonnante, mais pour la plupart, les mots étaient impossibles à distinguer. Ce n'était en effet pas le même Bennett que Lloyd avait vu pour la dernière fois. Le grand corps s'est effondré sur lui-même ; la peau du visage était comme un parchemin sec et brun, et derrière elle, les os gros et massifs se détachaient en grandes bosses et crêtes. Il suffisait d'un simple coup d'œil pour savoir qu'il s'agissait là d'un homme dangereusement proche de la mort. Pendant que Lloyd enlevait son chapeau et se préparait pour son travail, le médecin remit Bennett sur le dos et remplit la poche de glace autour de sa tête.

"Il ne reste plus beaucoup de force à notre ami maintenant", murmura-t-il.

"Depuis combien de temps est-il comme ça ?" » demanda Lloyd alors qu'elle disposait le contenu du sac de son infirmière sur une table près de la fenêtre.

"Cela fait presque huit heures maintenant. Il était cependant conscient hier matin pendant un petit moment et il voulait savoir quelles étaient ses chances."

Ils n'étaient ni bons ni nombreux ; la force autrefois si formidable refluait comme une marée refluente, et cela avec une rapidité inquiétante. Stimulant la vie comme le ferait le médecin, luttant contre l'avancée de l'ennemi comme le faisait Lloyd, Bennett continuait de sombrer.

"Le diable," marmonna le médecin, "c'est qu'il n'a pas l'air de s'en soucier. Il aurait préféré abandonner plutôt que de ne pas le faire. Il est difficile de sauver un patient qui ne veut pas se sauver lui-même. S'il le voulait, se battre pour sa vie comme il l'a fait dans l'Arctique, nous pourrions encore l'en sortir. Sinon... " Il haussa les épaules presque impuissant.

La nuit suivante, vers neuf heures, Lloyd prit la place du médecin au chevet de leur patient, et Pitts, sans se déshabiller, s'étendit sur le canapé dans l'une des pièces de l'étage inférieur de la maison, étant entendu que l'infirmière devait l'appeler en cas de changement.

Mais alors que le médecin descendait à tâtons l'escalier sombre, il heurta Adler et Kamiska. Adler était assis sur une des marches, et le chien était accroupi à ses côtés ; Tous deux étaient blottis l'un contre l'autre dans l'obscurité, éveillés, épaule contre épaule, attendant, observant et écoutant les bruits faibles qui venaient à de longs intervalles de la direction de la pièce où se trouvait Bennett.

Alors que le médecin le dépassait, Adler se leva et salua :

« Est-ce qu'il va mieux maintenant, monsieur ? Il murmura.

"Rien de nouveau", répondit brusquement l'autre. "Il se rétablira peut-être dans trois semaines ou il mourra avant minuit ; alors voilà. Vous en savez autant que moi. Maudit soit ce chien !"

Il marcha sur Kamiska, qui s'abstint héroïquement de crier, et poursuivit son chemin. Adler reprit sa place dans l'escalier, s'asseyant avec précaution, afin que les planches ne grincent pas sous son poids. Il prit la tête de Kamiska entre ses mains et se balança doucement d'avant en arrière.

"Qu'est-ce qu'on va faire, petit chien ?" Il murmura. « Qu'allons-nous faire si... si notre capitaine devait... s'il ne devait pas... » Il n'avait pas de mots pour finir. Kamiska reprit place à ses côtés et les deux reprirent leur veillée.

Pendant ce temps, à moins de cinquante pieds de là, une voix basse, monotone et rapide, entretenait un flux continu et murmurant de mots.

" C'est bien votre traîneau numéro deux. Tout le monde sur le McClintock maintenant. Vous devez le faire, les hommes. En avant, en avant, en avant ; allez vers le sud, toujours vers le sud – sud, sud, sud ! " ... Là, il y a à nouveau la glace. C'est la plus grande crête à ce jour. Allez-y maintenant ! Écrasez-vous ; je vais vous briser encore ; croyez-moi, je le ferai ! Là, nous l'avons brisé ! Je savais que vous pouviez, les hommes. Je "Je vais vous tirer d'affaire. Maintenant, alors, montez sur votre autre traîneau. En avant ! Il y aura des rations doubles ce soir tout autour... non... des demi-rations, des quarts de rations... Non, les trois cinquièmes d'une ration. once de viande de chien et une cuillerée d'alcool - c'est tout, c'est tout, les hommes. Nuit assez froide, ceci - moins trente-huit. Seulement un quart de mile parcouru aujourd'hui. Tout le monde souffre aux pieds et est si faible. – et affamé – et gelé. Tout à coup, la voix devint un gémissement. "Mon Dieu ! est-ce que ça ne finira jamais ?... Chut, calme, qu'est-ce que c'était ? Qui a pleuré ? Était-ce Ward Bennett ? Pas de gémissements, quoi qu'il arrive. Tenez-vous en comme des hommes, de toute façon. Combattez jusqu'à ce que on descend, mais pas de gémissements... Qui a dit qu'il y avait des baleiniers à vapeur au large de la banquise ? C'est un mensonge ! En avant, en avant, en avant vers le sud, non, pas vers le sud ; vers le nord , vers le nord ! Nous' J'y arriverai, nous y arriverons ; nous y sommes presque, les hommes ; allez, allez ! Je vous le dis cette fois, nous y arriverons ; encore un effort, les hommes ! Nous y sommes presque ! Quelle est la latitude ? Quatre-vingt-cinq-vingt-quatre-vingt-six. La voix commença à devenir plus forte : « Allez, les hommes, nous y sommes presque ! Quatre-vingt-sept... quatre-vingt-huit... quatre-vingt-neuf-vingt-cinq ! Il se mit en position assise. "Quatre-vingt-neuf trente-quatre-vingt-neuf-quarante-cinq." Soudain, la voix s'éleva jusqu'à un cri. " Quatre-vingt dix degrés ! *Par Dieu, c'est le Pôle !* "

La voix s'éteignit en marmonnements indistincts.

Lloyd était maintenant au chevet et pressa doucement Bennett sur son dos. Mais alors qu'elle le faisait, un frisson de pitié et de compassion infinies la parcourut. Elle l'avait forcé à tomber si facilement. Il était si pitoyablement faible. Aussi femme qu'elle fût, elle pouvait, d'une petite main sur sa poitrine, contrôler cet homme qui, à une époque, avait été d'une force si colossale, d'une force physique si vaste.

Soudain, Bennett recommença. "Où est Ferriss ? Où est Richard Ferriss ? Où est l'ingénieur en chef de l'expédition d'exploration arctique Freja ?"

Il se tut à nouveau et, à part les mains tremblantes et dansantes, il resta silencieux. Puis il s'écria :

"Attention à l'appel !"

Rapidement et à voix basse, il commença à convoquer le rassemblement des hommes et des officiers du Freja, donnant lui-même les réponses.

"Adler-ici; Blair-ici; Dahl-ici; Fishbaugh-ici; Hawes-ici; McPherson—ici; Muck Tu—ici; Woodward—ici; Capitaine Ward Bennett—ici; Dr Sheridan Dennison—ici; Ingénieur en chef Richard Ferriss... "pas de réponse. Bennett attendit un moment, puis répéta le nom : « Ingénieur en chef Richard Ferriss... » De nouveau, il resta silencieux ; mais après quelques secondes, il cria à haute voix, angoissé : « Ingénieur en chef Richard Ferriss, répondez à l'appel !

Puis il recommença ; son esprit désordonné évoque un autre ordre de choses :

"Adler - ici ; Blair - mort d'épuisement à Point Kane ; Dahl - ici ; Fishbaugh - mort de faim lors de la marche vers la baie de Kolyuchin ; Hawes - mort de la fièvre arctique au cap Kammeni ; McPherson - incapable de suivre et abandonné à neuvième camp ; Muck Tu — ici ; Woodward — est mort de faim au douzième camp ; le Dr Sheridan Dennison — mort de froid à Kolyuchin Bay ; l'ingénieur en chef Richard Ferriss — est mort du fait de son meilleur ami, le capitaine Ward Bennett ! Bennett répétait encore et encore cette phrase, appelant : « Richard Ferriss ! Richard Ferriss ! » et ajoutant aussitôt d'une voix brisée : « Décédé du fait de son meilleur ami, le capitaine Ward Bennett. Parfois, c'était seulement l'absence de Ferriss qui semblait le torturer. Il faisait l'appel, répondant « ici » à chaque nom jusqu'à ce qu'il atteigne Ferriss ; alors il ne répondait pas, mais criait encore et encore à haute voix, avec l'accent de la douleur la plus amère : « Richard Ferriss, répondez à l'appel ; Richard Ferriss, répondez à l'appel... » Puis soudain, avec un cri faible et chevrotant : « Pour l'amour de Dieu, Dick, réponds à l'appel !

Les heures passèrent. Dix heures sonnèrent, puis onze heures. À minuit, Lloyd prit la température (qui avait considérablement diminué) et le pouls, et remplit à nouveau la poche de glace autour de la tête. Bennett marmonnait toujours, en proie au délire, appelant toujours Ferriss, le suppliant de répondre à l'appel ; ou en répétant les mots : « Dick Ferriss, ingénieur en chef — est mort aux mains de son meilleur ami, Ward Bennett », sur un ton si pitoyable, si navré que plus d'une fois Lloyd sentit les larmes couler sur ses joues.

« Richard Ferriss, Richard Ferriss, réponds à l'appel ; Dick, vieil homme, ne répondras-tu pas, ne répondras-tu pas, mon vieux, quand je t'appelle ? Ne reviendras-tu pas et ne diras-tu pas : « C'est tout » droite?' Ferriss, Ferriss, répondez à mon appel. ... Mort aux mains de son meilleur ami. ... Dans la baie de Kolyuchin. ... Tué, et je l'ai fait . ... En avant, mes amis, vous avez il faut le faire ; il neige aujourd'hui et toute la glace en mouvement.... Allez, ton autre traîneau. Viens avec ton numéro quatre ; encore des crêtes de pression, je vais te briser encore ! Viens Continue avec ton numéro quatre !... Lloyd Searight, que fais-tu dans cette pièce ?"

À l'instant même, la voix était passée de marmonnements confus à des mots distincts et clairs. La transition fut si soudaine que Lloyd, en ce moment occupée au sac de son infirmière, dos au lit, se retourna brusquement pour trouver Bennett assise tout droit, la regardant droit dans les yeux avec des yeux intelligents et grands ouverts. Le cœur de Lloyd s'arrêta un instant, presque terrorisé. Ce saut soudain des ténèbres du délire à la lumière du jour de la conscience était presque comme une résurrection d'entre les morts, fantomatique, épouvantable. Elle retint son souffle, tremblante malgré tous ses efforts, et posa un instant une main sur la table derrière elle.

Mais sur le visage de Bennett, horrible, ravagé par la maladie, avec sa mâchoire vaste et saillante, son front étroit et contracté et sa barbe mal entretenue, l'éveil de l'intelligence et de la surprise fit rapidement place à une expression d'anxiété et d'appréhension terribles.

« Qu'est-ce que tu fais ici, Lloyd ? il pleure.

"Faire taire!" elle répondit rapidement en s'avançant ; "Il ne faut surtout pas vous asseoir, vous recoucher et ne pas parler. Vous êtes très malade."

"Je sais, je sais," répondit-il faiblement. "Je sais ce que c'est. Mais tu dois partir d'ici. C'est un risque terrible à chaque instant que tu restes dans cette chambre. Je veux que tu partes. Tu comprends, tout de suite ! Appelle le médecin. Ne t'approche pas du lit." » continua-t-il avec enthousiasme, luttant pour s'empêcher de retomber sur les oreillers. Son souffle était rapide ; ses yeux brillaient. Tous les pauvres sens brisés étaient en éveil et frémissaient d'excitation et d'effroi.

"Ça va te tuer de rester ici", continua-t-il, presque essoufflé. "Hors de cette pièce !" ordonna-t-il. " Hors de cette maison ! Elle est à moi maintenant ; je suis le maître ici, tu comprends ? Non ! " s'exclama-t-il tandis que Lloyd posait ses mains sur ses épaules pour le forcer à se rallonger.

"Ne me touche pas ! Éloigne-toi de moi !"

Il essaya de s'éloigner d'elle dans le lit. Puis soudain il fit un grand effort pour se relever, résistant à ses efforts.

« Je vais vous mettre dehors, alors », déclara-t-il, luttant contre le fermoir de Lloyd sur ses épaules, attrapant ses poignets. Son excitation était si intense, sa ferveur si grande qu'on pourrait presque dire qu'il touchait à nouveau le bord du délire.

"Entendez-vous, entendez-vous ? Hors de cette pièce !"

"Non", dit Lloyd calmement; "Tu dois te taire ; tu dois essayer de t'endormir. Cette fois tu ne peux pas me faire partir."

Il la saisit par un bras et, s'appuyant de l'autre contre la tête du lit, la repoussa de toutes ses forces.

" Restez loin de moi, je vous le dis ; restez à l'écart ! Vous ferez ce que je dis ! J'ai toujours tenu mon point de vue, et je n'échouerai pas maintenant. Croyez-moi, je ne le ferai pas. Vous... vous... " haleta-t-il alors qu'il Il se débattait avec elle, honteux de sa faiblesse, humilié au-delà des mots pour qu'elle le sache. "Je... tu dois... tu me contraindras à utiliser la force. N'en arrive pas là."

Calmement, Lloyd lui prit les deux poignets dans la poignée forte et silencieuse d'une paume, et tandis qu'elle soutenait ses épaules avec son autre bras, il le recoucha parmi les oreillers comme s'il avait été un enfant.

"Je suis... je suis un peu faible et je tremble en ce moment", a-t-il admis, haletant sous l'effort ; "Mais, Lloyd, écoute. Je sais à quel point tu dois me détester maintenant, mais veux-tu, s'il te plaît, y aller... vas-y, vas-y tout de suite !"

"Non."

Quel étrange tour de roue du destin ! En si peu de temps, leurs positions mutuelles s'étaient inversées. Maintenant, c'était elle qui était forte et lui qui était faible. C'est elle qui a vaincu et lui qui a été soumis. C'est elle qui a triomphé et lui qui a été humilié. C'est lui qui implorait et elle qui niait. C'était sa volonté et non plus la sienne qui devait sortir victorieuse de la lutte.

Et comme la défaite de Bennett était désormais totale ! L'éventualité même pour laquelle il s'était battu si désespérément et pour laquelle il avait sacrifié Ferriss – les soins de Lloyd pour une maladie si périlleuse – voilà ! le mystérieux tour de roue l'avait provoqué, et maintenant il était impuissant à résister.

"Oh!" s'écria-t-il, n'ai-je pas déjà assez à l'esprit Ferriss et sa mort ? Allez-vous me faire mettre votre vie en péril aussi, et après avoir tant essayé ? Vous ne devez pas rester ici.

"Je resterai", répondit-elle.

"Je vous ordonne d'y aller. C'est ma maison. Envoyez le médecin ici. Où est Adler ?" Soudain, il s'est évanoui.

Une heure ou deux plus tard, dans la grisaille du matin, à l'heure où Bennett dormait tranquillement sous l'influence d'opiacés, Lloyd se retrouva assise à la fenêtre devant la petite table, la tête appuyée sur sa main, pensive. , absorbé, et regardant avec des yeux à peine voyants l'aube qui rougissait sur la cime des pommiers du verger voisin.

La fenêtre était ouverte juste assez grand pour permettre une bonne ventilation de la pièce. Pendant longtemps, elle resta assise ainsi sans bouger, lissant seulement de temps en temps les lourds cheveux rouge bronze de ses tempes et de ses oreilles. Peu à peu, les facultés pensantes de son cerveau, comme une myriade de délicates roues entrelacées, diminuèrent lentement dans la rapidité et l'intensité de leurs fonctions. Elle commença à ressentir au lieu de penser. Alors que l'activité de son esprit devenait un certain engourdissement agréable, une émotion vague, informe, sans nom semblait remonter à la surface. Ce n'était plus une question de cerveau. Et alors ? Était-ce le cœur ? Elle ne donna aucun nom à cette émotion nouvelle ; c'était encore trop confus, trop indéfinissable. Une certaine grande douceur semblait l'envahir, mais elle ne pouvait dire si elle était infiniment triste ou suprêmement heureuse ; un sourire était sur ses lèvres, et pourtant les larmes commençaient à déborder de ses yeux bleu terne.

Elle avait l'impression qu'une lutte longue et acharnée, ou une série de luttes, étaient enfin accomplies ; comme si, pendant une longue période de temps, elle avait été entraînée dans les labyrinthes et les passages tortueux de quelque sombre caverne, mais qu'enfin, en sortant de là, elle avait de nouveau aperçu les étoiles. Une grande tendresse, une certaine joie tremblante pour tout ce qui était vrai, bon et juste, grandissait et se fortifiait en elle ; le plaisir de vivre lui revint. L'aube s'éclairait et illuminait le monde entier, et la couleur, la lumière et la chaleur revenaient dans sa vie. La nuit avait été calme et douce, mais maintenant le premier souffle de la brise matinale remuait dans les arbres, dans l'herbe, dans les fleurs et les buissons épais et trempés de rosée le long de la route, et un délicieux arôme de champs et de bois. et les jardins lui sont venus. La douceur de la vie et la douceur de ces choses meilleures que la vie et plus durables, les choses qui ne manquent pas, qui ne cessent pas et qui ne disparaissent pas, sont soudainement entrées dans cette pièce et sont descendues sur elle presque dans le sens d'une bénédiction, d'une visite. , quelque chose de mystique et de miraculeux. C'était le moment de tout espérer, de tout croire, de tout endurer.

Elle retint son souffle, écoutant ce qu'elle ne savait pas. Une fois de plus, comme à cette autre aube, dans cette autre pièce où l'Ennemi avait été vaincu, le sentiment d'un grand bonheur était dans l'air, lui venait rapidement. Mais maintenant le plus grand Ennemi avait été vaincu, le matin d'un jour plus grand se levait et s'étendait, et le plus grand bonheur du monde se préparait pour elle. Comment cela était-il arrivé, elle ne le savait pas. Ce n'était pas le moment de penser, de raisonner, de réfléchir. Il semblait que le battement des ailes était tout autour d'elle, comme si une lumière plus brillante que le jour était sur le point d'éclater à ses yeux, comme si une musique divinement belle était sur le point d'éclater à ses oreilles. Mais la lumière n'était pas pour ses yeux ; la musique n'était pas pour son oreille. Le rayonnement et l'harmonie venaient d'elle-même, d'elle-même. L'intellect était engourdi. Seul le cœur était vivant en ce merveilleux matin d'été, et c'était dans son cœur que brillait l'éclat et vibrait l'harmonie. De retour à sa place, haut sur son trône, l'amour qu'elle croyait à jamais parti d'elle était exalté et triomphant, chantant au rythme de cette musique inouïe, brillant et magnifique dans la gloire de cette lumière naissante.

Bennett survivrait-il ? Soudain, cette question surgit dans son esprit et se dressa dans l'œil de son imagination, terrible, menaçante – un spectre hideux et sinistre, devant lequel Lloyd tremblait, le cœur et le souffle défaillants. La lumière, le rayonnement presque divin qui avait éclaté sur elle jetait néanmoins devant elle une ombre terrible. Sous la musique, elle entendit le grondement du tonnerre. Son nouveau bonheur n'était pas sans son désarroi. L'amour n'était pas revenu seulement dans son cœur. Avec lui était revenu le vieil Ennemi qu'elle croyait autrefois l'avoir quittée pour toujours. Maintenant, c'était revenu. Comme auparavant, il la cachait et la regardait depuis les coins sombres. Il se glissa à ses côtés, sur son dos, prêt à bondir, prêt à frapper, à lui saisir la gorge avec des doigts froids et à la porter à terre, lui déchirant le cœur d'un chagrin qu'elle se disait ne pas pouvoir supporter et vivre. Elle l'aimait maintenant de tout son esprit et de toute sa force ; comment aurait-il pu en être autrement ? Il lui appartenait – et elle ? Eh bien, elle ne vivait qu'avec sa vie ; elle semblait si liée à lui qu'elle faisait partie de lui-même. Littéralement, elle ne pouvait pas comprendre comment il lui serait possible de vivre s'il mourait. Il lui semblait qu'avec sa mort, quelque élément mystérieux de sa vie, quelque chose de vital et de fondamental, pour lequel il n'y avait pas de nom, se désintégrerait à l'instant et la laisserait sans la force nécessaire pour exister davantage. Mais ce serait néanmoins un soulagement. La perspective des années qui suivirent sa mort, la terrible solitude de la vie sans lui, étaient une horreur devant laquelle elle croyait véritablement que sa raison elle-même allait s'effondrer.

"Lloyd."

Bennett était de nouveau réveillé et l'observait avec une anxiété fébrile, allongé parmi les oreillers. "Lloyd," répéta-t-il, la voix autrefois si grave et si puissante tremblait pitoyablement. "J'avais tort. Je ne veux pas que tu partes. Ne me quitte pas."

En un instant, Lloyd était à ses côtés, agenouillé près du lit. Elle attrapa l'une des grandes mains noueuses, cousues et cordées, brûlantes de fièvre. "Jamais, jamais, ma chérie; jamais aussi longtemps que je vivrai."

# IX.

Quand Adler entendit les pas incertains de Bennett dans les escaliers et le son de la voix de Lloyd lui parlant et lui insistant sur le fait qu'il n'y avait rien de pressé et qu'il ne devait faire qu'un pas à la fois, il se retourna rapidement depuis les fenêtres vitrées. chambre, où il avait observé la brise d'octobre remuer les feuilles cramoisies et jaunes du verger, il éloigna la chaise de son maître de la table du petit déjeuner et se tint derrière elle dans l'expectative, ses yeux regardant la porte.

Lloyd retint la porte et Bennett entra, s'appuyant lourdement sur l'épaule du Dr Pitts. Adler se raidit à l'instant comme en réponse à un appel de clairon inouï, et lorsque Bennett eut pris place, il poussa doucement sa chaise vers la table et déplia sa serviette avec un grand geste comme s'il tendait une bannière au vent. Pitts quitta presque immédiatement la pièce, mais Lloyd resta à superviser le petit-déjeuner de Bennett, versant son lait, beurrant ses toasts et ouvrant ses œufs.

"Café?" » demanda soudain Bennett. Lloyd secoua la tête.

"Pas avant une semaine."

Bennett regarda avec une sombre défaveur le verre de lait que Lloyd avait placé à son coude.

« Une telle saleté ! » grogna-t-il. "Pourquoi pas un peu de sucre et de l'eau tiède, et en finir avec ça ? Lloyd, je ne peux plus boire ce truc. Eh bien, il fait encore chaud !" s'exclama-t-il avec tristesse et profond dégoût, en posant brusquement le verre.

"Eh bien, bien sûr," répondit-elle; "Nous avons amené la vache ici spécialement pour vous, et le garçon vient de finir de la traire - et ce n'est pas de la saleté."

« Slop ! Slop ! » » déclara Bennett. Il reprit le verre et la regarda par-dessus le bord.

"Je vais boire ce truc encore une fois pour te faire plaisir", dit-il. "Mais je vous promets que ce sera la dernière fois. Vous n'avez pas besoin de me le demander à nouveau. J'ai bu suffisamment de lait ces trois dernières semaines pour subvenir aux besoins d'un hôpital pour enfants trouvés pendant un an."

Invariablement, depuis le début de sa période de convalescence, Bennett faisait cette scène autour de son verre de lait horaire, et invariablement elle se terminait par l'avaler presque d'une seule gorgée.

Adler apporta le courrier et le journal du matin. Trois lettres étaient venues pour Lloyd et pour Bennett un petit volume sur « la recherche et l'exploration récentes dans l'Arctique », envoyé par son éditeur avec une note selon laquelle, en tant qu'autorité la plus récente en la matière, Bennett était sûr de le trouver d'une grande utilité. intérêt. Dans une annexe, insérée après la rédaction du corps du livre, l' expédition Freja et son propre travail ont été brièvement décrits. Lloyd mit ses lettres de côté et, dépliant le papier, dit : « Je vais le lire pendant que vous prendrez votre petit-déjeuner. Avez-vous tout ce que vous voulez ? Avez-vous bu votre lait, tout ? Mais du coin de l'œil, elle remarqua qu'Adler riait derrière le plateau qu'il tenait devant son visage, et avec une méfiance croissante, elle se pencha en avant et scruta parmi les plats du petit-déjeuner. Bennett avait caché son verre derrière le porte-toast.

"Et il n'est vide qu'aux deux tiers", a-t-elle déclaré. "Ward, pourquoi vas-tu être un tel garçon ?"

"Oh, eh bien," grommela-t-il, et sans plus tarder, il but sans plus attendre.

"Maintenant, je vais te lire si tu as tout ce que tu veux. Adler, je pense que tu peux ouvrir une de ces fenêtres, il fait si chaud dehors."

Pendant qu'il prenait son petit-déjeuner composé de pain grillé, de lait et d'œufs, Lloyd feuilletait le journal, lisant à haute voix tout ce qui, selon elle, pourrait l'intéresser. Puis, au bout d'un moment, son regard fut attiré et retenu par un article d'une demi-colonne tiré d'une dépêche d'Associated Press.

"Oh!" elle a crié, "écoute ça!" et continua : « La nouvelle a été reçue à cet endroit de l'arrivée en toute sécurité du navire à vapeur arctique Curlew à Tasiusak, sur la côte du Groenland, transportant dix-huit membres de l'expédition Duane-Parsons. Le capitaine Duane rapporte que tout va bien et que le voyage s'est déroulé sans incident. C'est son intention de passer l'hiver à Tasiusak, ramassant des chiens et aussi des traîneaux Esquimau, qu'il croit supérieurs aux fabrications européennes pour le travail dans les glaces de décombres, et de continuer avec le Courlis au printemps dès que Smith Sound sera navigable. Cela pourrait être plus tard que ne le suppose le capitaine Duane, car les baleiniers qui ont travaillé dans le détroit au cours des derniers mois rapportent des nouvelles d'un hiver inhabituellement précoce et d'extraordinaires quantités de banquise à la fois dans le détroit lui-même et dans le bassin de Kane. une saison d'ouverture proportionnellement tardive l'année prochaine, et le départ du Courlis de Tasiusak pourrait être considérablement plus tard que prévu. Les meilleurs experts de l'Arctique considèrent comme une circonstance malheureuse que le capitaine Duane ait choisi d'hiverner au sud du cap Sabine, car l'état de la glace dans Smith Sound ne peut jamais être fiable ni prédit. Si l'entrée du détroit était encore encombrée de glace jusqu'en juillet, ce qui n'est en aucun cas impossible, le capitaine Duane sera obligé de passer un autre hiver à Tasiusak ou à

Upernvick, consommant à la fois ses réserves de provisions et la patience de ses hommes. '"

Il y eut un silence lorsque Lloyd eut fini de lire. Bennett a ébréché le bout de son deuxième œuf.

"Bien?" dit-elle longuement.

"Eh bien," répondit Bennett, "qu'est-ce que tout cela me fait?"

"C'est votre travail", répondit-elle avec presque véhémence.

"Non, en effet. C'est l'œuvre de Duane."

"Que veux-tu dire?"

"Laisse-le essayer maintenant."

"Et toi?" s'exclama Lloyd en le regardant attentivement.

"Ma chère fille, j'ai eu ma chance et j'ai échoué. Maintenant—" il leva une épaule avec indifférence — "maintenant, je m'en fiche. J'ai perdu tout intérêt."

« Je ne vous crois pas », s'écria-t-elle énergiquement ; "toi entre tous les hommes." Derrière la chaise de Bennett, elle aperçut momentanément Adler, qui avait mis son plateau sous son bras et applaudissait silencieusement dans une pantomime élaborée. Elle vit ses lèvres former les mots "C'est ça, c'est vrai. Allez-y."

"En plus, j'ai mon livre à faire, et en plus je suis un invalide, un invalide qui boit de la slop."

"Et tu as l'intention de tout abandonner, ta carrière ?"

"Eh bien, si je le devais, et alors ?" Soudain, il se tourna brusquement vers elle. "Je ne devrais pas penser *que tu* voudrais que j'y revienne. Est-ce que *tu* m'encourages à y aller ?"

Lloyd poussa un petit halètement soudain et sa main se referma involontairement sur la sienne alors qu'elle reposait près d'elle sur la table.

"Oh non!" elle a pleuré. "Oh, non, je ne le fais pas ! Tu as raison. Ce n'est pas ton travail maintenant."

"Eh bien, alors", marmonna Bennett comme si la question était définitivement réglée.

Lloyd se tourna vers son courrier et, l'une après l'autre, fendit les enveloppes, à la manière d'une femme, avec une épingle à cheveux en coquillage. Mais tandis qu'elle parcourait le contenu de ses lettres, Bennett commença à s'agiter avec inquiétude à sa place. De temps en temps, il s'arrêtait de manger et jetait un coup d'œil à Lloyd sous son froncement de sourcils, remarquant la texture blanche et impeccable de sa robe et de sa taille, l'écharpe blanche avec ses hautes bandes serrées autour du cou, les minuscules boutons dorés en elle. ses poignets, l'éclat sombre et rougeâtre de ses joues, ses yeux bleu terne et les touffes et boucles de ses cheveux rouge bronze. Puis, brusquement, il dit :

"Adler, tu peux y aller."

Adler salua et se retira.

"De qui viennent vos lettres ?" » a demandé Bennett en guise de début.

Lloyd replaça l'épingle à cheveux dans ses cheveux et répondit :

"Du Dr Street, de Louise Douglass et de... M. Campbell."

"Hum ! eh bien, qu'est-ce qu'ils disent ? Le Dr Street et... Louise Douglass ?"

"Le Dr Street me demande de prendre en charge un cas chirurgical très important dès que j'aurai fini ici, 'l'une des opérations les plus importantes et les plus délicates, ainsi que l'une des plus intéressantes, de son expérience professionnelle'. Ce sont ses mots. Louise écrit quatre pages, mais elle ne dit rien, juste bavarde.

« Et Campbell ? Bennett désigna du menton la troisième lettre plutôt volumineuse située près de Lloyd. "Il semble avoir écrit un peu plus de quatre pages. Que dit-il ? Est-ce qu'il "bavarde" aussi ?"

Lloyd lissa ses cheveux sur une tempe.

"Hmm… non. Il dit… quelque chose. Mais peu importe ce qu'il dit. Ward, je dois retourner en ville. Tu n'as plus besoin d'infirmière."

"Qu'est ce que c'est?" Le froncement de sourcils de Bennett s'accentua à l'instant, et avec un mouvement brusque de tête qui lui était habituel, il porta sur elle son seul œil valide.

Lloyd répéta sa déclaration, répondant à ses remontrances et à ses protestations par :

" Vous allez presque parfaitement bien, et ce ne serait pas du tout discret de ma part de rester ici une heure de plus que ce qui est absolument nécessaire. J'y retournerai demain ou après-demain. "

"Mais, je vous le dis, je suis encore très malade. Je suis une pauvre épave, misérable, brisée."

Il fit une grande démonstration de toux d'une voix creuse et lamentable.

" Écoutez ça, et hier soir j'ai eu une forte fièvre, et ce matin j'ai eu une drôle de douleur par ici... " il indiqua vaguement la région de sa poitrine. "Je pense que je suis sur le point de faire une rechute."

"C'est absurde ! Vous ne pouvez pas du tout m'effrayer."

"Oh, eh bien," répondit-il facilement, "je vais vous accompagner, c'est tout. Je suppose que vous voulez me voir m'aventurer dehors par un temps aussi humide et maussade que celui-ci, avec mes poumons faibles."

"Vos poumons faibles ? Depuis combien de temps ?"

"Eh bien, je—j'ai parfois pensé que mes poumons n'étaient pas très forts."

« Eh bien, mon cher, pauvre enfant ; je suppose que le climat dans la baie de Kolyuchin *était* un peu trop vivifiant... »

"Que dit Campbell?"

"—et le régime trop riche pour ton sang—"

"Que dit Campbell?"

"...et peut-être avez-vous surmené-"

"Lloyd Searight, que dit M. Campbell là-dedans..."

"Il me demande de l'épouser."

« Maman... mar... l'épouser ? Eh bien, au diable son impudence !

"M. Campbell est un gentleman éminemment respectable et digne."

"Oh, eh bien, je m'en fiche. Allez ! Allez épouser M. Campbell. Soyez heureux. Je vous pardonne à tous les deux. Allez, laissez-moi mourir seul."

"Monsieur, je vais y aller. Oubliez que vous avez connu une femme malheureuse, dont le seul défaut était de vous aimer."

" Allez ! et pensez parfois à moi au loin sur la houle et versez une larme silencieuse — dis-je, comment vas-tu répondre à la lettre de Campbell ? "

"Juste un mot : ' *Viens* .'"

"Lloyd, sois sérieux. Ce n'est pas une blague."

"Blague!" répéta-t-elle d'une voix creuse. " C'est en effet une mauvaise plaisanterie. Ah ! si j'avais aimé d'un amour de jeune fille, cela aurait été mieux pour moi. "

Puis soudain, elle l'attrapa par le cou avec ses deux bras et l'embrassa sur la joue et sur les lèvres, un petit frémissement la parcourant jusqu'au bout des doigts, son humeur changeant brusquement en un sérieux profond et doux.

« Oh, Ward, Ward ! » s'écria-t-elle, "tout notre malheur, tout notre chagrin, nos épreuves, notre anxiété et notre suspense cruel sont terminés maintenant, et maintenant nous nous sommes vraiment et nous nous aimons, ma chère, et toutes les années à venir ne feront que nous apporter du bonheur. , et nous rapproche de plus en plus les uns des autres.

"Mais voici un point, Lloyd", dit Bennett après quelques instants et quand ils furent revenus à un discours cohérent ; "Et votre travail ? Vous parlez de ma carrière ; qu'en est-il de la vôtre ? Nous allons nous marier, mais je sais à quel point vous avez aimé votre travail. Ce sera une dure épreuve pour vous si vous y renoncez. Je ne le suis pas. Je suis sûr que je devrais vous la demander. Cette lettre de Street, maintenant. Je sais à quel point vous devez être impatient de prendre en charge de telles opérations - des cas aussi importants qu'il mentionne. Ce serait très égoïste de ma part de vous demander de donner votre travail. C'est le travail de votre vie, votre profession, votre carrière.

Lloyd prit la lettre du Dr Street et, la tenant délicatement à bout de bras, la déchira en deux et laissa les morceaux flotter sur le sol.

"Cela, pour l'œuvre de ma vie", a déclaré Lloyd Searight.

Alors qu'elle s'éloignait de lui un instant plus tard, Bennett demanda d'un seul coup et très sérieusement :

"Lloyd, est-ce que tu m'aimes ?"

"De tout mon cœur, Ward."

"Et tu seras ma femme ?"

"Tu sais que je le ferai."

"Alors" - Bennett ramassa le petit volume de "Arctic Research" qu'il avait reçu ce matin-là et le jeta sur le sol - "ça, pour ma carrière", répondit-il.

Pendant un moment, ils restèrent silencieux, se regardant joyeusement dans les yeux. Puis Bennett l'attira à nouveau vers lui et la serra près de lui, et une fois de plus, elle passa ses bras autour de son cou et posa sa tête sur son épaule avec un petit soupir confortable de contentement, de soulagement et de joie tranquille, pendant tout ce temps, l'épreuve acharnée était terminée ; qu'il n'y avait plus de combats à mener, plus de situations sombres et difficiles à affronter, plus de devoirs incessants à accomplir. Elle avait enduré et elle avait vaincu ; maintenant sa récompense était venue. Place maintenant aux longues et calmes années de bonheur.

Plus tard dans la journée, environ une heure après midi, Bennett faisait sa sieste quotidienne, soigneusement enveloppé dans des châles et allongé dans un fauteuil à vapeur en osier dans la salle vitrée. Lloyd, pendant ce temps, était occupée dans le jardin à côté de la maison, cueillant des fleurs qu'elle avait l'intention de mettre dans un immense bol en porcelaine dans la chambre de Bennett. Pendant qu'elle était ainsi occupée, Adler, suivi de Kamiska, arriva. Adler ôta sa casquette.

"Je vous demande pardon, mademoiselle", commença-t-il en retournant sa casquette entre ses doigts. "Je ne veux pas paraître importun, et si je le fais, je suppose que vous feriez mieux de me le dire d'abord. Mais qu'a-t-il dit - ou a-t-il dit quoi que ce soit - le capitaine, je veux dire - ce matin à propos de partir ? Je t'ai entendu lui parler au petit-déjeuner. C'est tout, c'est le genre de conversation dont il a besoin. Je ne peux pas lui parler de cette façon. J'ai tellement peur de lui. Je ne le croirais pas Le capitaine dirait un jour qu'il abandonnerait, il dirait un jour qu'il a été battu. Mais, mademoiselle, je pense qu'il y a quelque chose qui ne va pas, le principal problème chez le capitaine ces jours-ci, à part la fièvre. Il devient mou, c'est ce qu'il est. Si seulement vous saviez l'homme qu'il était avant, pendant que nous étions là-haut dans la Glace ! C'est son travail, c'est pour cela qu'il est fait. Personne ne peut le faire à part lui, et le voir arrêter , le voir confier sa chance à un pilote de glace de troisième ordre comme Duane — un professeur d'université côtier qui n'en sait pas plus sur la glace que… que vous — cela me rend régulièrement malade. le capitaine maintenant s'il démissionne ? Il va simplement s'installer comme professeur ordinaire au foyer, écrire dans un livre, écrire des articles pour les journaux et les magazines, et au revoir, peut-être, il je vais me mettre au cours ! Imaginez, mademoiselle, lui, le capitaine, faire la leçon ! Et pendant qu'il reste à la maison et écrit et — oh, Seigneur ! — donne des conférences, quelqu'un d'autre, sans un cinquième de ses capacités, fera le *travail* . Cela me brisera naturellement le cœur, s'exclama Adler, si le capitaine se jette. Je ne serais pas tellement désolé qu'il n'atteigne pas le pôle qu'il ait arrêté d'essayer - qu'un homme comme le capitaine - ou comme ce que je pensais qu'il était - ait abandonné et jeté quand il a pu gagner.

"Mais, Adler," répondit Lloyd, "le capitaine... M. Bennett, me semble-t-il, a fait sa part. Pensez à ce qu'il a enduré. Vous ne pouvez pas avoir oublié la marche vers la baie de Kolyuchin ?"

Mais Adler fit un geste impatient de la main qui tenait la casquette. " Le danger ne compte pas ; ce qu'il devrait endurer ne compte pas ; les chances de vie ou de mort ne comptent pas ; rien au monde ne compte. *C'est son œuvre* ; Dieu A'Mighty Ne le laissez pas pour ça, et il doit le faire. N'avez-vous aucune influence sur lui, mademoiselle ? Ne voulez-vous pas lui parler gentiment ? Ne le laissez pas s'énerver, ne le laissez pas devenir mou. Faites de lui un homme et non un professeur. »

Quand Adler la quitta, Lloyd se laissa tomber sur un petit siège au bord de l'allée du jardin, laissa les fleurs tomber sur ses genoux et se pencha en arrière à sa place, les yeux écarquillés et pensif, revoyant dans son imagination les événements du passé. quelques mois. Quel changement cet été avait apporté pour eux deux ; comme ils avaient été façonnés à nouveau dans le moule des circonstances !

Soudain et sans avertissement, ils s'étaient affrontés tous les deux, pleins d'entrain, forts, déterminés, la force de l'homme contre la force de la femme ; et la femme, intrinsèquement plus faible, avait été écrasée et humiliée. Pendant un moment, il lui sembla qu'elle avait été brisée au-delà de tout espoir ; si humiliée qu'elle ne pourrait plus jamais se relever; comme si une grande crise s'était développée dans sa vie et qu'après avoir échoué une fois, elle devait échouer encore, encore et encore - comme si toute sa vie ultérieure devait être un long échec. Mais une crise plus grave avait suivi de près la première : la lutte avec soi-même, la plus grande lutte de toutes. Contre le principe abstrait du mal, la femme qui avait échoué dans le conflit matériel avec une volonté masculine et maîtresse, avait réussi, s'était vaincue, avait été vraie quand il était facile d'être faux, avait osé le jugement de ses pairs pour seulement que elle ne tromperait peut-être pas.

Sa haine momentanée, peut-être imaginaire, envers Bennett, qui l'avait si cruellement mal comprise et humiliée, avait apparemment, d'elle-même, quitté son cœur. Puis était venue l'heure où l'étrange hasard de la fortune avait renversé leurs anciennes positions, où elle pouvait être maîtresse alors qu'il était faible ; quand c'était au tour de l'homme d'être brisé, d'être vaincu. Sa propre déconvenue avait été compensée par la sienne. Elle n'a plus besoin de le considérer comme son conquérant, son maître. Et quand elle l'avait vu si faible, si pathétiquement incapable de résister à la moindre pression de sa main ; lorsqu'il lui fut donné non seulement de témoigner mais aussi de soulager ses souffrances, le grand amour pour lui qui ne pouvait pas mourir était revenu. Avec la maîtrise de soi était venu l'oubli de soi ; et sa profession, l'œuvre de sa vie, dont elle avait été si fière, lui avaient paru de peu d'importance. Désormais, elle lui appartenait et sa vie lui appartenait. Elle devrait, se disait-elle, être désormais heureuse de son bonheur, et sa seule fierté serait celle de ses réalisations.

Mais maintenant, l'inattendu s'était produit et Bennett avait abandonné sa carrière. Pendant la période de convalescence de Bennett, Lloyd avait souvent parlé longuement et sérieusement avec lui, en partie d'après ce qu'il lui avait dit et en partie de ce qu'elle déduisait qu'elle avait enfin pu retracer et suivre les processus et changements mentaux par lesquels Bennett avait passé. Lui aussi avait été éprouvé par le feu ; lui aussi avait eu son épreuve, son épreuve.

De par sa nature, sa formation et la vie qu'il avait vécue, Bennett avait été un homme dur, quelque peu brutal, excessivement égoïste et toujours magnifiquement arrogant. Il n'avait ni patience ni tolérance pour la faiblesse humaine naturelle. Bien qu'égoïste, il n'était pas gêné, et il ne lui était jamais venu à l'esprit qu'il lui était impossible de voir qu'il était un géant parmi les hommes. Son cœur était insensible ; toute sa nature et son caractère étaient durs et durs à cause des secousses qu'il donnait plutôt que de recevoir.

Puis vint le malheur. Ferriss était mort, et la reconnaissance par Bennett du fait que lui, Ward Bennett, qui n'avait jamais échoué, qui n'avait jamais commis d'erreur, avait enfin commis la grande et terrible erreur de sa vie, avait ébranlé son caractère jusque dans ses fondements mêmes. Ce n'était que le début ; la brèche une fois faite, l'humanité entra dans les lieux sombres et déserts de son âme ; le remords pesait lourdement sur son arrogance habituelle ; la générosité et l'envie de se faire pardonner ont remplacé l'égoïsme ; la gentillesse a chassé la brutalité native ; la dureté et l'impériosité d'antan ont cédé la place à un certain esprit de tolérance.

C'était l'influence de ces nouvelles émotions qui avait poussé Bennett à faire à Adler la déclaration qui avait tant étonné et rendu perplexe son ancien subordonné. Lui aussi, Bennett, comme Lloyd, s'efforçaient à cette époque de se libérer d'une fausse position et, par le biais de la confession, de se présenter sous son vrai visage aux yeux de ses associés. Inconsciemment, ils travaillaient tous deux à leur salut dans le même sens.

Puis vint la résolution de Bennett d'accorder à Ferriss une place de choix dans son livre, le récit de l'expédition. Plus Bennett insistait sur l'héroïsme, l'intelligence et les capacités de Ferriss, plus sa tâche devenait un travail d'amour et plus l'idée de soi s'éloignait de sa pensée et de son imagination. Puis — et ce n'était peut-être pas le facteur le moins important dans la transformation de Bennett — la maladie était tombée ; l'homme fort et autonome avait été amené à la faiblesse d'un enfant, que la pression d'un doigt pouvait maîtriser. Il changea soudain de place avec la femme qu'il croyait avoir, à un prix si effroyable, brisée et maîtrisée. Sa force physique, autrefois si énorme, était comme un roseau dans la main de la femme ; sa volonté, si indomptable, était aussi impuissante que celle d'un enfant devant la calme résolution de la femme, qui s'élevait là devant lui et le dominait à un moment où il la croyait à jamais affaiblie.

Bennett était sorti de cette épreuve châtié, adouci et humilié. Mais il a été brisé, brisé, ramené à terre avec du chagrin et le fardeau de regrets inutiles. L'ambition était engourdie et sans vie en lui. La réaction de son ancienne attitude d'agression et de défi l'avait porté bien au-delà de la normale.

Ici s'est élargie la différence entre l'homme et la femme. L'arrêt par Lloyd de l'œuvre de sa vie avait été de la nature d'une subjugation héroïque de soi. L'abandon de sa carrière par Bennett n'était guère mieux que de la faiblesse.

Dans l'un, il s'agissait du renoncement ; dans l'autre reddition. En fin de compte, et après tout, c'est la femme qui est restée la plus forte.

Mais pour elle, la femme, était-il vrai que tout était fini ? Le dernier conflit avait-il eu lieu ? Ne fallait-il pas plutôt croire que la vie était un long conflit ? N'était-ce pas à elle, Lloyd, de réveiller cette ambition paresseuse ? N'était-ce pas, après tout, son métier d'être son inspiration, son stimulant, de le pousser à l'accomplissement d'une grande œuvre ? Or, des deux, elle était la plus forte. Dans ces nouvelles conditions, quel était son devoir ? Les phrases maladroites d'Adler persistaient dans son esprit. "C'est son travail", avait dit Adler. "Dieu Tout-Puissant l'a éliminé pour ça, et il doit le faire. Ne le laissez pas se déchaîner, ne le laissez pas s'amollir ; faites de lui un homme et non un professeur."

Avait-elle autant d'influence sur Bennett ? Pourrait-elle réveiller à nouveau cet esprit agité et audacieux ? Peut-être; mais qu'est-ce que cela signifierait pour elle – pour elle, qui devait être laissée derrière elle pour attendre, attendre et attendre – pendant trois ans, pendant cinq ans, pendant dix ans – peut-être pour toujours ? Et maintenant, à ce moment où elle croyait que le bonheur lui était enfin venu ; une fois le devoir accompli, les sinistres problèmes résolus ; quand la maladie avait été vaincue; quand l'amour fut revenu et que les jours calmes et tranquilles semblaient s'allonger, elle se rappela le temps hideux qui s'était écoulé entre le départ de la Freja et le retour de l'expédition ; quelles nuits blanches, quels jours d'indicible suspense, quelles terribles alternances entre espoir et désespoir, quelles souffrances silencieuses et refoulées, quelle peur obsédante et toujours présente d'une chose qu'elle n'osait nommer ! La peur allait-elle réapparaître dans sa vie ? l'Ennemi qui se cachait, lorgnait et s'abstenait de frapper, qui s'accrochait à ses talons à chaque heure de la journée, qui s'asseyait avec elle à chaque occupation, qui suivait quand elle bougeait à l'étranger, qui s'approchait d'elle dans les veilles immobiles de la nuit, rampant, rampant jusqu'à son lit, la surplombant dans l'obscurité ; les doigts froids se rapprochaient de plus en plus, l'horrible visage devenait de plus en plus distinct, jusqu'à ce que le suspense d'attendre que le coup tombe, que les doigts s'agrippent, devienne plus qu'elle ne pouvait supporter, et elle sauta de son lit avec un sanglot étouffé. d'angoisse, chassée de son repos les lèvres tremblantes et les yeux ruisselants ?

Brusquement, Lloyd se leva, les fleurs tombant de ses genoux sans y prêter attention, ses bras rigides sur le côté, ses mains fermement fermées.

"Non," murmura-t-elle, "je ne peux pas. Ceci, enfin, est plus que ce que je peux faire."

Instantanément, les mots hésitants d'Adler résonnèrent dans son cerveau : « Le danger n'y figure pas ; rien au monde n'y figure. C'est son œuvre.

Les paroles d'Adler étaient les paroles du monde. Elle seule, parmi les milliers de personnes dont les yeux étaient tournés vers Bennett, était aveuglée. Elle avait tort. Elle lui appartenait, mais lui ne lui appartenait pas. Le monde le réclamait ; le monde l'a appelé à ses côtés pour accomplir la terrible œuvre pour laquelle Dieu l'avait créé. Était-elle, parce qu'elle l'aimait, à cause de sa propre angoisse, se tenir entre lui et les clameurs du monde, entre lui et son œuvre, entre lui et Dieu ?

Il y avait là un travail à accomplir. Il doit jouer le rôle de l'homme. La bataille doit être à nouveau menée. Cet horrible et macabre Ennemi, là-haut au nord, sur la haute courbe du globe, l'épaule du monde, immense, impitoyable, terrible dans sa vaste force titanesque, gardant son secret à travers tous les siècles au plus profond d'un monde. mille bobines brillantes, doivent être à nouveau défiées. Le monstre qui a défendu le grand prix, l'objet de tant de quêtes infructueuses doit être une nouvelle fois attaqué.

C'était à lui le travail, pour lui le choc du combat, la rigueur du combat, l'assaut acharné, l'offensive incessante, le courage sans faille et sans faille.

Son rôle était celui de la femme. Elle l'avait déjà assumé ; le altruisme inébranlable, le renoncement, la patience, l'héroïsme plus grand que tous les autres, qui reste assis les mains jointes, calme, inébranlable et sous un stress effrayant, endure, endure et endure. Être l'inspiratrice de grandes actions, de grands espoirs et de fermes résolutions, puis, pendant que le combat était osé, attendre calmement son issue, tel était son devoir, telle était la part de la femme dans la grande œuvre du monde.

Lloyd était vaguement consciente d'un certain élément doux et subtil dans son amour pour Bennett qu'elle avait seulement récemment commencé à reconnaître et à prendre conscience. C'était un certain vague instinct protecteur, presque maternel. Peut-être était-ce dû à sa faiblesse physique et de caractère, ou peut-être était-ce un élément que l'on retrouve toujours dans l'amour profond et sincère de toute femme au cœur noble. Elle sentait qu'elle, non pas en tant qu'elle-même individuellement, mais en tant que femme, était non seulement plus forte que Bennett, mais d'une manière plus âgée et plus mature. Elle était consciente des profondeurs de sa nature bien plus grandes que de la sienne, et aussi qu'elle était capable d'atteindre des sommets d'héroïsme, de dévouement et de sacrifice que lui, malgré toute sa force masculine, non seulement ne pourrait jamais atteindre, mais ne pourrait même pas concevoir. de. C'est cette conscience de sa nature plus grande et meilleure qui lui a fait ressentir pour Bennett un peu ce qu'une mère ressent pour son fils, une sœur pour son jeune frère. Une grande tendresse se mêlait à son affection, une magnanimité vaste et presque divine, une large pitié féminine pour ses défauts, ses erreurs, ses défauts. C'était vers elle qu'il devait chercher des encouragements. Il lui appartenait de lier et de remodeler la grande énergie qui avait été si brutalement réprimée, et non seulement de rappeler sa force, mais de la guider et de la diriger dans les canaux désignés.

Lloyd retourna vers la véranda vitrée et trouva Bennett tout juste sorti de sa sieste. Elle rapprocha les châles de lui et réarrangea les oreillers sous sa tête, puis s'assit sur les marches à proximité.

"Parlez-moi de ce capitaine Duane", commença-t-elle. "Où est-il maintenant?"

Bennett bâilla et passa la main sur son visage, essuyant le sommeil de ses yeux.

" Quelle heure est-il ? J'ai dû dormir plus d'une heure. Duane ? Eh bien, tu as vu ce que dit le journal. Je présume qu'il est à Tasiusak. "

"Pensez-vous qu'il réussira ? Pensez-vous qu'il atteindra le pôle ? Adler pense qu'il n'y parviendra pas."

"Oh, peut-être, s'il a de la chance et une saison ouverte."

" Mais dites-moi, pourquoi prend-il tant d'hommes ? N'est-ce pas contraire à la coutume ? Je connais beaucoup de choses sur le travail dans l'Arctique. Pendant votre absence, j'ai lu tous les livres que j'ai pu trouver sur le sujet. Le meilleur ouvrage a été " J'ai vu que vous étiez cité quelque part comme étant en faveur de seulement six ou huit hommes. "

"Dix devrait être la limite, mais quelqu'un d'autre va tenter le coup maintenant. Je n'en ai plus. J'ai essayé et j'ai échoué."

" Échoué, vous ! L'idée de votre échec permanent, de votre abandon permanent ! Bien sûr, c'était très bien de plaisanter ce matin sur l'abandon de votre carrière ; mais je sais que vous ne repartirez que trop tôt. Je J'essaie de m'éduquer pour m'attendre à cela.

"Lloyd, je vous dis que je n'en suis plus. Je ne crois pas que le pôle puisse jamais être atteint, et je me fiche qu'il soit atteint ou non."

Soudain, Lloyd se tourna vers lui, une lumière inhabituelle brillant dans ses yeux. " Mais *oui* ," cria-t-elle avec véhémence. "Cela peut être fait, et nous, l'Amérique, devrions le faire."

Bennett la regarda, surpris par son éclat.

"Cette expédition anglaise", poursuivit Lloyd, les joues rouges, "cette expédition Duane-Parsons, ils auront le départ de tout le monde l'année prochaine. Presque chaque tentative qui est faite maintenant établit un nouveau record pour une latitude élevée. Un les nations les unes après les autres se rapprochent de plus en plus presque chaque année, et chaque expédition profite des expériences et des observations faites par celle qui l'a précédée. Un jour, et dans peu de temps maintenant, quelque nation réussira et y plantera son drapeau. Enfin. Pourquoi ne serait-ce pas nous ? Pourquoi *notre* drapeau ne devrait-il pas être le premier au pôle ? Nous qui avons eu tant de héros, de si grands marins, de si splendides chefs, de tels explorateurs – nos Stanley, nos Farragut, nos Decatur, nos De Long, nos Lockwood – combien nous aurions honte devant le monde si une autre nation réussissait là où nous avons pratiquement réussi – la Norvège, ou la France, ou la Russie, ou l'Angleterre – profitant de nos expériences, en suivant là où nous avons fait le chemin. chemin!"

"C'est très bien", a admis Bennett. "Ce serait un grand honneur, le plus grand peut-être ; et autrefois... je... eh bien, j'avais mes ambitions aussi. Mais tout est différent maintenant. Quelque chose en moi est mort quand... Dick... quand... je... oh, laisse Duane essayer. Laissez-le faire de son mieux. Je sais que cela n'est pas possible, et s'il devait gagner, je serais le premier à lui envoyer des félicitations. Lloyd, je m'en fiche. J'ai perdu tout intérêt. Je suppose que c'est ma punition. " Je suis hors course. Je suis un numéro arrière. Je suis en baisse. "

Lloyd secoua la tête.

"Je ne… je ne peux pas te croire."

"Voulez-vous me voir partir", demanda Bennett, "après cette dernière expérience ? M'y incitez-vous ?"

Lloyd détourna la tête et l'appuya contre l'un des piliers de la véranda. Une soudaine obscurité envahit ses yeux, la douleur d'étouffement qu'elle connaissait si bien lui vint à la gorge. Ah, la vie était dure pour elle. La grandeur même de sa nature lui chassait le bonheur si constamment atteint par les petits esprits, par les âmes communes. Quand finirait-il ce sacrifice continuel de l'inclination au devoir, cette abnégation éternelle, cet abandon d'elle-même, de ses désirs les plus chers, les plus chers, aux exigences du devoir et du grand monde ?

"Je ne sais pas ce que je veux," dit-elle faiblement. "Il ne semble pas qu'on *puisse* être heureux, très longtemps."

Tout à coup, elle s'approcha de lui, posa sa joue sur le bras de son fauteuil et lui serra les mains dans les siennes en murmurant : « Mais je t'ai maintenant, je t'ai maintenant, peu importe ce qui nous arrive.

Un sentiment de faiblesse l'envahit. Que lui importait que Bennett accomplisse son destin, complète sa carrière, continue à être le Grand Homme ? C'était lui, Bennett, qu'elle aimait – pas sa grandeur, ni sa carrière. Lâchez tout, laissez l'ambition mourir, laissez d'autres moins dignes réussir dans cette immense tâche. Qu'étaient la renommée, l'honneur, la gloire et le sentiment d'un devoir divinement assigné accompli finalement à la poignée de sa main et au son de sa voix ?

En novembre de la même année, Lloyd et Bennett se sont mariés. Deux invités seulement ont assisté à la cérémonie. Il s'agissait de Campbell et de sa petite fille Hattie.

# X.

Les mois passèrent ; Noël allait et venait. Jusque-là, l'hiver avait été exceptionnellement doux, mais janvier s'est installé avec une succession de vagues de froid violentes et de grands vents violents venant du nord-est. Lloyd et Bennett avaient choisi de rester tranquillement dans leur nouvelle maison à Medford. Ils n'avaient aucune envie de voyager et le prochain livre de Bennett exigeait son attention. Adler resta à la maison. Lui et le chien Kamiska étaient des compagnons inséparables. À de longs intervalles, des visiteurs se présentaient : le Dr. Street, ou Pitts, ou certains amis de Bennett. Mais le grand nombre d'intervieweurs, de rédacteurs et de projecteurs de projets merveilleux qui avaient rempli les antichambres de Bennett au printemps et au début de l'été était en train de diminuer visiblement. La presse ne parlait plus de lui ; même son courrier était tombé. Or, chaque fois que les journaux de l'époque consacraient une place à l'exploration de l'Arctique, c'était invariablement en référence à l'expédition anglaise hivernant sur la côte du Groenland. Ce monde qui avait réclamé si fort le retour de Bennett, même s'il ne l'oubliait peut-être pas encore, mais l'ignorait déjà, regardait dans d'autres directions. Un autre homme était aux yeux du public.

Mais dans tous les sens du terme, ces deux-là – Lloyd et Bennett – étaient hors du monde. Ils s'étaient libérés du courant des affaires. Ils se tenaient à l'écart pendant que la grande marée passait rapidement et turbulente, et l'un d'eux au moins n'avait même pas l'intérêt de regarder et d'observer sa progression.

Pendant un certain temps, Lloyd fut extrêmement heureux. Leur vie était ininterrompue, sans incident. Les jours calmes et monotones de bonheur tranquille qu'elle attendait avec impatience étaient enfin arrivés. Il en sera toujours ainsi. Isolée et isolée, elle pouvait fermer ses oreilles au grondement de la grande marée du monde qui, quelque part, au-delà des collines, en direction de la Ville, tourbillonnait dans ses canaux. À peine une heure s'est écoulée sans qu'elle et Bennett ne soient ensemble. Lloyd avait transféré son écurie dans sa nouvelle maison ; Lewis fut ajouté au nombre de leurs serviteurs, et jusqu'à ce que la vigueur d'antan de Bennett lui revienne complètement, elle partit en voiture presque quotidiennement avec son mari, parcourant le pays sur des kilomètres à la ronde.

Cependant, ils passèrent une grande partie de leur temps dans le bureau de Bennett. C'était un grand appartement situé à l'arrière de la maison, peu meublé, presque médiocrement. Des papiers jonchaient le sol ; des liasses de manuscrits, de listes, de graphiques et d'observations, la boîte en fer blanc usée et battue contenant des dossiers, des cahiers, des journaux, des tableaux de logarithmes étaient entassés sur le bureau de Bennett. Une bibliothèque remplie de volumes de référence, de brochures statistiques, etc. se trouvait entre les fenêtres, tandis qu'un des murs était presque entièrement occupé par une vaste carte du cercle polaire arctique, sur laquelle le cours de la Freja, sa dérive dans le pack , et l'itinéraire de la marche de l'expédition vers le sud ont été tracés avec précision.

La pièce était dépourvue d'ornements ; le bureau et quelques chaises constituaient ses seuls meubles. Il n'y avait pas de photos. Leurs places ont été prises par des photographies et un grand plan des plans et spécifications du constructeur naval du Freja.

Les photographies étaient quelques-unes de celles que Dennison avait prises de l'expédition : le Freja coincé dans la glace, un groupe d'officiers et d'équipage sur le pont avant, la côte de l'île Wrangel, le cap Kammeni, des formations de glace particulières, des vues de la banquise. dans différentes conditions et températures, les crêtes de pression et les scènes de la vie quotidienne de l'expédition dans l'Arctique, les chasses à l'ours, la fabrication des traîneaux, les attelages à chiens, Bennett faisant des sondages et lisant le anémomètre, et une, la dernière vue de le Freja, pris au moment même où le navire – sa proue dégoulinante de glace levée haut dans les airs, le drapeau toujours au sommet – coulait hors de vue.

Cependant, sur le mur au-dessus des plans du Freja, l'un des drapeaux du bateau, qui avait été utilisé par l'expédition tout au long de son séjour dans les glaces, était suspendu - un carré décoloré et en lambeaux d'étoiles et d'étoiles. barres.

Alors que la nouvelle vie s'installait tranquillement et uniformément dans ses sillons, une routine commença à se développer. Environ une heure après le petit-déjeuner, Lloyd et Bennett s'enfermèrent dans « l'atelier » de Bennett, comme il l'appelait, Lloyd prenant sa place au bureau. Elle était devenue son assistante, avait tenu à écrire sous sa dictée.

« Regardez ce manuscrit », s'était-elle exclamée un jour en retournant les feuilles que Bennett avait écrites ; "C'est littéralement la pire écriture que j'ai jamais vue. Que pensez-vous qu'un imprimeur ferait de vos 'the' et 'et' ? Ce sont des hiéroglyphes, vous savez," l'informa-t-elle gravement, hochant la tête en sa direction.

C'était tout à fait vrai. Bennett écrivait avec une rapidité étonnante et avec des traits de plume irréguliers et vigoureux, faisant souvent passer le message à travers le papier lui-même ; son écriture était grossière, maladroite, inclinée dans toutes les directions, presque illisible. A la fin, Lloyd l'avait presque poussé hors de son bureau, lui prenant le stylo entre les doigts et s'écriant :

"Lève-toi ! Donne-moi ta chaise... et ce stylo. Une telle écriture n'est rien d'autre qu'un péché."

Bennett lui a permis de l'intimider, protestant simplement pour le plaisir de se chamailler avec elle.

" Venez, j'aime ça. De toute façon, que faites-vous dans mon atelier, Mme Bennett ? Je pense que vous feriez mieux d'aller faire votre ménage. "

"Ne parle pas," répondit-elle. "Voici vos notes et votre journal. Maintenant, dites-moi quoi écrire."

Finalement, les choses se sont réglées d'elles-mêmes. Daily Lloyd prenait place au bureau, un stylo à la main, la manche de son bras droit retroussée jusqu'au coude (une de ses habitudes lorsqu'elle écrivait, et que Bennett trouvait charmante au-delà des mots), sa plume voyageant régulièrement de ligne en ligne. doubler. Lui, de son côté, arpentait la pièce, un cigare entre les dents, ses notes et cahiers à la main, dictant ses propres commentaires ou citant des pages tachées, effilochées et froissées, écrites à la lumière des aurores. , les soleils de minuit, ou le scintillement instable des lanternes à huile et des lampes à graisse.

Que de longues et délicieuses heures ils passèrent ainsi, à mesure que l'hiver approchait, dans le calme absolu de cette maison de campagne, ignorés et perdus dans les champs bruns et nus et les vergers sans feuilles de la campagne ! Personne ne les a dérangés. Personne ne s'est approché d'eux. Ils ne demandaient pas mieux que que le monde dans lequel ils avaient vécu, dont ils avaient si bien connu l'activité déchaînée et l'agitation fébrile, les laisse tranquilles.

Une seule note discordante, et pas vraiment résonnante, brisa la longue harmonie du bonheur de Lloyd pendant ces jours. Bennett était sourd à cela ; mais pour Lloyd, cela vibrait continuellement et, à mesure que le temps passait, avec une insistance et une précision croissantes. Mais pour une seule personne au monde, Lloyd aurait pu se dire que sa vie était sans le moindre élément de mécontentement.

C'était Adler. Ce n'était pas que sa présence dans la maison fût un reproche à l'épouse de Bennett, car l'homme était scrupuleusement discret. Il avait cette délicatesse instinctive qu'on découvre parfois chez les natures simples et sous-développées, surtout chez les marins, et s'il ne pouvait se résoudre à quitter son ancien chef, il s'était plus que jamais caché depuis le mariage de Bennett. Il servait rarement à table ces jours-ci, car Lloyd et Bennett préféraient souvent prendre leur petit-déjeuner et leur dîner seuls.

Mais Lloyd voyait néanmoins Adler de temps en temps, invariablement Kamiska à ses trousses. Elle le surprenait en train de polir les cuivres de la porte de la maison, ou de nouer des bandes de toile de jute et de mettre du sac autour des rosiers du jardin, ou de revenir de la poste du village avec le courrier, portant invariablement le même bonnet de laine, le une vieille vareuse et le maillot avec le nom "Freja" sur la poitrine. Il ne lui parlait que rarement, à moins qu'elle ne s'adresse à lui d'abord, et ensuite toujours avec un salut précis, rapprochant brusquement ses talons, se tenant raide au garde-à-vous.

Mais l'homme, bien qu'involontairement, rayonnait de tristesse. Lloyd voyait facilement qu'Adler souffrait d'un certain nuage de déception et d'espoir différé. Naturellement, elle en comprenait la cause. Lloyd avait trop grand cœur pour ressentir la moindre irritation à la vue d'Adler. Mais elle ne pouvait le regarder avec indifférence. Pour elle, il représentait tout ce à quoi Bennett avait renoncé, la grande carrière qui s'était arrêtée à mi-chemin, le travail à moitié accompli, la tâche à moitié achevée. D'une certaine manière, Adler n'était-il pas désormais supérieur à Bennett ? Sa seule pensée, son seul objectif et son espoir étaient de « réessayer ». Son ambition était pourtant bien vivante ; le soldat était disposé là où le chef perdait courage. Plus jamais Adler ne s'était adressé à Lloyd au sujet de l'inactivité de Bennett. Il semblait maintenant comprendre – se rendre compte qu'une fois marié – et avec Lloyd – il ne devait plus s'attendre à ce que Bennett poursuive son travail. Lloyd interprétait tout cela à partir de l'attitude d'Adler et se répétait sans cesse qu'elle pouvait bien lire dans les pensées de cet homme. Elle crut même percevoir dans ses yeux un attrait muet lors des rares occasions où ils se rencontraient, comme s'il la considérait comme le seul espoir, le seul moyen de réveiller Bennett de sa léthargie. Elle crut l'entendre dire :

"N'avez-vous aucune influence sur lui, mademoiselle ? Ne voulez-vous pas lui parler en bien ? Ne le laissez pas se moquer. Faites de lui un homme, et non un professeur. Rien d'autre au monde ne compte. " C'est son travail. Dieu l'a peut-être éliminé pour ça, et il doit le faire. "

Son œuvre, son œuvre, Dieu l'a fait pour cela ; a désigné la tâche, a créé l'homme, et maintenant elle s'est interposée. Dieu, l'Homme et l'Œuvre, les trois vastes éléments d'un système entier, l'univers tout entier incarné dans la formidable trinité. De telles pensées l'assaillaient encore et encore. Le devoir remua et se réveilla une fois de plus. Il lui semblait qu'une grande machine, ordonnée par le Ciel pour suivre sa route, s'était arrêtée, rouillait jusqu'à sa ruine, et qu'elle seule au monde avait le pouvoir de saisir son levier, de le faire avancer. ; où, elle ne savait pas ; pourquoi, elle ne pouvait pas le dire. Elle savait seulement qu'il était juste qu'elle agisse. Peu à peu, sa résolution se durcit. Bennett doit réessayer. Mais d'abord il lui sembla que son cœur allait se briser, et plus d'une fois elle hésita.

Tandis que Bennett continuait à lui dicter le récit de l'expédition, il arriva au récit de la marche vers la baie de Kolyuchin, et enfin à la description de la semaine dernière, avec ses terreurs, ses souffrances, sa famine, son désespoir, où , un à un, les hommes moururent dans leurs sacs de couchage, pour être enterrés sous des plaques de glace. Lorsque ce point du récit fut atteint, Bennett n'inséra aucun commentaire de sa part ; mais pendant que Lloyd écrivait, il lisait simplement et avec une sinistre franchise les entrées de son journal, exactement telles qu'elles avaient été écrites.

Lloyd savait vaguement que l'expédition avait abominablement souffert, mais jusqu'à présent Bennett n'avait jamais consenti à lui raconter l'histoire en détail. "Ce fut une semaine difficile", l'informa-t-il, "une période plutôt difficile".

Maintenant, pour la première fois, elle allait savoir exactement ce qui s'était passé, exactement ce qu'il avait enduré.

Comme d'habitude, Bennett arpentait le sol d'un mur à l'autre, son cigare aux dents, son journal de glace en lambeaux et crasseux à la main. Au bureau, le bras rond et nu de Lloyd, la manche relevée jusqu'au coude, bougeait uniformément d'avant en arrière pendant qu'elle écrivait. Dans les intervalles de la dictée de Bennett, le grattement de la plume de Lloyd se faisait entendre. Un petit feu craquait et crépitait dans l'âtre. Le soleil du matin inondait les fenêtres.

"... Coup de vent venant du nord-est", incita Lloyd en levant la tête de son écriture. Bennett a poursuivi :

Impossible de marcher contre elle dans notre état de faiblesse.

Il s'arrêta pour qu'elle termine la phrase.

... Je dois camper ici jusqu'à ce que ça s'apaise....

"Avez-vous ça?" Lloyd hocha la tête.

... J'ai fait une soupe avec les restes de viande de chien cet après-midi... Notre dernier pemmican est parti.

Il y eut une pause ; puis Bennett reprit :

Mercredi 1er décembre — Tout le monde s'affaiblit... Metz en panne... Envoyé Adler sur le rivage pour ramasser des crevettes... nous en avions à peu près une bouchée chacun à midi... le souper, une cuillerée de glycérine et d'eau chaude .

Lloyd posa sa main sur sa tempe, lissant ses cheveux en arrière, son visage détourné. Comme auparavant, dans le parc, par cet après-midi d'été chaud et lumineux, une vision rapide et claire de la glace lui fut offerte. Elle vit la côte de la baie de Kolyuchin – une désolation primordiale, une neige tourbillonnante comme de la poussière, le vent déchaîné hurlant comme un sabbat de sorcières, sautant et culbutant de rocher en rocher, frappé de folie et insensé dans sa hideuse danse de mort. » a poursuivi Bennett. Sa voix s'abaissa insensiblement, une certaine gravité de ses manières s'imposait à lui. Parfois, il regardait les pages écrites qu'il tenait à la main avec des yeux vagues et aveugles. Sans doute lui aussi se souvenait-il.

Il reprit :

Jeudi 2 décembre. Metz meurt dans la nuit. Hansen mourant. Il souffle toujours un coup de vent du nord-est.... Une dure nuit.

La plume de Lloyd bougeait de plus en plus lentement à mesure qu'elle écrivait. Les lignes du manuscrit commencèrent à se brouiller et à flotter sous ses yeux.

Et c'était là qu'elle devait l'envoyer. Dans cette région inhumaine et horrible ; à cette vie de souffrance prolongée, où la mort arrivait lentement à travers des jours de famine, d'épuisement et d'agonie renouvelés d'heure en heure. Il doit tout oser à nouveau. Elle doit l'y forcer. Sa décision était prise ; son devoir lui était clair. Désormais, c'était irrévocable.

... Hansen est mort tôt le matin... Dennison s'effondre...

... 5 décembre — dimanche — Dennison retrouvé mort ce matin entre Adler et moi....

La vision est devenue plus claire, plus distincte. Il lui semblait voir l'intérieur de la tente et le nombre décroissant de survivants du Freja se déplaçant à quatre pattes dans sa pénombre sombre. Leurs cheveux et leur barbe étaient longs, leurs visages noirs de saleté, monstrueusement distendus et gras de l'ironie gonflée de la faim. Ce n'étaient plus des hommes. Après cet indicible stress de misère, il ne restait plus que l'animal.

... Trop faible pour l'enterrer, voire le porter hors de la tente.... Il doit se coucher là où il est.... Dernière cuillerée de glycérine et d'eau chaude.... Office divin à 17h30. ..

Une fois de plus, Lloyd hésita dans son écriture ; sa main bougeait plus lentement. Même si elle fermait les dents, les sanglots revenaient ; Rapidement, les larmes lui montèrent aux yeux, mais elle essaya de les retenir, de peur que Bennett ne voie. Héroïquement, elle écrivit jusqu'à la fin de la phrase. Une pause suivit :

"Oui... 'services divins à'-je-je-"

La plume lui tomba des doigts et elle se laissa tomber sur son bureau, la tête baissée au creux de son bras nu, secouée de la tête aux pieds avec la violence du chagrin le plus cru qu'elle ait jamais connu. Bennett lui jeta son journal et s'approcha d'elle, la prenant dans ses bras et posant sa tête sur son épaule.

"Eh bien, Lloyd, qu'est-ce que c'est... eh bien, mon vieux, que diable ! J'étais une bête de te lire ça. Ce n'était pas vraiment si grave que ça, tu sais, et en plus, regarde ici, regarde-moi " Tout s'est passé il y a trois ans. C'est fini maintenant. "

Sans relever la tête et s'accrochant d'autant plus à lui, Lloyd répondit d'une voix brisée :

"Non, non, tout n'est pas fini. Cela ne le sera jamais, jamais."

"Pshaw, c'est absurde !" Bennett fulminait : « Il ne faut pas le prendre à cœur comme ça. Nous allons tout oublier maintenant. Tiens, bon sang, de toute façon ! Nous en avons assez aujourd'hui. Mettez votre chapeau. Nous Je vais sortir les poneys et les conduire quelque part. Et ce soir, nous irons en ville voir un spectacle au théâtre.

"Non," protesta Lloyd, le repoussant, s'essuyant les yeux. "Vous ne devez pas penser que je suis si faible. Nous allons continuer ce que nous avons à faire, notre travail. Je vais bien maintenant."

Bennett la fit sortir de la pièce sans plus attendre et, la suivant, ferma et verrouilla la porte derrière eux. "Nous n'écrirons plus un mot de ce genre de choses aujourd'hui. Prenez votre chapeau et tout. Je vais dire à Lewis de mettre les poneys."

Mais ce jour a marqué un début. À partir de ce moment, Lloyd n'a jamais faibli, et s'il y a eu des moments où le fer lui a enfoncé plus profondément que d'habitude le cœur, Bennett n'a jamais connu sa douleur. Peu à peu, un plan d'action se préparait pour elle. Elle pensait qu'un appel direct à Bennett serait non seulement inutile, mais au-delà même de son courage héroïque. Elle doit l'influencer indirectement. L'initiative doit paraître venir de lui. Il doit lui sembler que c'est lui qui a réveillé sa résolution endormie. C'était une situation qui réclamait tout son tact féminin, toute sa délicatesse, toute sa diplomatie instinctive.

Le cycle de leur vie quotidienne reprenait, mais maintenant il y avait un changement. C'était subtil, illusoire, un trouble vague et indéfini dans l'air. Lloyd s'était consacrée à sa tâche, et de jour en jour, d'heure en heure, elle s'y tenait, sans être vue, inaperçue. Maintenant, c'était une remarque laissée tomber comme par hasard au cours d'une conversation ; maintenant un extrait coupé d'un journal ou d'une revue scientifique, et laissé là où Bennett le trouverait ; maintenant simplement un regard dans ses yeux, un instant significatif lorsque son regard rencontrait celui de son mari, ou un instant d'enthousiasme à l'annonce d'une découverte quelconque. Insensiblement et avec une infinie prudence, elle dirigeait son attention vers le monde qu'il croyait avoir abjuré ; elle suscitait son intérêt pour son propre domaine d'action, lui lisant à l'heure les écrits d'autres hommes, ou avançant et défendant des théories qu'elle savait fausses et ridicules, mais qu'elle le poussait à nier et à réfuter.

Un matin même, elle feignit une exclamation d'étonnement sans limite en ouvrant le journal alors qu'ils prenaient tous deux le petit-déjeuner, faisant semblant de lire des titres imaginaires.

"Ward, écoutez ! 'Le pôle enfin. Une expédition norvégienne résout le mystère de l'Arctique. L'objectif atteint après—'"

"Quoi!" » s'écria vivement Bennett, les sourcils froncés.

"'—Après des siècles d'échec.'" Lloyd reposa le journal avec une note de rire.

"Suppose que tu devrais le lire un jour."

Bennett s'apaisa avec un grognement de bonne humeur.

"Tu m'as fait peur pendant un moment. Je pensais—je pensais—"

"Je t'ai fait peur ? Pourquoi avais-tu peur ? Qu'en as-tu pensé ?" Elle se pencha vers lui avec impatience.

« Je pensais… eh bien… oh… qu'un autre type, Duane, peut-être… »

"Il est toujours à Tasiusak. Mais il réussira, j'en suis convaincu. J'ai beaucoup lu sur lui. Il a de l'énergie et de la détermination. Si quelqu'un réussit, ce sera Duane."

"Il n'a jamais!"

"Quelqu'un, alors."

"Tu as dit un jour que si ton mari ne le pouvait pas, personne ne le pourrait."

"Oui, oui, je sais," répondit-elle joyeusement. "Mais toi... tu n'en es plus là maintenant."

"Hein!" grommela-t-il. "Ce n'est pas parce que je ne pense pas que je pourrais le faire si je le voulais."

"Non, tu ne peux pas, Ward. Personne ne le peut."

"Mais tu viens de dire que tu pensais que quelqu'un le ferait un jour."

"Vraiment ? Oh, suppose que tu devrais vraiment le faire un de ces jours !"

"Et supposons que je ne sois jamais revenu ?"

"C'est absurde ! Bien sûr que tu reviendrais. Ils le font tous de nos jours."

"De Long ne l'a pas fait."

"Mais tu n'es pas De Long."

Et pendant le reste de la journée, Lloyd remarqua, le cœur serré, que Bennett était inhabituellement réfléchi et préoccupé. Elle ne disait rien et s'efforçait soigneusement d'éviter de s'immiscer dans ses réflexions, quelles qu'elles fussent. Elle s'écarta le plus possible de son chemin, mais laissa sur son bureau, comme par hasard, un exemplaire d'une brochure publiée par une société de géographie, ouverte sur un article sur l'avenir de l'exploration du cercle polaire arctique. Ce soir-là, au dîner, Bennett rompit soudain un silence assez prolongé en disant :

"Tout est dans le navire. Construisez un navire suffisamment solide pour résister à la pression latérale de la glace et tout devient facile."

Lloyd bâilla et remua son thé avec indifférence en répondant :

"Oui, mais tu sais que ce n'est pas possible."

Bennett fronça les sourcils, pensivement, tambourinant sur la table.

"Je parie que *je* pourrais en construire un."

"Mais ce n'est pas seulement le navire. C'est l'homme. Qui choisiriez-vous pour commander votre navire ?"

Bennett le regarda fixement.

"Eh bien, je la prendrais, bien sûr."

"Vous ? Vous avez eu votre part – votre chance. Maintenant vous pouvez vous permettre de rester à la maison et de terminer votre livre – et… eh bien, vous pourriez donner des conférences. "

"Quelle pourriture, Lloyd ! Me vois-tu poser sur une estrade de conférence ?"

"Je préférerais te voir faire ça plutôt que d'essayer de battre Duane, plutôt que de retourner sur la glace. Je préférerais te voir faire ça plutôt que de savoir que tu étais là-haut, dans le nord, sur la glace, à nouveau à ton travail. , en vous battant vers le pôle, en dirigeant vos hommes et en surmontant tous les obstacles qui se dressaient sur votre chemin, sans jamais abandonner, sans jamais perdre courage, en essayant de réaliser la chose grande, splendide et impossible ; en risquant votre vie pour atteindre simplement un point sur un chemin. Oui, je préférerais vous voir sur une plate-forme de conférence plutôt que sur le pont d'un bateau à vapeur arctique. Vous le savez, Ward.

Il lui jeta un coup d'œil.

"J'aimerais savoir ce que tu veux dire," marmonna-t-il.

L'hiver passa, puis le printemps, et en juin, tout le pays autour de Medford était royal avec l'été. Durant les derniers jours de mai, Bennett avait pratiquement terminé le corps de son livre et s'occupait maintenant de son annexe. Il y avait peu de variations dans leur vie quotidienne. Adler est devenu de plus en plus un incontournable de l'endroit. Au cours de la première semaine de juin, Lloyd et Bennett reçurent un visiteur, un invité ; c'était Hattie Campbell. M. Campbell était en voyage d'affaires et Lloyd s'était arrangé pour que la petite fille passe les quinze jours de son absence avec elle à Medford.

L'été a été délicieux. Une chaleur vaste et omniprésente s'étendait sur le monde entier. Les arbres, les vergers, les rosiers du jardin autour de la maison, toute la vie grouillante d'arbres et de plantes restaient immobiles et en équilibre dans l'océan calme et sans marée de l'air. C'était très calme ; tous les bruits lointains, le chant des coqs, l'appel persistant des rouges-gorges et des geais, le bruit des roues sur la route, le grondement des trains passant devant la gare de la ville, semblaient étouffés et atténués. Les longues et calmes journées d'été se succédaient dans un cortège ininterrompu et scintillant. De l'aube au crépuscule, on entendait les murmures faibles et innombrables de l'été, le bourdon sourd des abeilles dans les buissons de rosiers et de lilas, le bourdonnement prolongé et strident des mouches bleues, le grattement dur et sec des sauterelles, le stridulation des mouches bleues. un grillon occasionnel. Au crépuscule et pendant toute la nuit elle-même, les grenouilles hurlaient depuis les haies et dans les coins humides du nord des champs, tandis que, venant des collines vers l'est, les engoulevents sifflaient sans cesse. Pendant la journée, l'air était plein d'odeurs, distillées pour ainsi dire par la chaleur de midi : la douce odeur des pommes mûrissantes, le parfum de la sève chaude, des feuilles et de l'herbe qui pousse, l'odeur des vaches des pâturages voisins , l'odeur âcre de la forêt. , suggestion ammoniacale de l'écurie à l'arrière de la maison, et odeur de peinture brûlée cloquant sur les murs sud.

Juillet a été très chaud. Aucun souffle de vent ne remuait la vaste mer d'air invisible, frémissante et huileuse sous le soleil vertical. Le paysage était désert de vie animée ; il y avait peu de mouvement à l'étranger. Dans la maison, on restait dans des pièces fraîches et sombres, avec des nattes au sol et des chaises en osier confortables et profondes, les fenêtres grandes ouvertes au moindre mouvement de brise. Adler somnolait dans son hamac en toile suspendu entre un poteau d'attelage et un pommier sauvage, à l'ombre derrière l'écurie. Kamiska s'étalait de tout son long sous l'abreuvoir, la langue pendante, haletante sans cesse. Une immensité dominicale incommensurable semblait suspendue dans l'atmosphère – un silence somnolent et engourdi. On ne pensait pas au temps qui passait. Le jour de la semaine était toujours une question de conjecture. Il semblait que cette vie de chaleur, de calme et de silence ininterrompu allait durer éternellement.

Puis soudain, il y a eu une *alerte* . Un matin, environ un jour après le retour de Hattie Campbell en ville, alors que Lloyd et Bennett terminaient leur petit-déjeuner dans la salle vitrée désormais lourdement auvent, ils furent surpris de voir Adler courir sur la route en direction de la maison, Kamiska courant. en avant, aboyant avec enthousiasme. Adler était allé en ville chercher le courrier et le journal du matin. Ce dernier, il le tenait grand ouvert dans sa main, et dès qu'il aperçut Lloyd et Bennett, il l'agita autour de lui en criant pendant qu'il courait.

Le cœur de Lloyd se mit à battre. Il n'y avait qu'une chose qui pût exciter à ce point Adler : l'expédition anglaise ; Adler en avait des nouvelles ; c'était dans le journal. Duane avait réussi ; avait travaillé régulièrement vers le nord au cours de tous ces derniers mois, tandis que Bennett...

"Coincé dans la glace ! Coincé dans la glace !" cria Adler en ouvrant grand le portail d'entrée et en se précipitant vers la véranda à travers la pelouse. " Qu'avons-nous dit ! Hourra ! Il est coincé. Je le savais ; n'importe quel galoot pourrait le savoir. Duane est coincé plus étroitement au large de l'île Bache, dans le bassin de Kane. Tout est ici ; lisez-le par vous-même. "

Bennett lui prit le papier et lut à haute voix que le Curlew, accompagné de son charbonnier, qui devait le suivre jusqu'à la limite sud du bassin de Kane, avait tenté le passage du détroit de Smith à la fin de juin. Mais la saison, comme on le craignait, était tardive. Les énormes quantités de glace signalées par les baleiniers l'année précédente n'avaient pas débouché de l'étroit chenal, et le dernier jour de juin, le Courlis avait trouvé sa progression effectivement bloquée. En essayant de se frayer un chemin vers une avance, la glace s'était refermée derrière elle et, bien qu'elle ne soit pas encore pincée, le navire était immobilisé. Il n'y avait aucun espoir qu'elle avance vers le nord avant l'été suivant. Le charbonnier, qui n'avait pas été assailli, était revenu à Tasiusak avec la nouvelle de l'échec.

"Quel galoot ! Quel... quel professeur !" s'écria Adler avec un vaste dédain. "Il traîne à Tasiusak en attendant l'eau libre, alors que l'Alert a hiverné en quatre-vingt-deux vingt-quatre ! Eh bien, il est de toute façon mis de côté pour un an de plus."

Plus tard, après le petit-déjeuner, Lloyd et Bennett s'enfermèrent dans l'atelier de Bennett et, pendant plus de trois heures, se consacrèrent au travail inachevé de la veille, compilant à partir des notes de Bennett un tableau des températures de l'eau de mer prises lors de différents sondages. Alternant avec le grattage du stylo de Lloyd, la voix de Bennett continuait de façon monotone :

15 août : 2 000 mètres ou 1 093 brasses – moins 0,66 degrés centigrades ou 30,81 Fahrenheit.

"Fahrenheit", répéta Lloyd alors qu'elle écrivait le dernier mot.

16 août — 1 600 mètres ou 874 brasses —

"Huit cent soixante-quatorze brasses", répéta Lloyd alors que Bennett s'arrêtait distraitement.

"Ou... il va mal, tu sais."

"Que veux-tu dire?"

"C'est un mauvais moment de navigation là-bas. Le Proteus a été écrasé et réduit en petit bois à peu près à la même latitude... hum"... Bennett tira sur sa moustache. Puis, tout à coup, comme s'il revenait à lui-même : "Eh bien, ces températures maintenant. Où étions-nous ? 'Huit cent soixante-quatorze brasses, moins quarante-six centièmes de degrés centigrades.'"

Le lendemain après-midi, alors qu'ils finissaient cette table, on frappa à la porte. C'était Adler et, alors que Bennett ouvrait la porte, il le salua et lui tendit trois cartes de visite. Bennett poussa une exclamation de surprise et Lloyd se retourna du bureau, son stylo en l'air au-dessus de la feuille à moitié écrite.

"Ils m'auraient peut-être fait savoir qu'ils arrivaient", entendit-elle marmonner Bennett. "Que veulent-ils?"

"Je suppose qu'ils sont venus dans ce train de midi, monsieur", hasarda Adler. "Ils n'ont pas dit ce qu'ils voulaient, ils ont juste demandé pour toi."

"Qui est-ce?" » demanda Lloyd en s'avançant.

Bennett lut les noms sur les cartes.

"Eh bien, c'est Tremlidge - c'est le Tremlidge du Times; il en est le rédacteur et propriétaire - et Hamilton Garlock - a quelque chose à voir avec cette nouvelle société géographique - président, je crois - et celle-ci" - il lui tendit la troisième carte - "C'est un de vos amis, Craig V. Campbell, de la Hercules Wrought Steel Company."

Lloyd le regarda fixement. « Que peuvent-ils vouloir ? » murmura-t-elle en le regardant depuis la carte avec une certaine perplexité. Bennett secoua la tête.

"Dites-leur de venir ici", dit-il à Adler.

Lloyd baissa précipitamment sa manche sur son bras nu.

"Pourquoi ici, Ward ?" » demanda-t-elle brusquement.

"Est-ce qu'on aurait dû les voir en bas ?" » demanda-t-il en fronçant les sourcils. "Je suppose que oui, je n'y ai pas pensé. Ne pars pas", ajouta-t-il en posant une main sur son bras alors qu'elle se dirigeait vers la porte. "Autant entendre ce qu'ils ont à dire."

Les visiteurs entrèrent, Adler tenant la porte ouverte – Campbell, bien soigné, rasé de près et ganté même par ce temps chaud ; Tremlidge, rédacteur en chef d'un des plus grands quotidiens de la ville (et du pays d'ailleurs), qui portait un monocle et portait un chapeau de paille sous le bras ; et Garlock, vice-président d'une société géographique internationale, un vieil homme, avec de beaux cheveux blancs enroulés autour de ses oreilles, un grand nœud de soie noire noué autour de son col à l'ancienne mode. Le groupe présentait, le tout inconsciemment, trois grandes phases très développées de l'intelligence du XIXe siècle : la science, l'industrie et le journalisme, chacun étant maître dans sa vocation.

Une fois les présentations et les préliminaires terminés, Bennett reprit sa place devant la cheminée, appuyé contre le manteau de cheminée, les mains dans les poches. Lloyd était assise en face de lui au bureau, posant son coude sur le bord. Accrochée au mur derrière elle se trouvait la vaste carte du cercle polaire arctique. Tremlidge, le rédacteur, était assis sur le canapé en bambou près du fond de la pièce, les coudes sur les genoux, tapotant doucement le sol avec la virole de sa fine canne ; Garlock, le scientifique, s'était laissé tomber dans les profondeurs d'un immense fauteuil en cuir et s'y était confortablement appuyé, les jambes croisées, une botte se balançant doucement ; Campbell se tenait derrière cette chaise, tambourinant de temps en temps sur le dossier avec les doigts d'une main, parlant à Bennett par-dessus l'épaule de Garlock et se tournant de temps en temps vers Tremlidge pour corroborer et soutenir ce qu'il disait.

Brusquement, la conférence commença.

"Eh bien, M. Bennett, vous avez reçu notre télégramme ?" Campbell a dit en guise de début.

Bennett secoua la tête.

"Non", répondit-il avec une certaine surprise; "Non, je n'ai pas de fil."

"C'est étrange", a déclaré Tremlidge. "J'ai télégraphié il y a trois jours pour demander cet entretien. L'adresse était la bonne, je pense. J'ai télégraphié : 'Soins du Dr Pitts.' N'est-ce pas vrai ?"

"C'est probablement ce qui explique cela", a répondu Bennett. "C'est la maison de Pitts, mais il n'habite pas ici maintenant. Votre dépêche est sans aucun doute allée à son bureau dans la ville et lui a été transmise. Il est absent en ce moment, en voyage, je crois. Mais... vous êtes ici. . C'est l'essentiel."

"Oui," murmura Garlock en regardant Campbell. "Nous sommes ici et nous voulons discuter avec vous."

Campbell, qui avait manifestement été choisi comme porte-parole, s'éclaircit la gorge.

" Eh bien, M. Bennett, je ne sais pas par où commencer, alors supposons que je commence par le début. Tremlidge et moi appartenons au même club de la ville, et d'une manière ou d'une autre, nous avons réussi à voir une bonne Nous avons beaucoup discuté les uns des autres au cours des six dernières années. Nous constatons que nous avons beaucoup de choses en commun. Je ne pense pas que ses chroniques soient à vendre, et il ne croit pas qu'il y ait des trous dans mes plaques d'acier. " Je crois vraiment que nous avons certaines convictions. Tremlidge semble avoir l'idée que le journalisme peut être propre et pourtant entreprenant, et essaie de présenter sa feuille en conséquence, et j'ai peur de ne pas faire une offre pour des poutres de pont en dessous de ce qu'elle demande. il en coûterait de les fabriquer honnêtement. Tremlidge et moi sommes en désaccord sur le plan politique ; nous avons des opinions divergentes quant au gouvernement municipal ; nous fréquentons des églises différentes ; nous sommes en désaccord sur la question de l'éducation publique, du tarif, de l'émigration et, Dieu sauve. la marque ! du capital et du travail, mais on se dit que nous avons le sens du civisme et que nous sommes un peu fiers que Dieu nous ait permis de naître aux États-Unis ; il semble également que nous ayons plus d'argent que ce qu'Henry George croit. Maintenant, continua M. Campbell en se redressant comme s'il était sur le point d'aborder le véritable sujet de son discours, lorsque la nouvelle de votre retour, M. Bennett, fut reçue, c'était, comme vous le comprenez bien sûr, le un sujet de conversation dans les rues, les clubs, les bureaux des journaux, partout. Tremlidge et moi nous sommes rencontrés à notre club au déjeuner la semaine suivante, et je me souviens parfaitement combien de temps et avec quelle intensité nous avons parlé de votre travail et de l'exploration de l'Arctique en général.

"Nous avons découvert tout d'un coup qu'il y avait enfin un sujet sur lequel nous étions d'accord, un sujet dans lequel nous portions un intérêt mutuel extraordinaire. Nous avons découvert que nous avions lu presque tous les livres d'explorateurs depuis Sir John Franklin. Nous savions tout. sur les différentes théories et plans pour atteindre le pôle. Nous savions comment et pourquoi ils avaient tous échoué ; mais, malgré tout, nous étions tous deux d'avis (Campbell se pencha en avant, parlant avec une énergie considérable) que cela pouvait être fait. , et que l'Amérique devrait le faire. Ce serait quelque chose de mieux qu'une exposition universelle.

"Nous donnons chaque année beaucoup d'argent, Tremlidge et moi, aux travaux publics et à une chose ou une autre. Nous achetons des tableaux d'artistes américains - des tableaux dont nous ne voulons pas; nous avons trouvé une bourse de temps en temps; nous contribuons de l'argent pour construire des groupes de statues dans le parc ; nous donnons des chèques aux comités des finances des bibliothèques et des musées et tout le reste, mais, pour notre vie, nous ne pouvons ressentir qu'un léger intérêt pour les tableaux et les statues, et les musées et les collèges, même si nous continuons à acheter l'un et à soutenir l'autre, parce que nous pensons que d'une manière ou d'une autre, c'est bien pour nous de le faire. Je crains que nous ne soyons plus des hommes d'action que d'art, de littérature, etc. Tremlidge l'est, je le sais. Il veut des faits, des résultats. Lorsqu'il donne son argent, il veut voir un retour concret et substantiel - et je ne suis pas sûr de ne pas être du même avis.

" Eh bien, avec ceci et cela, et après en avoir parlé une douzaine de fois – vingt fois – nous sommes arrivés à la conclusion que ce que nous aimerions le plus aider financièrement serait une tentative réussie d'un navire de construction américaine, piloté par Des marins américains, dirigés par un commandant américain, pour atteindre le pôle Nord. Nous sommes devenus très enthousiasmés par notre idée ; mais nous la voulons américaine du début à la fin. Nous allons commencer l'abonnement et voulons être en tête de liste avec nos chèques. " Mais nous voulons que chaque boulon de ce navire soit forgé dans des fonderies américaines à partir de métal extrait du sol américain. Nous voulons que chaque planche de sa coque soit façonnée à partir d'arbres américains, que chaque voile soit tissée sur des métiers à tisser américains, que chaque homme de sa coque soit né de parents américains. , et nous le voulons ainsi parce que nous croyons dans les fabricants américains, parce que nous croyons dans la construction navale américaine, parce que nous croyons dans les voiliers américains, et parce que nous croyons en l'intelligence, le courage, l'endurance et le courage du marin américain.

"Eh bien," continua Campbell en changeant de position et en parlant d'une voix plus calme, "nous n'avons pas dit grand-chose à personne et, en fait, nous n'avons jamais vraiment planifié une expédition. Nous avons simplement parlé de son caractère pratique et de son opportunité. "C'était l'été dernier. Ce que nous voulions faire, c'était rendre le projet populaire. Il ne serait pas difficile de réunir cent mille dollars parmi une douzaine d'hommes que nous connaissons tous les deux, et nous avons constaté que nous pouvions compter sur le soutien financier de la société de M. Garlock. C'était très bien, mais nous voulions que les *gens* soutiennent cette entreprise. Nous préférions recevoir mille abonnements de cinq dollars plutôt que cinq de mille dollars chacun. Lorsque notre navire est sorti, nous voulions que son commandant ait le sentiment, non pas qu'il y avait seulement quelques millionnaires qui avaient payé son équipement et son navire, derrière lui, mais qu'il avait soixante-dix millions de personnes, toute une nation, derrière lui. .

" Tremlidge se mit donc au travail et télégraphia des instructions aux correspondants de son journal à Washington pour sonder tranquillement l'humeur du plus grand nombre possible de membres du Congrès sur la question de l'octroi d'un crédit pour une telle expédition. Ce n'était pas tant l'argent que nous voulions que l'argent que nous voulions. sanction des États-Unis. Tout ce qui a trait à la marine est populaire à l'heure actuelle. Nous avions un membre du Congrès pour présenter et rédiger un projet de loi de crédits, et nous pouvions compter sur le soutien d'un nombre suffisant de membres des deux chambres pour le faire adopter. " Nous voulions que le Congrès s'approprie vingt mille dollars. Nous espérions récolter dix mille dollars supplémentaires par souscription populaire. M. Garlock pourrait nous assurer deux mille dollars ; Tremlidge contribuerait vingt mille dollars au nom du Times, et je me suis engagé à dix mille dollars, et promis de construire les moteurs et les équipements du navire. Nous avons gardé nos intentions pour nous, car Tremlidge ne voulait pas que les autres journaux mettent la main sur l'histoire avant que le Times ne l'imprime. Mais nous avons continué à poser nos câbles à Washington. Tout se passait aussi bien que le pétrole ; nous semblions sûrs du succès de notre projet de loi de crédits, et il devait même être déposé la semaine prochaine, quand arriva la nouvelle de l'échec de l'expédition anglaise, l'affaire Duane-Parsons.

"Vous vous attendriez exactement à un effet inverse, mais cela a réduit à néant nos chances auprès du Congrès. Notre député, qui devait être l'auteur du projet de loi, nous a déclaré que, aussi sûr qu'il ait été présenté maintenant, il serait tué en comité. Je suis allé immédiatement à Washington ; c'est cela, et non, comme vous le supposiez, une affaire privée qui m'a emmené. J'ai vu notre membre et correspondant en chef de Tremlidge. Cela n'a absolument servi à rien. Ces hommes qui mettent le doigt sur Les membres du Congrès étaient tous du même avis. Il serait inutile d'essayer de faire adopter notre projet de loi à l'heure actuelle. Notre membre a dit « Attendez ; » tous les hommes de Tremlidge disaient : « Attendez, attendez encore un an, jusqu'à ce que cette expédition anglaise et son échec soient oubliés, puis réessayez. Mais nous ne voulons pas attendre. Supposons que Duane *soit* bloqué pour le moment. Il prend un départ formidable. Il est au sol. D'ici l'été prochain, il y a de fortes chances que la glace se soit suffisamment brisée pour lui permettre d'avancer, et le temps que notre projet de loi soit adopté et que notre navire soit construit et lancé, il sera peut-être - Dieu sait où, jusqu'au pôle, peut-être. Non, nous ne pouvons pas nous permettre de donner de si grandes chances à l'Angleterre. Nous voulons poser la quille de notre navire dès que possible - la semaine prochaine, si possible ; nous avons le reste de l'été et tout l'hiver pour nous préparer, et un an à partir de ce mois-ci, nous voulons que notre expédition américaine soit à l'intérieur du cercle polaire, pour être à la hauteur de Duane, et au moins atteindre le seuil de rentabilité avec l'Angleterre. Si nous pouvons y parvenir, nous n'avons pas peur du résultat, à condition, " continua M. Campbell, " à condition que *vous* , M. Bennett, soyez aux commandes. Si vous consentons à tenter cette tentative, il ne reste qu'un point à régler. Le Congrès nous a fait défaut. Nous renoncerons à l'idée d'une appropriation. Maintenant donc, et c'est précisément sur ce point que nous voulons vous consulter, comment allons-nous lever les vingt mille dollars ?

Lloyd se leva.

"Vous pouvez faire appel à moi pour le montant", dit-elle doucement.

Garlock décroisa ses jambes et s'assit brusquement dans le fauteuil profond. Tremlidge vissa son monocle dans son œil et regarda fixement, tandis que Campbell se retournait brusquement au son de la voix de Lloyd avec un murmure d'étonnement. Bennett seul ne bougeait pas. Comme auparavant, il s'appuyait lourdement contre la cheminée, les mains dans les poches, la tête et ses énormes épaules un peu courbées. Ce n'est que sous son froncement de sourcils épais et noueux qu'il jeta un rapide coup d'œil vers sa femme. Lloyd ne prêta aucune attention aux autres. Après ce seul mouvement silencieux qui l'avait amenée à se relever, elle resta immobile et droite, ses mains pendantes droites le long de ses côtés, la couleur montant lentement sur ses joues. Elle croisa le regard de Bennett et le maintint fermement, calmement, le regardant droit dans les yeux. Elle ne dit rien, mais tout son amour pour lui, tous ses espoirs à son égard, toute sa ferme et belle résolution pour que, quoi qu'il arrive, sa carrière ne soit pas brisée, son ambition ne s'évanouisse pas à cause d'une de ses faiblesses, sa vive sympathie pour son grand travail, tous ses encouragements forts et féminins pour qu'il accomplisse sa destinée lui parlaient et l'appelaient dans ce regard long et sérieux de ses yeux bleu terne. Maintenant, elle n'était plus faible ; elle pouvait désormais faire face aux tristes conséquences qui, pour elle, devaient suivre le réveil de son énergie endormie ; l'heure n'était plus aux appels indirects ; l'écran était baissé entre eux. Plus éloquent que n'importe quelle parole prononcée était le regard calme et ferme dans lequel elle tenait le sien.

Il y eut un long silence pendant que mari et femme se regardaient profondément dans les yeux. Et puis, alors qu'un certain allumage lent se produisait dans son regard, Lloyd vit que Bennett *comprenait* enfin .

Après cela, la conférence s'est rapidement interrompue. Campbell, en tant que chef et porte-parole du comité, remarqua le long et significatif regard échangé entre Bennett et Lloyd, et devina peut-être vaguement qu'il avait abordé une question d'une nature particulièrement délicate et intime. Il y avait quelque chose dans l'air, quelque chose se passait entre mari et femme dont le monde extérieur ne se souciait pas – quelque chose qu'il n'était pas censé voir. Il a mis fin à l'entretien le plus rapidement possible. Il supplia Bennett de considérer cet entretien comme un simple préliminaire, une première étape. Il donnerait à Bennett le temps d'y réfléchir. Parlant pour lui-même et pour les autres, il a été profondément impressionné par cette offre généreuse visant à combler une lacune inattendue, mais elle avait été faite sous l'impulsion du moment. Nul doute que M. Bennett et sa femme souhaiteraient en discuter entre eux, réfléchir à toute la question. Le comité avait temporairement son siège dans ses bureaux (de Campbell). Il a laissé l'adresse à Bennett. Il attendrait sa décision et y répondrait.

À la fin de la conférence, Bennett accompagna les membres du comité en bas et jusqu'à la porte d'entrée de la maison. Les trois avaient, avec remerciements et excuses, décliné toutes les invitations à dîner à Medford avec Bennett et sa femme. Ils pourraient facilement prendre le prochain train pour rentrer à la ville ; Campbell et Tremlidge étaient pressés de retourner à leurs entreprises respectives.

La porte d'entrée s'est fermée. Bennett est resté seul. Il ferma la porte d'entrée de la maison et resta un instant appuyé contre celle-ci, ses petits yeux pétillant sous son froncement de sourcils, son regard errant sans but parmi les objets familiers du couloir et des pièces voisines. Il était pensif, perturbé, tirant lentement le bout de sa moustache. Lentement, il monta les escaliers, gagna le palier du deuxième étage et se dirigea vers la porte entrouverte de « l'atelier » qu'il venait de quitter. Lloyd occupait la première place dans son esprit. Il la voulait, elle, sa femme, et cela tout de suite. Il était conscient qu'une grande chose s'était soudainement produite ; que toute la vie calme et infiniment heureuse de l'année dernière a été impitoyablement brisée ; mais dans son esprit il n'y avait rien de plus précis, rien de plus fort que la pensée de sa femme et le désir de sa compagnie et de ses conseils.

Il entra dans « l'atelier », fermant la porte derrière lui avec son talon, les mains au fond de ses poches. Lloyd était toujours là, debout en face de lui lorsqu'il entra. Elle semblait à peine avoir bougé pendant son absence. Ils n'ont pas immédiatement parlé. Une fois de plus, leurs regards se croisèrent. Puis longuement :

"Eh bien, Lloyd ?"

"Eh bien, mon mari ?"

Bennett était sur le point de répondre… quoi, il le savait à peine ; mais à ce moment il y eut une diversion.

Le vieux drapeau du bateau, le petit carré en lambeaux d'étoiles et de barres fanées qui avait servi à marquer la ligne de nombreuses marches fatigantes, était accroché, comme d'habitude, au-dessus des plans du Freja sur le mur en face de la fenêtre. . Insuffisamment fixé à sa place, le battant de la porte qui se fermait derrière lui, lorsque Bennett la fermait, le délogea et la porte tomba au sol près de lui.

Il se baissa, le ramassa et, le tenant dans sa main, se tourna vers l'endroit d'où il était tombé. Il jeta un coup d'œil au mur au-dessus des plans du Freja, sur le point de le remplacer, disposé à différer pour l'instant les paroles capitales qui, selon lui, devaient bientôt être prononcées, disposé à retarder de quelques secondes l'inévitable.

"Je ne sais pas", marmonna-t-il, regardant du drapeau aux espaces muraux vides autour de la pièce ; "Je ne sais pas exactement où mettre ça. Est-ce que tu—"

"Tu ne sais pas?" interrompit soudainement Lloyd, ses yeux bleus tous allumés.

"Non", a déclaré Bennett; "JE-"

Lloyd attrapa le drapeau de ses mains et, d'un grand mouvement de bras, enfonça sa flèche ferrée en plein centre de la grande carte de la région polaire, dans le cercle concentrique le plus intérieur où le pôle était marqué.

« Mettez ce drapeau là ! » elle a pleuré.

---

# XI.

Ce jour-là de la dernière semaine d'avril était sombre et quelque peu frais, mais il y avait peu de vent. L'eau du port était lisse comme une nappe de soie grise bien tendue. Au-dessus de nous, le brouillard marin dérivait progressivement vers la terre, descendant au fur et à mesure de sa dérive, jusqu'à ce que les contours de la ville deviennent flous et indistincts, se résolvant en une masse vaste et sombre, accidentée avec des immeubles de bureaux aux épaules élevées et des dômes bombés en forme de ballon, confus. et mystérieux sous le manteau du brouillard. Au premier plan, le long des quais et des quais, un désert de mâts et d'espars d'un ton à peine plus sombre que le gris de la brume se détachait du flou de l'arrière-plan avec la netteté et la délicatesse du givre.

Mais au milieu de toute cette grisaille du ciel, de l'eau et du brouillard, on distinguait certaines masses noires et mouvantes. Ils délimitèrent chaque quai, ils encerclèrent chaque quai, chaque quai. Chaque petite jetée sans importance avait sa frange noire. Même les toits des bâtiments situés le long du front de mer étaient coiffés de la même masse de couleur terne.

C'était le peuple, la foule, rang après rang, serrée, attendante, se pressant là aux abords de la ville, grossissant à chaque minute, vaste, conglomérat, agité et se jetant dans le calme du calme. air gris, un murmure prolongé et indéfini, une note mineure monotone.

La surface de la baie était parsemée de toutes sortes d'embarcations noires de monde. Les barques, dangereusement surpeuplées, étaient partout. Les bacs et les bateaux à vapeur d'excursion, affrétés pour ce jour-là, s'inclinaient presque jusqu'au bord de l'eau sous le poids instable de leurs passagers. Les remorqueurs circulaient de long en large, bondés de la même manière et arborant les drapeaux de divers journaux et organismes de presse : le News, la Press, le Times et l'Associated Press. Des yachts privés, élégants et très gracieux et luisants de laiton et de vernis, passaient sans qu'une ondulation ne marque leur progression, tandis qu'ils étaient pleins au centre de la baie, gigantesques, solides, redoutables, leurs canons sinistres et silencieux lui sortant le museau. tourelles, un grand cuirassé blanc se dirigeait immobile vers son ancre.

Une heure passa ; midi arriva. À de longs intervalles, une légère brise du large comprimait le brouillard, et de hauts nuages de couleur triste et une pluie fine et pénétrante tombaient en bruine. La foule le long des quais devenait de plus en plus dense et plus noire. Le nombre de yachts, de bateaux et de bateaux à vapeur augmenta ; même les vergues et les mâts des navires marchands étaient parsemés de guetteurs.

Puis, enfin, du plus haut de la baie, il y eut un léger bourdonnement, à peine perceptible, le son de cris lointains. Instantanément, la foule fut en alerte et un mouvement rapide et déferlant se répercuta d'un bout à l'autre de la foule le long du front de mer. Son murmure sourd s'intensifia à la seconde. Comme une volée de mouettes agitées, les bateaux du port s'agitaient agilement d'un endroit à l'autre ; un remorqueur de journaux en retard s'est précipité vers la baie supérieure, fumant violemment, l'eau bouillante de sa proue. Du cuirassé retentit le coup d'un tambour. Les bateaux à vapeur d'excursion et les ferrys affrétés se déplaçaient vers des points d'observation et prenaient position, tâtant parfois l'eau avec leurs pagaies.

Le son lointain et bourdonnant se rapprochait progressivement, augmentant en volume et se divisant peu à peu en d'innombrables composants. On commençait à distinguer les différentes notes qui contribuaient à son volume : une volée aiguë et rapide de cris inarticulés ou une acclamation cadencée ou une salve rauque de sifflets de vapeur. Les cloches se mirent à sonner dans différents quartiers de la Ville.

Puis, tout à coup, la vague sonore qui avançait s'abattit comme le bruit d'une grande tempête. Un rugissement semblable à celui du vent déchaîné jaillit de ces masses rassemblées et rassemblées. Cela gonflait de plus en plus fort, assourdissant, inarticulé. Un vaste mugissement d'exultation fendit les cieux gris et bas. Des panaches de vapeur dressés s'élevaient du ferry et des bateaux d'excursion, mais le bruit de leurs sifflets était perdu et noyé dans la réverbération de cette clameur puissante et prolongée. Mais soudain, le tonnerre indéterminé fut percé et dominé par une détonation aiguë et grave, et un jet de fumée blanche jaillit des flancs du cuirassé. Ses armes avaient parlé. Instantanément et d'un autre côté de sa coque sortit un autre jet de fumée blanche, transpercé de son mince éclair jaune, et un autre coup de tonnerre brusque ébranla les fenêtres de la Cité.

Les bateaux qui toute la matinée s'étaient dirigés vers la baie supérieure revenaient. Ils arrivèrent lentement, une véritable flotte, descendant la baie, se dirigeant vers le large, au-delà de l'entrée du port, chacun encombré et se dirigeant vers les plats-bords, chacun sifflant avec force et force.

Et au milieu d'eux – le centre de la tempête autour duquel déferlait cette tempête d'acclamations, l'objet sur lequel tant de regards étaient fixés, l'espoir de toute une nation – un navire.

Elle était petite et semblait pitoyablement inadaptée à la grande aventure dans laquelle elle se dirigeait ; ses répliques étaient courtes et disgracieuses. Depuis sa proue maladroite ferrée jusqu'à sa poupe haute et ronde, depuis ses flancs bombés jusqu'au sommet de ses mâts courts et puissants, il n'y avait guère de beauté en elle. Elle était large, brutale, visiblement lente dans ses mouvements et, dans les eaux douces de la baie, elle semblait hors de son élément. Mais elle donnait pour autant une impression de compacité, de compacité des choses naines et rabougries. En effet, la force qui écraserait ces flancs bombés, si astucieusement construits, que le navire serait obligé de glisser et de s'élever sous une pression latérale trop forte, serait immense. Bien au-dessus de sa taille se dressait sa cheminée. Au-dessus du grand mât était fixé le nid de pie. Les baleinières et les cotres se balançaient depuis ses bossoirs, tandis que tous ses ponts étaient encombrés de tonneaux, de caisses, de caisses et de balles et caisses aux formes étranges.

Elle s'approcha, continuant sa lente et fière progression vers la baie, honorée comme aucun souverain en visite ne l'avait jamais été. Le grand vaisseau de guerre blanc habillé à son passage, et l'enseigne de son sommet de combat s'abaissa et se releva. Aussitôt, il y eut un mouvement à bord du petit navire qui partait ; un des membres de son équipage courut vers l'arrière et tira brusquement sur les drisses, puis à son sommet se déploya non pas la brillante bannière tricolore, gaie, courageuse et propre, mais un petit morceau de banderole, en lambeaux et souillé, une largeur fanée. d'étoiles et de barres, véritable drapeau de bataille, éloquent d'efforts acharnés, de combats sans quartier et d'épreuves supportées sans broncher et sans se plaindre.

Le navire et ses nombreuses escortes ont continué leur route. Peu à peu, la ville fut dépassée ; la baie se rétrécissait peu à peu vers l'océan. La foule, le bruit des canons et le bruit des cris descendirent vers l'arrière. Un à un, les bateaux de l'escadron d'escorte s'arrêtèrent, s'éloignèrent et, faisant demi-tour avec un coup de sifflet final, se dirigèrent vers la Ville. Seuls les paquebots plus gros et plus lourds et les remorqueurs de mer continuaient leur route. Sur les deux rives de la baie, les maisons commençaient à diminuer, laissant la place à des champs ouverts, brunis et brûlants sous le brouillard marin, car maintenant un vent se levait de l'est et la surface de la baie avait commencé à se froisser. .

Un demi-mille plus loin, des vagues de fond lentes et énormes commencèrent à arriver ; un phare a été dépassé. En pleine vue, devant nous, s'étendaient les étendues vides et ouvertes de l'océan. Un autre bateau à vapeur fit demi-tour, puis un autre, puis un autre, puis le dernier des remorqueurs de journaux. La flotte, réduite maintenant à une demi-douzaine d'embarcations, avançait à travers les vagues, le navire qu'ils escortaient en tête, son petit enseigne en haillons se raidissant dans le vent océanique. À l'entrée de la baie, là où les rivages se rapprochaient et s'éloignaient vers des flèches de sable battues par les vagues, trois autres membres de l'escorte s'arrêtèrent et, peu disposés à affronter l'étendue tumultueuse de l'océan, sombre et gris, repartirent vers leur maison. Puis, juste au-delà du bar, deux autres bateaux restants tombèrent et se dirigèrent vers la ville ; un troisième fit immédiatement de même. Le navire en partance s'est retrouvé avec un seul compagnon.

Mais celui-là, un robuste petit remorqueur de mer, se tenait tout près du flanc du navire au départ, suivant le même rythme et s'accrochant aussi près qu'il l'osait, car le brouillard avait commencé à s'épaissir et des objets lointains étaient visibles. fermé à la vue par des zones dérivantes occasionnelles.

À bord du remorqueur, il n'y avait qu'un seul passager : une femme. Elle se tenait sur le pont avant, tenant un poteau d'une main forte et blanche, les mèches de ses cheveux rouge bronze lui fouettant le visage, le brouillard salin humide sur ses joues. Elle était vêtue d'un long ulster marron, dont la cape flottait sur ses épaules lorsque le vent la soulevait. Aussi petit que soit le navire qui partait, le remorqueur était encore plus petit, et son unique passager devait lever les yeux au-dessus d'elle pour voir la silhouette d'un homme sur le pont du navire, une grande silhouette lourdement bâtie, boutonnée du talon au menton. en capote, qui se tenait là, agrippant d'une main le bastingage du pont, et donnant de temps en temps un ordre à son voilier, qui se tenait au centre du pont devant le compas et l'indicateur électrique.

Entre l'homme sur la passerelle et la femme sur le pont avant du remorqueur, il y avait de temps en temps une petite conversation. Ils s'appelaient au-dessus du vrombissement des moteurs et du bruit de la mer à côté, et dans le son de leurs voix il y avait une note de gaieté tentée. Ils étaient pratiquement seuls, à l'exception du voilier sur la passerelle. L'équipage du navire n'était nulle part en vue. Sur le remorqueur, on ne voyait personne d'autre que la femme. Tout autour d'eux s'étendait la mer couverte de brouillard.

Puis enfin, en réponse à une question de l'homme sur le pont, la femme dit :

"Oui, je pense que je ferais mieux."

Un ordre a été donné. La cloche du remorqueur a sonné dans la salle des machines, et le moteur a ralenti et s'est arrêté. Pendant un certain temps, le remorqueur a continué sa route, longeant le navire comme auparavant. Puis elle commença à prendre du retard, d'abord lentement, puis de plus en plus rapidement. Le navire en partance a continué sa route, et entre les deux, l'eau s'est élargie et s'est élargie. Mais le brouillard était épais ; dans un instant, les deux hommes seraient exclus de la vue l'un de l'autre. Le moment de la séparation était venu.

Alors Lloyd, seule sur ce pont soulevé, se redressa de toute sa hauteur, la tête un peu en arrière, ses yeux bleus tous allumés, un sourire aux lèvres. Elle ne dit rien. Elle ne faisait aucun geste, mais restait là, le sourire toujours aux lèvres, droite, ferme, immobile ; regardant fixement, calmement et fièrement dans les yeux de Bennett alors que son navire l'emportait de plus en plus loin.

Soudain, le brouillard s'est dissipé. Les deux navires étaient fermés à la vue l'un de l'autre.

Alors que Bennett se tenait appuyé sur le bastingage du pont derrière lui, les mains enfoncées dans les poches de son pardessus, les yeux fixés sur la bande d'eau visible juste devant la proue de son navire, le maître de voile, Adler, s'est approché et a salué.

« Pardonnez-moi, monsieur, » dit-il, « nous sommes juste à l'écart de la dernière bouée ; quelle est notre route maintenant, monsieur ?

Bennett jeta un coup d'œil à la carte que tenait Adler, puis à la boussole fixée sur le rail du pont, à portée de main. Doucement, il répondit :

« Plein nord. »